Lorraine
Kelly

DIE INSEL SCHWIMMERIN

Roman

Übersetzung aus dem Englischen
von Angela Koonen

Lübbe

NACHHALTIG PRODUZIERT

Die Bastei Lübbe AG verfolgt eine nachhaltige Buchproduktion. Wir verwenden Papiere aus nachhaltiger Forstwirtschaft und verzichten darauf, Bücher einzeln in Folie zu verpacken. Wir stellen unsere Bücher in Deutschland und Europa (EU) her und arbeiten mit den Druckereien kontinuierlich an einer positiven Ökobilanz.

FSC www.fsc.org
MIX
Papier | Fördert gute Waldnutzung
FSC® C014496

Titel der englischen Originalausgabe:
»The Island Swimmer«

Bei Fragen zur Produktsicherheit wenden Sie sich bitte an:
produktsicherheit@bastei-luebbe.de

Textredaktion: Dr. Ulrike Brandt-Schwarze, Bonn
Umschlaggestaltung: Kirstin Osenau, nach einem Entwurf
von Charlotte Abrams-Simpson/Orion Books
Umschlagmotiv: © Fabian Lavater
Satz: Dörlemann Satz, Lemförde
Gesetzt aus der Bembo
Druck und Verarbeitung: GGP Media GmbH, Pößneck

Printed in Germany
ISBN 978-3-7577-0117-8

2 4 5 3 1

Sie finden uns im Internet unter luebbe.de
Bitte beachten Sie auch: lesejury.de

Für meine Mum Anne,
die mir das Beste von allem geschenkt hat:
die unsterbliche Liebe zu Büchern.

Prolog

Orkney, 2004

Freya war der einzige Mensch, der ihr jetzt helfen konnte und sie nicht mit Fragen bombardieren würde. In blinder Panik stieg Evie in ihr Auto und fuhr zu ihr.

Der Regen peitschte gegen die Windschutzscheibe, aber sie hörte nur ihr angestrengtes Atmen und ihr Herzklopfen.

Als sie vor Freyas Haus ankam, brannte dort kein Licht, aber sie konnte den Schein des heruntergebrannten Kaminfeuers sehen. Vor der Haustür nahm sie sich einen Moment Zeit zum Nachdenken. Sie durfte ihr nicht alles erzählen, das brachte sie einfach nicht über sich. Sie verging fast vor Scham und Schuldbewusstsein.

Sie drückte die Tür auf und rief, kläglich wie ein verirrtes Lamm, nach der Freundin.

»Evie?« Freya erschien im Nachthemd im Flur. »Evie, was ist denn los, um Himmels willen?«

Evie warf sich in ihre Arme und brachte schluchzend hervor: »Freya, du musst mir helfen. Bitte. Ich muss von hier weg.«

1

Orkney, 2024

Vielleicht fällt das Flugzeug vom Himmel, und alles ist vorbei. Kein Schmerz und keine Schuldgefühle mehr. Evie meinte das nicht ganz ernst. Eigentlich wünschte sie weder sich selbst noch den anderen Passagieren, auf dem kurzen Flug von Dundee nach Kirkwall, einen so grausamen Tod zu finden. Sie wollte nur nicht zurück nach Orkney.

Und dennoch hockte sie hier in ihrem Sitz, wider besseres Wissen und mit einem Eisklumpen im Magen. Durch das kleine Fenster schaute sie auf die kabbelige See und empfand ein tiefes Unbehagen. Schon als kleines Mädchen hatte sie Angst vor dem Wasser gehabt, und ihr Leben lang war das Meer mit katastrophalen, traumatischen Ereignissen verbunden gewesen.

Das ist ein Riesenfehler. Alle werden erfahren, warum ich überhaupt abgehauen bin. Sie werden mir nicht verzeihen. Warum sollten sie auch? Ich kann mir ja selbst nicht verzeihen. Sie schauderte, während ihr die Gedanken durch den Kopf schossen.

Der Pilot kündigte den Sinkflug an. Nervös und ungeschickt griff Evie nach ihrer Handtasche, um sie unter ihren Sitz zu legen, und dabei fiel ihr das Handy auf den Boden.

Die Stewardess – die einzige an Bord – in ihrer fröhlich rot karierten Uniform, hob es auf und fragte, ob es ihr gut gehe. Evie nickte, obwohl sie sich wünschte, sie könnte bei der freundlichen Frau ihre Ängste und Sorgen loswerden.

Beim Blick auf ihr Handy dachte sie an die vielen Anrufe und

Textnachrichten von Jeremy, auf die sie nicht reagiert hatte. Als sie ihm nicht sagen wollte, wohin sie verreiste, war er in ihrer gemeinsamen Londoner Wohnung hin- und hergelaufen. Sie schob die Gedanken an ihn beiseite – das Thema war einfach nur ermüdend und kraftraubend.

Evie war erst achtunddreißig, sah aber viel älter aus. Ihre einst strahlenden grünen Augen waren matt vom Kummer, die Haare straff zurückgebunden und fettig, und ihre Haut trocken und fahl. Sie hatte einen breiten, schön geformten Mund, zum Lächeln wie geschaffen, doch meistens zog sie die Mundwinkel nach unten oder kniff vor Stress die Lippen zusammen. Sie war zu dünn für ihren Körperbau und saß mit gebeugten Schultern da, als rechne sie mit einer Kränkung oder einem Schlag. Ihre Mutter würde sie scharf anweisen, sich nicht gehen zu lassen.

Als das Flugzeug in den Sinkflug ging, riss die Wolkendecke auf. Die Orkneyinseln lagen unter ihr und schimmerten wie kugelrunde, smaragdübersäte Meerjungfrauen. Das Meer leuchtete azurblau und türkis und leckte über knochenweiße Strände, die in kräftig grüne Felder übergingen. Evie spürte, wie sich ihr Herz zusammenzog.

Ich hatte vergessen, wie schön es ist, dachte sie. *Nirgendwo auf der Welt ist es so wie hier.* Darum war es auch so schwer, fortzugehen und so lange wegzubleiben. Doch jetzt hatte sie keine andere Wahl. Hoffentlich würde sie nicht zu spät kommen. Sie musste ihren Vater um Verzeihung bitten – und sich ihrer Schwester und ihrer Mutter stellen.

Alte Wunden würden aufreißen, aber sie durfte nicht länger vor der Vergangenheit weglaufen.

2

Orkney, 1960

Cara stammte von Hrossey und musste – wie alle Kinder, die verstreut auf Orkney lebten – mit vierzehn Jahren ihr Elternhaus verlassen, um die weiterführende Schule in der Hauptstadt Kirkwall auf Mainland zu besuchen. Dort war sie in einem Wohnheim untergebracht und fuhr an den meisten Wochenenden mit der Fähre nach Hause.

Sie war ein zierliches Mädchen mit hellblonden Pusteblumen-Haaren, großen braunen Augen und einem scharf geschnittenen, kleinen Gesicht, das Lebhaftigkeit und Neugier versprühte.

Ihre Mutter Sheila behauptete, sie sei mit einem gellenden »Wieso?« aus ihrem Schoß gekommen und habe seitdem nicht aufgehört, Fragen zu stellen. Manche waren harmlos – Warum darf ich keinen Seehund zu Hause halten? Warum muss ich ins Bett, obwohl es noch gar nicht dunkel ist? Warum muss ich überhaupt zur Schule gehen? –, doch mit fünf Jahren fragte sie mitten in der Warteschlange bei Linklaters, dem Gemischtwarenladen auf Hrossey: »Wieso ist Mr Linklater gestern über den Strand getaumelt und hat gesungen? Wieso waren seine Augen dabei so komisch?«

Im Laden entstand eine ohrenbetäubende Stille, und Mrs Linklater zog hinter dem Ladentisch die Mundwinkel nach unten. Caras Mutter spürte, wie ihr Gesicht knallrot anlief. Das war noch schlimmer als die Hitzewallungen, die sie seit Monaten zu ignorieren versuchte.

Jeder wusste, dass der arme Mr Linklater gelegentlich auf Sauftour ging, wenn seine kleinliche Frau und die schwierigen Kinder ihn mal wieder in den Wahnsinn trieben, und dass ihn das teuer zu stehen kam. Doch man ging über seine Eskapaden hinweg, weil er eine freundliche Seele war und alle mit ihm fühlten.

Sheila ließ ihren Einkaufskorb auf dem Boden stehen und schob ihre Tochter vor sich her nach draußen.

»Frag so was nie wieder!«

»Warum?«, gab Cara wie immer zurück.

Sheila seufzte. »Weil das die Leute in Verlegenheit bringt.« Sie glaubte, dass Cara, so klein sie noch war, genau wusste, was sie tat, und damit nur die Aufmerksamkeit auf sich ziehen wollte.

Es dauerte eine Weile, bis sie ihre Tochter wieder mit hineinnahm, und sie versprach, ihr Süßigkeiten zu kaufen, wenn sie drinnen den Mund hielt. Die Taktik hatte Erfolg, aber auf dem Heimweg stellte Cara eine Frage nach der anderen und hörte bei den Antworten kaum hin.

Sie wollte wissen, warum Magnus, der große Bruder ihrer besten Freundin Anne Marie, sich die Kleider seiner Mutter anzog, wenn sie bei denen im Haus spielte. Und warum er immer mit ihnen beiden zusammen sein wollte anstatt mit den Jungen.

Cara fasste eine tiefe Abneigung gegen Magnus und machte sich in der Schule über ihn lustig, indem sie seine Stimme und sein Benehmen nachäffte, und sie ermutigte die anderen Kinder dazu, ihn Muttersöhnchen zu nennen. Es schien ihr egal zu sein, dass sie ihn und seine Schwester damit kränkte und dass die meisten sie gemein fanden, weil sie den lustigen, freundlichen Magnus hänselte. Sie war mit Anne Marie befreundet, weil sie in der Klasse zufällig nebeneinandersaßen, doch nach und nach ging die Freundschaft auseinander, hauptsächlich weil Cara so hässlich zu Magnus war.

Als sie älter wurde, entwickelte sie ein Talent dafür, es sich mit anderen zu verscherzen, die anfangs auf ihrer Seite gestanden hatten, aber die Leute auf Hrossey hatten Mitleid mit ihr und ließen ihr viel durchgehen, weil sie ohne Vater aufgewachsen war.

Caras Mutter und ihr Vater hatten sich erst spät kennengelernt. James arbeitete auf den Fangschiffen vor der Küste bei Fraserburgh und war nach Orkney gekommen, um an dem Junggesellenabschied eines Freundes teilzunehmen, der dann in ein monumentales Besäufnis ausartete. Sheila arbeitete zu der Zeit in einer Bar in Stromness und fing eine Unterhaltung mit ihm an.

Offensichtlich taten sie noch erheblich mehr als reden, denn neun Monate später kam Cara zur Welt. James wollte von seiner Tochter nichts wissen. In seinen Augen war sie die Folge einer heißen Nacht, an die er sich kaum erinnerte, aber wenigstens zahlte er Kindesunterhalt. Sheila zog zurück nach Hrossey, wo niemand sie verurteilte. Nur ein paar alte Jungfern äußerten sich abfällig, sie könne wohl die Beine nicht zusammenhalten, doch bei deren Bemerkungen hörte bald keiner mehr zu, und alle kamen ganz selbstverständlich bei Sheila vorbei, um ihr zu helfen.

Von James wurde selten gesprochen, und sogar Cara hörte irgendwann auf, nach ihm zu fragen. Allerdings dachte sie sich Geschichten über ihn aus, er sei reich und ein berühmter Filmstar, der seine geliebte Tochter eines Tages nach Hollywood mitnehmen würde, wo sie den ganzen Tag Eis essen und glitzernde rosa Kleider und hochhackige Paillettenschuhe tragen würde.

Cara war allein am glücklichsten. Sie ordnete ihre Bücher alphabetisch. Ihre Spielsachen waren immer weggeräumt, und ihr Zimmer war so ordentlich und sauber, als ob kein Kind darin wohnte. Die Schwester ihrer Mutter, Tante Betty, fand das immer höchst unnatürlich. Sie selbst hatte eine ungestüme Schar rothaariger Töchter und raufte sich die Haare, wenn sie die Unordnung in ihren Zimmern sah. Doch lieber hob sie jeden Morgen die schmutzigen Kleidungsstücke vom Boden auf, als mit der schwierigen, verspannten Cara fertigwerden zu müssen.

Mit ihrer unentwegten Lebhaftigkeit und den fieberhaften Fragen trieb Cara ihre Mutter und ihre Lehrer in den Wahnsinn, besonders weil sie deren geduldige Antworten dann nicht beachtete. Alle atmeten erleichtert auf, als sie nach Kirkwall zog, um die höhere Schule zu besuchen. Im Gegensatz zu ihren heimwehkranken Mitschülern genoss Cara ihre Freiheit. Sie wollte dringend von ihrer Mutter und von Hrossey weg, denn sie bildete sich ein, dass die Leute über sie die Nase rümpften, weil sie keinen Vater hatte.

Anfangs war die hübsche, lebhafte Cara unter den Schülern am Gymnasium in Kirkwall beliebt, weil sie es lustig fanden, was für freche, persönliche Fragen sie selbst den Lehrern stellte. Die Mädchen wollten mit ihr befreundet sein, und die Jungen wollten mit ihr gehen, doch sie hatte ihre Wahl schon getroffen.

Sie hatte ein Auge auf Duncan geworfen. Der Junge hatte die Statur eines Bären, Hände wie Schaufeln und einen nicht zu bändigenden schwarzen Haarschopf, aber sanfte braune Augen, und trotz seiner Kraft und Größe war er gutmütig, freundlich und sehr schüchtern.

Als Duncan zehn Jahre alt war, starb sein Vater bei einem Autounfall, und weil er das einzige Kind war, das sich um die Farm und seine Mutter kümmern konnte, war sein Gesicht bald von Sorgen und Verantwortung gezeichnet, sodass er schwermütig wirkte und älter aussah, als er war. Er verehrte Cara vom ersten Augenblick an und schwor sich, sie und keine andere zu heiraten.

Er müsste nur den Mut aufbringen und sie fragen, ob sie mit ihm ausgehen wolle. Er übte immer wieder ein, was er zu ihr sagen würde, aber wenn der Moment kam, sie anzusprechen, wurde er rot und brachte keinen Satz zustande.

Cara sah, wie gütig Duncan war und wie hart er auf der Farm seiner Mutter arbeitete, denn er stand grausam früh auf, um vor dem Weg zur Schule die Kühe zu melken. Doch etwas anderes beeindruckte sie noch viel mehr: Als die Klasse am letzten Schultag zu einem Picknick an den Strand ging, sah sie ihn, wie er in der Badehose ins Meer rannte, und war mächtig angetan von seinem muskulösen Körper.

Sie watete nur bis zu den Knien ins kalte Wasser und rief Duncan zu, dass sie es nicht leiden könne, wenn Sand an ihren nassen Füßen klebte, und so trug er sie mühelos auf dem Rücken, und sie klammerte sich an ihn wie ein Koala, bis er sie behutsam auf ihr Handtuch stellte, das oberhalb vom Strand auf der Wiese lag.

Sie dankte ihm dafür, dass er sich als Gentleman erwiesen habe, worauf er furchtbar rot wurde, etwas Unverständliches murmelte und wieder ins Wasser rannte, um sich abzukühlen.

Duncan war zu schüchtern und fand nicht den Mut, Cara zu sagen, was er für sie empfand. Daher beschloss sie, die Sache selbst in die Hand zu nehmen. Sie startete ihren Eroberungsfeldzug, indem sie ihn bat, eines seiner immensen Lunchpakete mit ihr zu teilen, die seine Mutter mit liebevoller Sorgfalt zubereitete.

Während sie dick mit Butter bestrichene Schinken-Käse-Sandwiches vertilgten, stellte Cara ihm unzählige Fragen über die Farm und seine Pläne für die Zukunft, und so lockte sie ihn nach und nach aus seinem Schneckenhaus hervor.

Sie wusste, sie würde bei ihm völlige Freiheit genießen, und er würde ihr die Oberhand lassen. Sie erkannte auch, dass er gut für sie sorgen würde. Zusammen könnten sie sich ein gutes Leben aufbauen. Cara war so zierlich, dass Duncan sie ohne die leiseste Anstrengung hochheben und ihre Taille mit beiden Händen umfassen konnte.

Sie küssten sich heimlich auf dem Schulhof und gingen Hand in Hand durch Kirkwall. Cara redete dabei pausenlos, und Duncan strahlte vor Stolz über seine wunderbare Eroberung. Wenn sie zu ihm auf die Farm kam, setzte seine Mutter ihr Gläser mit fetter Milch und selbst gekochtes Essen vor, damit sie etwas auf die Rippen bekam. Sie war froh, dass ihr schüchterner, hart arbeitender Sohn sich in eine verliebt hatte, die so lebhaft und zupackend war und Lärm in ihr stilles Leben brachte.

Was Duncan anging, so konnte er sein Glück kaum fassen, dass diese herrliche, kluge, lebensprühende junge Frau sich aus freien Stücken für ihn entschieden hatte, und glaubte keinen Moment lang, dass er sie verdient hatte.

3

Orkney, Flughafen Kirkwall, 2024

Evie stieg die Flugzeugtreppe hinunter und musste sich am Handlauf festhalten. Sie fühlte sich benommen, und wieder die frische, reine Luft von Orkney zu atmen bewegte sie sehr. Kurz gaben ihre Knie nach, sodass sie beinahe gegen den sperrigen Rucksack getaumelt wäre, den der Mann vor ihr auf dem Rücken trug, doch sie schaffte es schwankend bis auf den Asphalt.

So legte sie auch das kurze Stück zum Terminal zurück und verlor dabei immer mehr den Kontakt zur Realität. Ihr wurde übel und schwindlig, und als ihr das Atmen immer schwerer fiel, sank sie zusammen. Der Mann mit dem Rucksack konnte sie noch abfangen, und ringsherum eilten Leute zu Hilfe.

»Lasst ihr Platz«, sagte er. »Die Ärmste, sie ist kalkweiß im Gesicht.«

Evie öffnete langsam die Augen und schaute in die besorgte Miene des Mannes, der sie am Arm hielt und beruhigend auf sie einredete. Ihre Brust fühlte sich eng an, und sie bekam kaum Luft.

»Mein Inhalator. In meiner Jackentasche«, hauchte sie. »Tut mir leid, dass ich solche Umstände mache.«

»Nicht der Rede wert. Meine Schwester ist Asthmatikerin. Ich kenne das. Lassen Sie sich einfach Zeit.«

Der Flughafensanitäter war schnell bei ihnen.

»Sehen Sie«, sagte der Mann. »Dieser nette Sani wird Sie untersuchen. Also, keine Sorge.«

Vage nahm Evie seine freundlichen blauen Augen, den beruhigenden Ton und den irischen Akzent wahr. Sie tat einen tiefen Atemzug und sprühte sich das Medikament in den Rachen. Schon ließ ihre Panik nach. Die Farbe kehrte in ihr Gesicht zurück, und die Umgebung war wieder scharf zu erkennen. Der Mann mit den freundlichen Augen hatte einen wilden schwarzen Haarschopf, eine schlanke, drahtige Statur und sonnengebräunte Haut, als hielte er sich viel im Freien auf, und war gerade so attraktiv, dass es sie nicht scheu machte.

Sein kariertes Hemd war ungebügelt und an den Kragenspitzen ausgefranst, seine Chinos verwaschen und abgetragen, und seine schmutzigen Wanderstiefel hatten weite Strecken hinter sich.

»Soll ich Ihnen eine Tasse Tee besorgen?«, fragte er. »Die könnte Ihnen guttun.«

»Nein. Ich muss so schnell wie möglich zum Balfour Hospital«, antwortete sie noch kraftlos.

»Geht es Ihnen so schlecht? Ich werde Sie hinbringen, keine Sorge. Ich habe einen Wagen gemietet, und das Krankenhaus ist nur zehn Minuten entfernt.«

»Nein, nicht meinetwegen. Ich komme klar. Es geht um meinen Vater.«

Sie fühlte Tränen aufsteigen und bekam einen Kloß im Hals, weil ihr bewusst wurde, dass sie vielleicht zu spät kam. Sie hoffte, sie würde sich noch von ihm verabschieden können. Zumindest das war sie ihm schuldig.

»Ich bringe Sie hin. Ich heiße übrigens Finn.«

»Evie. Und vielen Dank dafür.«

Wie auf den Orkneys üblich, lag der Schlüssel des Mietwagens im Handschuhfach, und nachdem Finn ihr seinen alten Pullover über die Knie gebreitet und dafür gesorgt hatte, dass sie sich wohlfühlte, fuhr er los.

Auf der kurzen Strecke zum Krankenhaus erzählte er, dass er für eine bedeutende Vogelschutzgesellschaft auf Hoy arbeite, der Insel mit den imposanten Bergen und der reichen Tierwelt. Er werde dort Seeigel beobachten. Doch Evie hörte kaum zu, sondern war in ihre Ängste und Sorgen vertieft. Sie schaute aus dem Fenster. Es fing an zu nieseln, während weiter die Sonne schien. Als Kind hatte sie dieses Wetter immer gemocht, weil dabei klare Regenbögen entstanden und sich in den Pfützen spiegelten. Nach einem Regenguss sah immer alles aus wie frisch gewaschen. Auf den leuchtend grünen Weiden grasten Kühe und dicke Schafe. Es gab mehr neue Bungalows als damals, aber alles war beruhigend vertraut. Vielleicht würde doch alles gut werden.

Als sie sich Kirkwall näherten, war Evie überrascht vom Anblick des modernen Krankenhauses, das sich am Stadtrand erhob. Das hatte es noch nicht gegeben, als sie nach London gezogen war, und sie war gespannt, was sich seitdem noch verändert hatte.

Als Kind hatte sie es toll gefunden, nach Kirkwall zu fahren und ein Eis zu essen, an den Schaufenstern entlangzuschlendern und sich mit ihren Freunden zu treffen. Sie schloss sich nur nie an, wenn sie an den Strand gingen, auch nicht bei schönstem Wetter, denn sie hatte Angst vor dem Wasser, selbst wenn das Meer ruhig war.

Auf dem Parkplatz fragte Finn, ob er sie begleiten solle, und Evie antwortete, er habe ihr schon sehr geholfen.

»Ich bin dir sehr dankbar, ehrlich, und danke, dass du mich nicht mit Fragen gelöchert hast. Ich bin gerade ziemlich durch den Wind.«

Er nickte. »Hör zu, ich geb dir meine Nummer. Ich fände es nicht richtig, dich hier abzusetzen, ohne dass du jemanden anrufen kannst. Ich hoffe, deinem Vater geht es halbwegs gut. Melde dich, wenn du eine Mitfahrgelegenheit brauchst.«

Er tippte seine Nummer in Evies Handy ein.

In dem riesigen Foyer ging sie nervös auf die Rezeption zu. Medizinisches Personal lief zielstrebig hin und her, und einen Mann erkannte sie auf Anhieb, selbst nach all den Jahren. Die Haare waren nicht mehr ganz so rot, er war schlanker geworden und trug eine schicke Brille, doch das war Edwyn, einer ihrer besten Schulfreunde. Er hatte schon immer Arzt werden wollen, und da stand er nun, erwachsen und im weißen Kittel.

Er bemerkte sie und grinste sie breit an. »Evie Muir. Bist du's wirklich? Ich kann es kaum glauben nach all der Zeit.«

Sie war ungeheuer erleichtert. Bei Edwyn und Kate hatte sie sich immer sicher gefühlt. Als Teenager waren sie unzertrennlich gewesen, und sie hoffte, es könnte mit ihnen trotz allem wieder so werden wie früher. Doch vor ihr stand erst mal nur Edwyn, er war schon immer entspannt gewesen. Mit Kate könnte es ganz anders aussehen.

»Oh, Edwyn. Es tut so gut, dich zu sehen. Ich will zu meinem Vater. Kannst du mir sagen, wie es ihm geht?«

Er wurde ernst. »Setzen wir uns irgendwohin, wo es ruhig ist und wir ungestört reden können.«

Er ging mit ihr in einen Familienraum und nahm ihre Hand. »Es tut mir sehr leid, Evie«, sagte er sanft. »Dein Vater ist nach einem schweren Herzinfarkt nicht mehr zu sich gekommen. Er ist gestern verstorben. Er war ein wahnsinnig netter Mann, und wir haben alles Menschenmögliche getan.«

Evie fühlte sich wieder benommen und konnte nur flüstern. »Ist er wirklich tot? Bist du sicher? Kann ich zu ihm?«

»Ganz bestimmt. Natürlich. Gib mir einen Moment.«

Sie konnte es nicht glauben. Sie war zu spät gekommen. Nie wieder würde sie seine Stimme hören. Niemand würde sie mehr Teenie nennen, sie so sehr lieben wie er.

Warum habe ich nur so lange gezögert?, dachte sie verzweifelt. *Jetzt kann ich es nie mehr gutmachen.*

Edwyn legte den Arm um sie, und sie lehnte sich dankbar an ihn.

»Da sind wir, Evie. Er liegt in seinem Zimmer. Bist du wirklich bereit dafür?«

Sie nickte. Durch einen Tränenschleier blickte sie auf den kalten, runzligen Körper ihres Vaters. Er sah gelblich und wächsern aus, alt und zerbrechlich, die grauen Haare stumpf, der Bart dünn und flaumig. Wo war der kräftige, kühne Mann, der sie mühelos hochheben konnte wie ein frisch geschlüpftes Küken?

»Das ist nicht mein Dad. Wir sind hier falsch. Das ist er nicht. Er ist ein großer, starker Mann. Du irrst dich. Das ist ganz offensichtlich eine Verwechslung.«

Sie hörte ihre Stimme schrill werden und klang immer aufgeregter. Edwyn hielt sie freundlich, aber bestimmt fest.

»Es tut mir unendlich leid, Evie, aber Duncan war sehr krank, als er zu uns gebracht wurde.«

»Aber was ist passiert? Er war immer stark und gesund.«

Edwyn seufzte. »Er hat nicht mehr auf sich geachtet. Wir haben alle versucht zu helfen, aber als deine Mutter nicht mehr da war, schien er seinen Lebenswillen zu verlieren. Vor einer Woche wurde er eingeliefert, nachdem er zu Hause gestürzt war. Er hatte die ganze Nacht auf dem Boden gelegen und war in einem schrecklichen Zustand. Im Rettungswagen auf dem Weg hierher hatte er noch einen schweren Herzinfarkt, und trotz aller Versuche konnten wir ihn nicht wieder zu Bewusstsein bringen.«

Sie betrachtete den eingefallenen alten Mann und empfand eine überwältigende Liebe, die den tiefen Kummer und erdrückenden Schuldgefühle für den Moment verdrängte. »Auf Wiedersehen, Dad. Es tut mir leid, dass wir uns nicht mehr verabschieden konnten. Dass ich nicht hier war, als du mich brauchtest. Das werde ich mir nie verzeihen.«

Sie berührte zärtlich seine kalte Wange.

»Meine Schicht endet in zehn Minuten«, sagte Edwyn leise.

»Nimm dir Zeit für den Abschied, und komm dann in die Cafeteria. Ich warte da auf dich.«

Sie nickte nur, weil auf ihre Stimme gerade kein Verlass war.

Eine Viertelstunde später in der Cafeteria hielt Evie eine Tasse brühheißen, überzuckerten Tee in den Händen und versuchte, zu begreifen, was passiert war. »Freya hat in ihrem Brief nur geschrieben, dass ich schnell herkommen müsse. Ich wusste nicht, dass er so krank war«, erklärte sie.

Edwyn seufzte. »Ich hatte so eine Ahnung, dass sie mit dir noch Kontakt hat. Aber sie hat uns nie genau gesagt, wo du lebst. Du weißt, wie sie ist. Sie würde nie ein Versprechen brechen, das sie dir gegeben hat. Um ehrlich zu sein, war sie der einzige Mensch, der am Ende zu deinem Vater durchdrang. Er ließ nur sie noch ins Haus, und sie war es auch, die ihn gefunden und den Rettungswagen gerufen hat. Sie hat ihn immer wieder ermutigt, mit dem Trinken aufzuhören und etwas Richtiges zu essen, aber viel mehr konnte sie nicht tun. Wir haben es alle versucht, Evie. Wirklich.«

Evie sah ihn verzweifelt an. »Und ich war nicht hier! Ich hätte bei ihm sein, mich um ihn kümmern müssen.« Und alles nur, weil ich zu viel Angst hatte, mich dem zu stellen, was ich getan habe. Das ist alles meine Schuld. Die ganze traurige Situation. Das muss ich mir selbst zuschreiben.

Edwyns Ton wurde ein wenig kühler. »Ich bin sicher, du hattest deine Gründe, nicht nach Hause zu kommen und dich nicht zu melden. Aber für uns war das hart. Wir haben dich vermisst. Du bist einfach verschwunden.«

Evie war den Tränen nahe. »Ich weiß. Es tut mir entsetzlich leid.« Sie war erschöpft, eine verhärmte Frau mit schmerzerfüllten Augen. »Weiß Liv über unseren Vater Bescheid?«

»Soweit wir wissen, hat sie ihn nie besucht und nur mit ihm gesprochen, wenn sie Geld brauchte«, sagte Edwyn.

Evie stieß einen zittrigen Seufzer aus und stützte den Kopf in die Hände.

Edwyn schaute betroffen. »Evie, Liebes. Ich weiß nie, wann ich besser den Mund halten sollte. Du hast einen schrecklichen Schock erlebt, und ich mache es nur schlimmer. Hör mal, wie wär's, wenn du mit zu uns kommst und Kate und die Kinder siehst? Wir können dir bei allem helfen, was du jetzt erledigen musst, und du kannst gern bei uns wohnen, solange du möchtest.«

Evie lächelte ihn unter Tränen an. »Das ist mehr, als ich verdiene. Ich habe im *Foveran* ein Zimmer gebucht, weil ich mir nicht sicher war, ob ich in meinem Elternhaus übernachten kann. Ich werde nicht lange bleiben. Ich muss so schnell wie möglich wieder zurück.«

Edwyn zögerte. »Du wirst bleiben müssen, um den Papierkram deines Vaters zu regeln. Das dürfte mindestens ein paar Tage dauern.«

Evie schluckte sichtlich, und Edwyn drückte ihre Schulter.

»Wir werden dir bei allem helfen. Ich kann dich jetzt zum Hotel bringen, und du rufst mich später an, wenn du etwas brauchst. Hier hast du meine Nummer.«

Evie fiel der Mann ein, der ihr vor einer Stunde auch seine Nummer gegeben und Hilfe angeboten hatte. Sie hatte schon vergessen, wie es war, an einem Ort zu leben, wo sich die Leute umeinander kümmerten. Edwyn gab ihr das Handy mit seiner gespeicherten Nummer zurück, und dabei sah sie, dass Jeremy schon wieder geschrieben hatte: *Ruf mich sofort zurück, wenn du das liest, oder du wirst es bereuen.*

Sie richtete sich im Hotelzimmer ein und nahm seine jüngste Drohung kaum zur Kenntnis. Die mitfühlende Rezeptionistin kannte ihre Familie und hatte ihr den Check-in so angenehm wie möglich gemacht.

Obwohl ihr so viel auf der Seele lag, schlief sie sofort ein und wurde schließlich aus dem Schlaf gerissen, weil das Handy auf dem Nachttisch klingelte.

Sie hatte einen entsetzlich realistischen Albtraum und hätte schwören können, ihre Mutter sei ins Zimmer gekommen und hätte sie beschimpft und beschuldigt, mit ihrem Egoismus und ihrer Schlechtigkeit der ganzen Familie das Leben schwer zu machen.

»Du erbärmliches Mädchen«, hatte sie immer wieder geschrien. »Du elendes, jämmerliches Ding.«

Verwirrt tastete Evie nach dem Handy und wurde von Trauer übermannt, weil ihr einfiel, dass ihr Vater gestorben war.

»Hallo«, flüsterte sie zitternd.

»Evie? Hier ist Freya. Edwyn hat mir gesagt, wo du bist. Ich hätte dich am Flughafen abgeholt und dir im Krankenhaus zur Seite gestanden. Es tut mir schrecklich leid, mein Lämmchen. Wie kommst du klar?«

»Ach, Freya, ich bin zu spät gekommen! Du hattest recht, ich hätte eher herkommen sollen. Ich bereue das. Ich weiß, ich hätte mich bei dir melden sollen, aber es ging alles so schnell. Ich konnte mich nicht mehr von ihm verabschieden, ihm nicht sagen, dass es mir leidtut und dass ich ihn immer geliebt habe.«

Evie konnte nicht mehr an sich halten und brach in Tränen aus.

»Bleib, wo du bist. Ich bin ganz in der Nähe, und du solltest jetzt nicht allein sein. Du wirst bei mir übernachten. Keine Widerrede.«

4

Orkney, 1962

Als Cara und Duncan sechzehn Jahre alt wurden, starb Duncans schüchterne Mutter so, wie sie gelebt hatte, still und ohne Aufsehen. Sie ging eines Abends schlafen und wachte nicht mehr auf. Jeder war überzeugt, ihr armes Herz sei einfach von der Trauer über den Verlust ihres anständigen, stattlichen Mannes verbraucht gewesen.

Es wurde eine kleine, würdevolle Beerdigung. Duncan hielt die Trauerrede, die schlicht, aber so ernst war, dass die Frauen in ihre Taschentücher schnieften und die Männer sich räuspern mussten, damit man sie nicht für übermäßig emotional hielt.

Duncan fühlte sich zutiefst unbehaglich, da alle Blicke auf ihn gerichtet waren, und stand die Tortur nur durch, weil er den Blick auf Cara gerichtet hielt. Am Grab, als sie seine Hand nahm und festhielt, wusste er, er würde ohne sie nicht leben können.

Er musste die Farm nun allein mit zwei Knechten betreiben. Das war für so junge Schultern eine schwere Bürde, obwohl sich die Freunde seiner Mutter um ihn scharten und mit Ratschlägen und praktischer Hilfe unterstützten.

Er musste die Schule aufgeben, und an seinem letzten Tag bat Cara ihn, mit ihr in seinem verbeulten alten Lieferwagen zum Yesnaby Castle zu fahren, weil sie ihm etwas Wichtiges sagen müsse. Um zum Castle zu gelangen, dem beeindruckenden Brandungspfeiler vor der Westküste, musste man vom Parkplatz aus gut zwanzig Minuten wandern. Sie hatte ein einfaches Picknick aus selbst gebackenem Brot und Hrossey-Käse eingepackt und breitete es auf dem struppigen Gras auf dem Steilfelsen aus.

Sie saßen nah beieinander und betrachteten beim Rauschen der Brandung die spektakuläre Aussicht. Der Sommerwind war lau und sanft, die Klippenmöwen stellten ihre Flugkünste zur Schau, die Papageientaucher waren niedlich, und im Wasser tollten Delfine herum. Es hätte nicht idyllischer sein können.

»Weißt du, dass Delfine sich ein Leben lang treu bleiben?«, fragte Cara in einem weichen sinnlichen Ton, den sie aus Kinofilmen kannte.

»Nein, das tun sie nicht, Cara. Sie treiben es ständig mit jedem anderen Delfin, der gerade Lust dazu hat. Sie bumsen, was das Zeug hält.« Er kniff die Augen zusammen. »Und wieso redest du überhaupt in diesem albernen Ton?«

Cara schnaubte verärgert.

»Duncan John Muir, du weißt wirklich, wie man einen schönen Moment verdirbt.«

»Was meinst du damit?«

»Ich hatte das geplant. Mir war klar, dass du dich nicht überwinden wirst und ich die Sache in die Hand nehmen muss. Ich wollte es nach allen Regeln der Kunst machen, mit Kniefall und allem. Ich habe sogar einen Ring für dich. Na ja, er ist so billig, dass die Haut darunter wahrscheinlich grün wird, aber wir müssen sparen und dürfen kein Geld für unwichtige Dinge verschwenden.«

Duncan sah sie verblüfft an. »Du willst mich wirklich heiraten? Bist du sicher? Das ist kein Scherz, oder?«

Cara kicherte. »Nein, du Riesentrottel. Ich will eigentlich Elvis heiraten, aber ich werde wohl mit dir vorliebnehmen müssen.«

Duncan lachte schallend und hob Cara in die Luft.

»Lass mich runter, du Dummkopf«, verlangte sie lachend,

»sonst fallen wir beide noch von der Klippe, und dann gibt's keine Hochzeit.« Aber in Wirklichkeit gefiel es ihr sehr, seine starken Arme zu spüren.

Er setzte sie ab und drückte sie an sich. Es täte ihm leid, dass er nicht zuerst gefragt hatte, sagte er. Aber er könne einfach nicht glauben, dass sie das ganze Leben mit ihm verbringen wolle. Cara schmiegte sich an ihn, und er küsste sie herzhaft.

Dann sah er ihr in die Augen und sagte feierlich: »Cara, ich werde mein Leben lang dafür sorgen, dass du glücklich bist. Ich liebe dich sehr und werde immer für dich sorgen. Und ich kann es nicht erwarten, mit dir Kinder zu bekommen. Solange sie so schön und klug sind wie du.«

Caras Herz schlug höher. »Dann werden wir ein größeres Haus brauchen.« Ihr Wunschtraum war ein Haus voll pummeliger, glücklicher Babys, die mit beiden Eltern um sich herum aufwuchsen.

Natürlich musste vor der Hochzeit das traditionelle schottische »Blackening« stattfinden. Duncan wurde von seinen Freunden geschnappt, ausgezogen und mit Sirup übergossen, in Federn gewälzt und mit Mehl beworfen, dann auf der Ladefläche eines Kleinlasters durch Kirkwall gefahren, während sie mit Trommeln und Mülleimerdeckeln einen Lärm machten, der Tote aufwecken konnte. Vor der Kathedrale wurde er an Händen und Füßen gefesselt an einen Laternenpfahl gebunden, gnädigerweise in Unterhosen. Andere Bräutigame hatten nicht so viel Glück, sodass ihre haarigen Ärsche und mehr den Blicken der Passanten ausgesetzt waren. Die Freunde hielten ein ordentliches Besäufnis ab, dann banden sie Duncan los, brachten ihn zum Strand, wälzten ihn im Sand und schubsten ihn ins kalte Meer, was ihn sofort nüchtern machte und wo er die klebrige Masse loswurde, die bis zu den intimsten Stellen vorgedrungen war.

Als sie wieder trocken waren und zum Auto zurückgingen, ließ Hugh sich mit Duncan hinter den anderen zurückfallen, weil er mit ihm allein sprechen wollte. Er war ein schlaksiger, linkischer Kerl mit graubraunen Haaren und Sommersprossen.

»Duncan. Du weißt, du bist mein bester Freund.«

Seit jener Unterrichtsstunde im Physiksaal, als Duncan seinen Bunsenbrenner anzünden wollte und sich fast selbst in Brand gesteckt hätte, waren sie eng befreundet. Hugh zeigte ihm geduldig, wie man das machte, ohne sich zu verletzen. Er half ihm auch bei den Hausaufgaben, und niemand wagte mehr, sich über Hugh, den Streber, lustig zu machen, weil er jetzt den kräftigen Kerl an seiner Seite hatte.

»Ja«, sagte Duncan.

Hugh räusperte sich. »Es fällt mir nicht leicht, das zu sagen. Aber bist du sicher, dass Cara die Richtige für dich ist? Ihr seid sehr verschieden.« Er errötete heftig.

Duncan war erst mal sprachlos. Er hatte geglaubt, Cara wäre allgemein beliebt.

»Gerade deshalb klappt es zwischen uns.«

»Es tut mir leid, falls ich eine unpassende Bemerkung gemacht habe«, stotterte Hugh.

Duncan klopfte ihm auf den Rücken. »Ich weiß, Cara kann anstrengend sein. Aber mach dir keine Gedanken. Sie ist genau die Richtige für mich.«

Caras Blackening fiel harmloser aus, hauptsächlich weil sich die Mädchen, mit denen sie zur Schule gegangen war, vor ihr fürchteten, und auch weil sie nur mit wenigen befreundet war. Trotzdem musste sie mehrmals in der Badewanne untergetaucht werden, damit sie das klebrige Zeug loswurde.

Die Hochzeit fand auf Hrossey in der schlichten weißen Kirche am Meer statt, zusammen mit Caras Mutter und ihren vielen Tanten, Onkeln, Cousinen und Cousins. Etliche Freunde und Verwandte von Duncan nahmen die zweieinhalbstündige Fahrt mit der Fähre auf sich und wurden auf der Insel verstreut bei verschiedenen Leuten untergebracht.

Im Laufe des Tages kam es zu einigen unangenehmen Momenten, weil Cara wegen der Blumen und der Brautjungfernkleider einen Wutanfall bekam, doch ihre leicht manische Stimmung wurde der typischen Angst und Nervosität vor der Hochzeit zugeschrieben. Ihr langes weißes Seidenkleid war schlicht und elegant, hatte einen herzförmigen Ausschnitt und ein enges Oberteil, das ihre schmale Taille betonte. Dazu trug sie den langen Schleier, auf dem sie bestanden hatte, und künstliche Rosen im Haar. Sie sah schön aus, aber auch ein wenig fiebrig, denn ihre Augen glänzten, und ihre Wangen waren fleckig rot.

Da ihr Vater sie nicht zum Altar führen konnte, schritt sie tapfer allein den Mittelgang hinunter, worüber ein paar ältere Gemeindemitglieder die Nase rümpften. Cara hob trotzig das Kinn und tat, als kümmere sie das nicht, aber in Wirklichkeit war sie bitter enttäuscht. Insgeheim hatte sie gehofft, ihr Vater würde irgendwoher wissen, dass sie heiratete, und plötzlich aufkreuzen, um an dem wichtigsten Tag ihres Lebens teilzuhaben. Bis zur letzten Minute hielt sie Ausschau nach ihm. Vielleicht käme er doch noch in die Kirche gerannt und rief, das wolle er sich nicht nehmen lassen, um sie dann stolz dem Bräutigam zu übergeben.

Sie widerstand dem Drang zu weinen, setzte ihr kühnstes Lächeln auf, hob trotzig das Kinn und strahlte ihren künftigen Ehemann an. Mit ihm zusammen würde sie eine große, erfolgreiche Familie gründen. Sie würde besser sein als der ganze Haufen zusammengenommen.

Als Duncan gelobte, sie in Gesundheit und Krankheit zu lieben, weinte er Freudentränen und küsste seine triumphierende Braut. Nach der schlichten Feier verströmte ein leicht verblüffter Bräutigam seine Glücksgefühle und nahm von den vielen ausgelassenen neuen Verwandten schüchtern die Glückwünsche entgegen. Er hielt sich für den glücklichsten Mann der Welt.

5

Orkney, 2024

Freya holte Evie rasch im *Foveran* ab und nahm sie mit nach Orphir in ihr Cottage am Meer. Sie fielen einander in die Arme und weinten. Freya war bestürzt, Evie so zerbrechlich und erschöpft zu sehen, doch sie überspielte das, gab ihr ein großes Glas Scapa-Whisky zu trinken und packte sie sofort ins Bett. Sie könnten sich am nächsten Morgen noch austauschen, sagte sie zu Evie. Sie brauche jetzt Ruhe und Schlaf.

In der Nacht setzte sich Freya im Bett auf, weil sie vor Sorge nicht schlafen konnte, und machte sich Gedanken über die arme Evie. Der Tod ihres Vaters hatte sie offensichtlich sehr mitgenommen, aber die Niedergeschlagenheit und Verzweiflung in ihren Augen schien tief verwurzelt zu sein und schon sehr lange zu bestehen. Um die zu überwinden, würde sie Hilfe benötigen. Viele Jahre lang hatte Freya sich damit getröstet, dass Evie sich in London ein gutes Leben aufgebaut hätte. Das erwies sich nun als Wunschdenken.

Sie selbst trauerte auch um Duncan. Er war immer gut zu ihr gewesen und hatte sie freundlich, respektvoll und verständnisvoll behandelt. Sie hatte ein schlechtes Gewissen, weil sie ihm verschwiegen hatte, dass sie mit Evie in Kontakt stand. Hätte sie das nicht getan, wäre es mit ihm vielleicht nicht so schnell abwärtsgegangen, und er hätte etwas gehabt, für das es sich zu leben lohnte. Freya liebte Evie wie eine Tochter, und es hatte sie fast umgebracht, nicht nach London zu fliegen und sie zurückzuholen.

Sie hatte nie erfahren, warum Evie damals Hals über Kopf von Orkney wegwollte und dabei alle Kontakte abbrach. Während der vergangenen zwanzig Jahre hatte sie behutsam auf sie eingewirkt, sich doch bei ihrem Vater zu melden, immer in dem Bewusstsein, dass die schwache Verbindung zu Evie leicht abreißen könnte. Sie wollte nicht riskieren, sie ganz zu verlieren.

Nun beruhigte sie sich damit, dass Evie wieder zu Hause war und sie sich um sie kümmern würde, vielleicht sogar dazu bewegen könnte, für immer zu bleiben. Freya hatte in ihrem Leben schon vieles bewältigt und war immer reifer gewesen, als ihr Alter vermuten ließ.

Es gab nicht viele, die sich noch erinnerten, dass sie auf Hrossey als kleiner Kerl namens Magnus aufgewachsen war und ihr Geschlecht immer für einen Irrtum der Natur gehalten hatte. Sie konnte damals zwischen dem pummeligen Jungen, den sie im Spiegel sah, und dem Menschen, der sie ihrem Empfinden nach sein sollte, keine Verbindung spüren.

Mit fünfzehn Jahren eröffnete sie allen gelassen, sie sei jetzt Freya, die nordische Göttin der Liebe und des Krieges, die goldene Tränen weinte. Freyas Eltern und ihre Schwester, Anne Marie, überraschte das nicht, denn sie hatten Augen im Kopf.

Die übrigen Verwandten zuckten nur mit den Schultern. Wie jeder auf Hrossey hatten sie Magnus schon lange, bevor er in die Schule ging, in Mädchenkleidern gesehen. Nicht mal die mürrische Mrs Linklater aus dem Gemischtwarenladen war verblüfft.

Sie rümpfte nur die Nase und sagte: »Magnus war schon immer anders, so ist es nun mal. Wenn seine Eltern damit einverstanden sind, dann soll es mir recht sein, obwohl ich sagen muss, dass es so was in unserer Familie nicht gab. Aber was kann man von solchen Leuten schon erwarten?«

Der alte Mr Linklater nahm Freyas Hand und sagte: »Du hast einen steinigen Weg vor dir, Schätzchen. Du wirst sehr stark sein und viel Mut beweisen müssen. Es tut mir leid, falls ich es manchmal noch durcheinanderbringe und dich Magnus nenne. Ich bin alt und vergesslich und hoffe, du bist mir dann nicht allzu böse.«

Sie strahlte ihn an und umarmte ihn. Von dem Moment an war sie Freya, und Magnus gehörte der Vergangenheit an.

Sie war nur eins fünfundsechzig groß, hatte ein rundes, breites Gesicht und große hellbraune Augen. Da sie Süßes und das gute Brot, die Sahne und den Käse der Insel liebte, war sie schön mollig und hatte Wangen wie reife Pfirsiche, aber – zugegeben – auch ein kleines Doppelkinn und einen Kugelbauch.

Sie ließ sich die Haare schulterlang wachsen und lackierte sich die Nägel. Anne Marie half ihr bei Modefragen. Sie vertieften sich in Versandhauskataloge und warteten auf die Ankunft der Pakete, worauf sie dann eine Modenschau in ihrem Schlafzimmer veranstalteten.

Manche Leute nannten sie noch Magnus, aber nie boshaft. Dann korrigierte sie freundlich lächelnd. »Ich bin jetzt Freya.« Und dabei fühlte sie sich mit jedem Mal stärker.

Natürlich wurde sie auf der Sekundarschule in Kirkwall auch manchmal schikaniert, aber Freya ertrug das mit stoischer Miene. Sie hatte gute Freunde von zu Hause in Hrossey, die auf sie aufpassten. Es half auch, dass sie eine wirklich freundliche Person war, die nur in Frieden leben wollte.

Die meisten gemeinen Bemerkungen kamen von der dreizehnjährigen Cara. Sie glaubte, dass der Junge, der die Kleider seiner Mutter trug, sich nur wichtigmachen wollte. Sie blieb dabei, dass das nur eine Phase wäre und sich noch auswachsen würde.

Cara musste sich bei ihren Äußerungen mäßigen, nachdem selbst Duncan sie zaghaft gebeten hatte, Freya in Ruhe zu lassen. Da sie die perfekte Prinzessin für ihn sein wollte, hörte sie auf, Freya zu ärgern, und beschloss, sie betont zu ignorieren, während sie sie weiter verachtete.

Freya war nicht wissenschaftlich interessiert, und daher entschied sie sich nach dem Schulabschluss, auf Mainland zu bleiben und im *Kirkwall Hotel* zu kellnern. Wie der alte Mr Linklater gesagt hatte, wurde es für sie ein steiniger Weg.

Ständig bekam sie anzügliche Blicke und höhnische Sprüche von Jugendlichen und wurde von den Touristen der Kreuzfahrtschiffe, die wie Heuschreckenschwärme über Kirkwall herfielen, schief angesehen. Diese Leute waren so erpicht darauf, die Sehenswürdigkeiten abzuhaken, dass sie eigentlich nichts in sich aufnahmen, sondern am Abend mit einem Kühlschrankmagneten und einer vagen Erinnerung an Denkmäler und Geschichten aus dem Zweiten Weltkrieg in ihre Kabinen zurückkehrten.

Freya entwickelte einen bissigen Humor, um mit den Blicken und dem Geflüster fertigzuwerden, und trug ihn wie eine Rüstung. Doch sie wusste, dass die Menschen, die wirklich zählten, sie im Stillen unterstützten. Einmal warf Duncan zwei Idioten aus Manchester aus der Hotelbar, weil sie sich ihr gegenüber respektlos verhalten und sie beleidigt hatten. »Ihr könnt wiederkommen, wenn ihr euch entschuldigt und euch Manieren angeeignet habt.« Die beiden bekamen Angst vor dem hünenhaften Duncan und setzten keinen Fuß mehr in die Bar oder auch nur auf die Insel.

Freya war am glücklichsten, wenn sie am Strand saß und aufs Meer schauen konnte. Auf Orkney war man nie weit vom Wasser entfernt, und sie liebte das Rauschen der Wellen und die Schreie der Vögel über ihr. Als Teenager ging sie immer allein in dem schlichten schwarzen Badeanzug ihrer Schwester schwimmen und jubelte vor Freude, wenn sie ins Wasser rannte, fühlte sich frei, glücklich und zufrieden.

Sie sparte ihren Lohn und ihre Trinkgelder, und mit Anfang dreißig reiste sie nach England, um sich ein erstes Mal operieren zu lassen. Sie würde die physischen und mentalen Schmerzen nie vergessen, bereute es aber kein einziges Mal. Für ein paar

Jahre blieb sie in London und arbeitete in verschiedenen Hotels, vermisste aber ihre Familie und Freunde, den Frieden und die frische Luft von Orkney.

All das zog sie nach Hause zurück. Sie mietete südlich von Kirkwall nahe bei dem kleinen Fährhafen von Houton ein Cottage, von dem sie die Überfahrten zu den Inseln Flotta und Hoy beobachten konnte, und begann, zierlichen Schmuck herzustellen, zu dem sie sich von der Bewegung und den Farben des Meeres und der Landschaft inspirieren ließ.

Sie konnte sich bei der Kleiderwahl nie so recht entscheiden und zog deshalb vieles übereinander an, trug knallige Farben und behängte sich mit Seidenschals und ihrer gesamten Schmuckkollektion. »Ich bin ein wandelndes Werbeplakat«, sagte sie immer. »Jeder soll meine Ware sehen und wissen, wie hinreißend die Stücke sind.«

Freya betrachtete sich als glückliches Wesen. Sie hatte sich auf der Insel ein erfüllendes Leben aufgebaut und wurde als weise Frau mit einem großen Freundeskreis angesehen, in dem sie jeder in sein Familienleben einbezog. Man konnte sich stets um Hilfe und Rat an sie wenden, sogar wenn es manchmal eigentlich nicht nötig war, denn sie wollte einfach alles und jeden verbessern und in Ordnung bringen.

Sie trank den Rest von ihrem Whisky aus und ging ins Bett, entschlossen, Evie zu bewegen, auf Orkney zu bleiben und ihr über Trauer und Schmerz hinwegzuhelfen.

6

Orkney, 2004

Freya erkannte, dass Evie kurz vor einem hysterischen Anfall war.

»Also gut, Liebes, setzen wir uns ans Feuer und atmen mal durch«, sagte sie ruhig. »Dann kannst du mir alles erzählen. Hat Liv wieder ihr Unwesen getrieben? Oder hast du dich mit Brodie gestritten?«

Als sein Name fiel, wurde Evie blass und rang nach Luft.

Freya suchte in Evies Handtasche, gab ihr den Inhalator und befahl ihr, ihn zu benutzen und nicht panisch zu werden.

»Sicher wird sich das mit Brodie wieder einrenken. Er betet dich an. Er hat dir doch das hübsche Armband geschenkt.«

Evie schüttelte energisch den Kopf. »Du verstehst nicht, ich muss hier weg! Irgendwohin, weit weg von hier.«

»Glaub mir, Evie, in ein paar Tagen hat sich der Sturm gelegt. Wie wär's, wenn du heute bei mir übernachtest, und morgen früh reden wir über alles? Wenn die Sonne wieder aufgegangen ist, sieht alles hoffnungsvoller aus.«

»Ich kann nicht. Ich kann dir nicht erzählen, was passiert ist.«

Freya sah das junge Mädchen an, das sie liebte wie eine Tochter. Evie war ein höchst besonnener, realistisch denkender Teenager und machte keinen unnötigen Wirbel. Anscheinend ging es um etwas Ernstes. Aber sosehr sie Evie überreden wollte, sich ihr anzuvertrauen, sie weigerte sich, auch nur anzudeuten, was vorgefallen war.

»Na, meinetwegen. Ich werde dir helfen«, sagte Freya schließlich. »Hast du einen Plan?«

»Nein, aber hilf mir einfach, möglichst schnell von hier zu verschwinden, und ich will mir Arbeit suchen und auf eigenen Füßen stehen. Bitte, Freya, ich flehe dich an, versuch nicht weiter, mir das auszureden.«

Freya nickte. Es wäre vielleicht gar nicht schlecht für Evie, eine Zeit lang auf sich allein gestellt zu sein, unabhängig davon, was sie gerade durchmachte.

Sie fuhr Evie nach Stromness, wo sie die Frühfähre zum schottischen Festland nehmen und von dort nach England reisen wollte.

Am Anleger umarmte Freya sie und gab ihr einen Umschlag mit zweihundertfünfzig Pfund und der Telefonnummer und Adresse eines Hotels in der Nähe von London, das Jobs mit Unterkunft anbot.

»Bernie, der Geschäftsführer, schuldet mir einen Gefallen. Er sagt, er kann dir eine Stelle geben, wenn du hinkommst. Die Bezahlung ist nicht toll, und das Hotel ist ein bisschen heruntergekommen, aber das wäre ein Anfang, um auf die Beine zu kommen, und du brauchst dir erst mal keine Wohnung zu suchen.« Seufzend legte sie die Hände an Evies Wangen. »Ich weiß, ich kann es dir nicht ausreden. Das habe ich weiß Gott schon versucht, aber ich will deiner Familie sagen können, dass es dir gut geht. Wenn du mit ihnen nicht reden willst oder kannst, halte wenigstens mit mir Kontakt, damit wir wissen, wie es dir geht.«

Evie stand an der Reling der Fähre und sah Stromness verschwinden. Sehnsüchtig starrte sie auf die Steilfelsen bei St John's Head und den berühmten Old Man of Hoy, der dort wachend zum Himmel zeigte, ein Symbol ihrer Heimat und all dessen, was sie zurückließ.

Mit ihren mageren Ersparnissen und Freyas Geld würde sie

gut haushalten müssen. Sie hatte ihren Mut zusammengerafft und vom Fähranleger aus in dem Hotel angerufen, um einen Vorstellungstermin zu vereinbaren. Aber es war bereits klar, dass sie den Job bekommen würde. Sie brauchte dort nur zu erscheinen.

Sie buchte einen Platz in dem billigen Nachtbus, der vierzehn Stunden von Inverness nach London fuhr. Von dort würde sie sich zu dem Hotel in Crawley begeben. Es war eine lange, ermüdende Reise bei Dunkelheit und strömendem Regen.

Sie schlief, wurde aber häufig wach vom Schnarchen und Stimmengemurmel der Mitfahrer und dem gelegentlichen Hupen ungeduldiger Autofahrer, die den Bus überholten.

Während der ganzen Fahrt bekam sie die albtraumhaften Bilder jenes Abends nicht aus dem Kopf. Wie sollte sie je mit dem Schrecken und der Schuld leben können?

7

Orkney, 2024

Am nächsten Morgen erwachte Evie in Freyas hellem, behaglichem Gästezimmer. Die Sonne schien herein, und einen Moment lang empfand sie inneren Frieden, dann spürte sie ihren Verlustschmerz im ganzen Körper.

Sie stand auf, zog sich den entzückenden Patchwork-Morgenmantel über, der an der Tür hing, und fand Freya in ihrem Sonnenzimmer. Es ging aufs Meer hinaus und war mit einem gemütlichen orangefarbenen Sofa und zwei weichen Sesseln mit üppigen Kissen und bunten Plaids eingerichtet.

An der Wand hing eines der Porträts, die Evie vor einundzwanzig Jahren von Freya gemalt hatte. Freya reichte ihr lächelnd einen Becher Kaffee.

»Erinnerst du dich daran, als du das gemalt hast?«

Für Evie war es schön und schmerzlich, sich an ihre Teenagerzeit zu erinnern, in der sie lange Sommerabende mit Zeichnen und Malen verbracht und dabei mit Kate und Edwyn Pläne geschmiedet hatte.

Sie hatten sich alles bis ins Einzelne überlegt. Kate würde eine sehr erfolgreiche Lehrerin, Edwyn ein berühmter Chirurg in Edinburgh werden und Evie die Kunsthochschule in Glasgow besuchen, um eine gefeierte Malerin und Bildhauerin zu werden. Alle drei wollten viel in der Welt bewirken.

Sie lächelte Freya an. »Du siehst noch genauso aus wie damals.«

Das stimmte. Freya war inzwischen dicker und grauer geworden, aber ihr Lächeln war noch dasselbe und hellte ihr Gesicht auf, das überraschend faltenfrei war und auch sonst keine Alterungserscheinungen zeigte.

»Tja, ein Ballon wirft keine Falten, wie mein alter Dad zu sagen pflegte. Mein Mondgesicht ist mit den Jahren voll zur Geltung gekommen. Aber vergiss nicht, ich bin älter als deine Mutter. Fast achtzig. Himmel, selbst wenn ich es laut sage, kann ich es kaum glauben.«

»Du siehst mindestens zwanzig Jahre jünger aus. Ich hatte immer das Gefühl, dass du meiner Altersgruppe näher bist als der meiner Eltern.«

Freya freute sich. »Jedenfalls hat meine Sehkraft nachgelassen, sodass ich keine Altersspuren erkennen kann, wenn ich zum Schminken die Brille abnehme und in den Spiegel gucke. Also, Evie, geh dich anziehen. Wir haben einiges zu tun.«

Freya fuhr mit Evie nach Kirkwall, um die Formalitäten zu erledigen, die nach einem Todesfall anfielen. Evie war erleichtert, dass ihr jemand dabei half, besonders bei der Vorbereitung von Duncans Beerdigung, die in einer Woche stattfinden würde.

Freya setzte eine Anzeige in den *Orcadian* und rief alle an, die mit Duncan befreundet gewesen waren, soweit sie ihr einfielen, um ihnen die Einzelheiten mitzuteilen. Ihr Vater hatte zwar in den letzten Jahren wie ein Einsiedler gelebt, war aber ein hoch geachteter und beliebter Mann geblieben, und ihr war klar, dass ihm viele Menschen das letzte Geleit geben würden.

Freya setzte sie um elf Uhr vor der Anwaltskanzlei ab, in der die Testamentseröffnung stattfinden sollte. Evie hatte vor Nervosität Magenschmerzen, und Freya bemerkte ihre Unruhe.

»Du bist wahrscheinlich nervös, weil Liv da sein wird. Bist du sicher, dass ich dich nicht begleiten soll? Du weißt, wie deine Schwester ist.«

»Nein, schon gut, Freya. Ich muss das allein bewältigen.«

Evie betrat das Foyer der Kanzlei. Dort stand eine spindeldürre Frau, der Seife und Wasser offenbar fremd waren, vor einer sichtlich gestressten Empfangssekretärin und beschimpfte sie. Evie erkannte in der hageren Person ihre Schwester Liv. Sie war inzwischen sechsundvierzig, sah aber Jahrzehnte älter aus. Sie hatte die faltige Haut einer Kettenraucherin, dunkelviolette Tränensäcke unter den Augen und strähnige, stumpfe Haare. Sie sah aus wie ein ausgehungerter Falke.

»Ich verstehe nicht, warum ich warten soll«, herrschte sie die Frau an. »Ich bin die Einzige, die im Testament stehen kann. Ich kenne meine Rechte. Ich erbe alles.«

»Miss Muir«, erwiderte die Frau müde seufzend, »ich sagte bereits, dass wir Ihre Schwester erwarten. Und da kommt sie auch schon.«

Liv fuhr herum. Wut und Verblüffung malten sich in ihrem Gesicht ab.

»Unglaublich!«, stieß sie giftig hervor. »Dass du den Nerv hast, dich hier blicken zu lassen, nach allem, was du mir angetan hast. Glaub ja nicht, dass du von dem alten Mann auch nur einen Penny kriegst. Du kannst hier keine Ansprüche geltend machen. Er hat dich gehasst. Wir alle haben dich gehasst. Keiner wollte, dass du zurückkommst.«

Die alten Schuldgefühle drohten Evie zu überwältigen. Liv würde ihr nie verzeihen, und nicht mal der Tod ihres Vaters würde daran etwas ändern.

»Bitte, Liv, ich kann das jetzt nicht. Man hat mich aufgefordert, zur Testamentseröffnung zu kommen. Ich will gar nichts haben. Es würde mir auch nicht zustehen. Ich will nur hören, was Dad sich für seine Beerdigung gewünscht hat.«

Mit hasserfülltem Blick neigte sich Liv zu ihr. »Und danach wirst du verschwinden«, zischte sie. »Du wirst Orkney ein für alle Mal verlassen. Andernfalls weißt du ja, was passiert. Ich habe dein dreckiges kleines Geheimnis all die Jahre für mich behalten.

Aber vielleicht wäre es an der Zeit, allen die Wahrheit zu sagen.«

Evie durchlief ein eisiger Schauder bei dem Gedanken, dass Freya, Edwyn und Kate dann wüssten, was sie getan hatte. Sie nickte kläglich.

Die Empfangssekretärin hüstelte diskret und sagte: »Mr Sutherland empfängt Sie jetzt. Wenn Sie bitte dort hineingehen würden.«

In dem überheizten, mit Akten vollgestopften Büro sah ihnen ein junger Anwalt mitfühlend und neugierig entgegen. Evie erkannte ihn sofort. Er war in der Schule eine Klasse unter ihr gewesen.

Er räusperte sich. »Mr Duncan Muir hat im vergangenen Jahr, bevor er ernsthaft erkrankte, sein Testament gemacht. Darin sind die Einzelheiten zu seiner Beerdigung festgelegt, aber ich bedaure, Ihnen sagen zu müssen, dass nicht viel Geld vorhanden ist. Ihr Vater hat anscheinend große Summen von seinem Ersparten abgehoben, vor allem in den letzten paar Jahren, und er wollte, dass das übrige Geld an Sie ausgezahlt wird, Liv.«

Evie hatte damit gerechnet. Das war nur gerecht, nach allem, was gewesen war. »Tja, danke für Ihre Hilfe«, sagte sie steif. »Wenn das alles ist, sollten wir jetzt gehen, es gibt viel zu tun.«

»Augenblick, ich bin noch nicht fertig. Ihr Vater hat das Haus samt Inhalt Ihnen hinterlassen, Evie. Es liegt keine Hypothek auf dem Haus, es gehört also ganz allein Ihnen. Mr Muir hat sich da sehr klar ausgedrückt. Es ist ein wertvoller Gewinn, obwohl man wohl einiges an Arbeit reinstecken müsste.«

Liv schäumte. Sie stand auf und zitterte vor Wut.

»Das soll wohl ein Witz sein! Die kommt hier angerauscht und kriegt das Haus nach allem, was sie getan hat? Denk bloß nicht, dass ich mir das gefallen lasse.« Sie tippte mit dem Finger an Evies Brust. »Ich will, was mir gehört, und du gehörst in den nächsten Flieger nach London.«

Liv stürmte hinaus und schlug die Tür hinter sich zu, dass die Fenster bebten und der Staub von den Aktenstapeln wehte, die auf jeder verfügbaren Fläche lagerten.

Der Anwalt räusperte sich wieder. »Ich fürchte, bei einer Testamentseröffnung kochen die Gefühle über, Miss Muir, besonders wenn Geld und Immobilien unter Familienmitgliedern aufgeteilt werden, die sich nicht grün sind. Ich möchte es Ihnen vorlesen, damit die Angelegenheit ganz klar ist. Hier steht: *Ich will, dass meine jüngste Tochter Evie immer ein Zuhause auf Orkney hat, in das sie zurückkehren kann. Es ist mein Herzenswunsch, dass sie zurückkommt und in dem Haus ihrer Kindheit lebt, wo sie hingehört.*«

Er gab Evie einen dünnen Umschlag.

»Ihr Vater hat Ihnen auch diesen Brief hinterlassen, den er mir zur Aufbewahrung gab, als er sein Testament hinterlegte. Er hat ausdrücklich verlangt, dass er nur Ihnen persönlich ausgehändigt wird.«

Evies Hände zitterten, als sie ihn öffnete.

Meine liebste Teenie,
wenn Du das liest, bin ich nicht mehr da, aber ich konnte Dich nicht für immer verlassen, ohne Dir zu sagen, wie sehr Du mir all die Jahre gefehlt hast.
Ich denke jeden Tag an Dich, und Deine Stimme nicht zu hören, Dein Gesicht nicht zu sehen ist ein beständiger Schmerz in meinem tiefsten Innern.
Du dachtest sicher, Du hättest keine andere Wahl, als uns zu verlassen, doch es hat mir das Herz gebrochen, dass Du mich so völlig aus Deinem Leben verbannt hast. Ich bin jene grauenvolle Nacht so viele Male in Gedanken durchgegangen und habe mir gewünscht, ich könnte meine Worte zurücknehmen.
Ich wünschte, wir hätten die Chance gehabt, zwischen uns alles wiedergutzumachen. Ich habe immer nur gewollt, dass Du glück-

lich bist. Es war meine Aufgabe, Dich vor Unglück zu bewahren, und ich habe versagt.

Ich schaue zurück auf meine Fehler und weiß, ich hätte Dir helfen müssen, deine Angst vor dem Wasser zu überwinden, damit Du schwimmen lernst. Das hätte es vielleicht verhindert.

Und nun will ich, dass Du Vergangenes vergangen sein lässt und ins Wasser springst und schwimmst wie eine Meerjungfrau. Ich kann nur hoffen, dass Du jemanden gefunden hast, den Du so sehr liebst, wie ich Dich immer geliebt habe, und dass Du Dir ein gutes Leben geschaffen hast, und dass Du jetzt, da ich nicht mehr bin, nach Hause kommen kannst.

Ich liebe Dich. Ich werde Dich immer lieben, meine Teenie.

Dein Dad xxx

Evie hatte geglaubt, keine Tränen mehr zu haben, doch sie flossen ihr übers Gesicht und tropften auf ihren Schoß.

Der Anwalt wusste nicht, wohin mit sich, als er mit solchem Kummer konfrontiert war. Wortlos schob er ihr eine Schachtel Papiertaschentücher hin, und sie zog dankbar eine Handvoll heraus.

Sie schaffte es irgendwie, ihm zu danken und nach draußen zum Auto zu gehen, wo Freya auf sie wartete. Da auf ihre Stimme noch kein Verlass war, gab sie ihr wortlos den Brief zu lesen. Freya überflog die Zeilen und ließ ihn seufzend auf ihren Schoß sinken.

»Ich hab's dir gesagt, Evie, er hat nie aufgehört, dich zu lieben, und das ist der Beweis.«

»Ich hätte schon vor Jahren zurückkommen sollen«, murmelte Evie. »Aber ich hatte zu große Angst. Die Zeit ist so schnell vergangen, und jetzt werde ich das den Rest meines Lebens bereuen.«

8

Orkney, 1963

Da Braut und Bräutigam noch so jung waren, dass sie bei ihrer eigenen Hochzeitsfeier praktisch nichts trinken durften, nahm jeder an, dass Cara schwanger war und deshalb heiraten musste. Doch als sich ihr erster Hochzeitstag näherte und kein Baby gekommen war, wurde klar, dass die beiden aus Liebe geheiratet hatten. Dass sie noch kinderlos waren, lag nicht an mangelndem Bemühen.

Im ersten Ehejahr eilte Duncan nach der Farmarbeit, für die er seit Tagesanbruch auf den Beinen war, nach Hause zu ihrem Nachmittagsvergnügen. Sie bekamen nicht genug voneinander, und Cara verausgabte sich in ihrer Rolle der begehrenswerten und nützlichen Ehefrau.

Als Erstes schuf sie das »perfekte« Zuhause. Sie räumte die drei kleinen Schlafzimmer im oberen Stock aus, strich die Wände weiß und polierte die alten Holzmöbel auf Hochglanz.

Von dem Hochzeitsgeld ihrer Mutter ließ sie die alte Küche herausreißen und eine neue einbauen, behielt aber den Herd und den schönen Orkneystuhl, der aus Treibholz vom Strand und Stroh von den eigenen Feldern gemacht war und von ihrer verstorbenen Schwiegermutter stammte. Niemand wusste genau, wie alt der Stuhl war, er war jedoch über Generationen weitervererbt worden, und eines Tages würde sie ihn ihrem ältesten Kind hinterlassen. Nachdem Cara im Haus alles erneuert hatte, was möglich war, wandte sie den Blick nach draußen und jätete unermüdlich den Garten und pflanzte Gemüse an. Sie kochte riesige Mahlzeiten für ihren hünenhaften, stets hungrigen Mann, der jeden Tag dankbar war, Cara in seinem Leben zu haben.

Sie schuf ihnen das ideale Nest, um es mit lärmenden, glücklichen Küken zu füllen. Dann würde sie sich endlich entspannt zurücklehnen, weil sie ihren Traum vom perfekten Mutterdasein verwirklicht hatte.

In jener Anfangszeit hätte Duncan nicht glücklicher sein können. Ihm fehlte zwar seine sanftmütige Mutter, doch Cara füllte den Platz in seinem Herzen aus. Manchmal wünschte er sich allerdings, sie würde sich entspannen und das gemeinsame Leben genießen, aber sie war immer in Eile. Sie lebten in einem sehr schönen Haus nicht weit von Kirkwall nahe am Meer und dennoch wunderbar abgeschieden, sodass sie die Sonnenuntergänge ungestört genießen konnten.

Nach einem langen Arbeitstag ging er gern im Meer schwimmen, und das kalte Wasser löste seine verspannten Muskeln. Im ersten Ehejahr ging Cara häufig mit und kreischte lachend, wenn er sie in die Luft warf, als wöge sie nichts, doch solche Strandausflüge wurden immer seltener, da sie sich in endlosen Pflichten verlor.

Duncan wollte vor seinem Haus sitzen und über Scapa Flow blicken, still die Aussicht genießen und sich an dem Guten in seinem Leben freuen, allerdings hatte seine rastlose Frau immer eine lange Liste mit Aufgaben für ihn, die sofort erledigt werden mussten, wie etwa Regale anbringen, die Außenbeleuchtung reparieren und Wände streichen.

Nichts davon war dringend, dennoch durfte er nie verschnaufen, sich ausruhen und dankbar sein. Aber er lebte ja, um seine Cara glücklich zu machen, und sah gern ihr zufriedenes Nicken, wenn sie wieder einen Punkt auf ihrer Liste abhakte.

Ihr fleißiger Verstand dachte sich immer neue Mittel aus, um

Geld zu verdienen, und sie stürzte sich in alle möglichen Hobbys. Sie hielt Bienen, um Honig zu ernten und Wachskerzen zu ziehen, und überlegte, Duftseife herzustellen, um sie an die Souvenirläden zu verkaufen. Doch die Bienen gingen ein, und die Seife wurde klebrig weich wie Kochfett.

Jeder Fehlschlag machte sie wütender und trieb ihren Ehrgeiz weiter an. Sie konnte ausgezeichnet stricken, vor allem gelb-weiße Babyjäckchen aus weicher Wolle. Die bewahrte sie in einer speziellen Truhe auf, die mit Seidenpapier ausgelegt war, und wartete ungeduldig auf ihr erstes Kind.

Anfangs sagte sie sich nach jeder monatlichen Enttäuschung, es sei doch ganz gut, dass sie noch nicht schwanger war, da es so viel zu tun gab. Wenn wohlmeinende Nachbarn und Verwandte sie fragten, wann sie denn eine Familie gründen wollten, dann log sie und sagte, sie müssten erst noch das Haus und die Farm auf Vordermann bringen. Es sei noch Zeit genug, um Kinder zu bekommen.

In Wirklichkeit war sie verzweifelt. Jede Periodenblutung erschien ihr als Zeugnis ihres Versagens. Kurz vor ihrem dritten Hochzeitstag entdeckte sie, dass sie endlich schwanger war.

Als ihre Periode zum zweiten Mal ausblieb, machte sie einen Schwangerschaftstest und schlang triumphierend die Arme um sich, als sie das positive Ergebnis sah. Sie hatte es geschafft. Endlich würde sie Mutter werden!

Jetzt kann ich es allen zeigen, dachte sie befriedigt.

Sie strickte winzige Babyschuhe und stellte sie Duncan zum Frühstück auf den Teller, anstatt ihm seine Bratkartoffeln und Spiegeleier zu servieren. Völlig verwirrt schaute er darauf, dann dämmerte es ihm. Er stieß einen Freudenschrei aus und stand auf, um Cara in die Arme zu schließen, bremste sich aber in letzter Sekunde, aus Angst, sie und das kostbare Baby zu zerdrücken.

»Ich kann es nicht glauben! Wir bekommen ein Kind! Das ist eine wunderbare Neuigkeit.«

Dann verdunkelte sich seine Miene. »Geht es dir auch ganz bestimmt gut? Solltest du dich nicht hinsetzen? Lass mich dir einen Tee kochen und eine Decke holen. Möchtest du Schokolade?«

Cara lachte. »Duncan, immer mit der Ruhe. Ich bin nicht krank, ich bin schwanger. Du musst mich nicht behandeln wie ein rohes Ei. Es geht mir prächtig, und ich bin sehr glücklich. Wir werden jetzt eine Familie, und das ist nur der Anfang. Ich will eine ganze Fußballmannschaft.«

Er grinste sie an. »Du wirst eine wunderbare Mutter. Ich kann es kaum erwarten, dass du hier mit dickem Bauch herumwatschelst.«

»Du bist albern, Duncan Muir.«

»Wir müssen mein altes Kinderbett entstauben und abschleifen. Wie gern hätte meine Mutter ihr erstes Enkelkind darin gesehen.«

Cara setzte sich auf sein Knie und drückte ihn an sich. Ihre Augen brannten von Tränen. »Unser Baby wird nur das Beste bekommen. Wir können ihm alles geben, was wir selbst nie hatten.«

Duncan lächelte sie an. »Aber vor allem wird unser Kind geliebt und umsorgt werden. Das ist das Allerwichtigste.«

Bis spät in die Nacht sprachen sie über Mädchen- und Jungennamen, überlegten, wie das Kinderzimmer aussehen solle und wie ihr Leben sich zum Besseren verändern würde.

Kurz vor dem Einschlafen drehte er sich zu ihr. »Ich verspreche, dass es euch beiden an nichts fehlen soll. Ich werde jeden Tag, den Gott mir schenkt, arbeiten. Du brauchst dir keine Sorgen zu machen. Ruh dich nur aus und lang beim Essen kräftig zu, und bitte, Cara, übertreib es nicht. Du verlangst dir immer zu viel ab.«

Sie versprach ihm, es ruhiger angehen zu lassen, und vielleicht glaubte sie das sogar selbst. Doch sie konnte nicht lange stillsitzen. Sie schwirrte durch das Haus, putzte und räumte ihre schon ordentlichen Schränke auf, achtete aber darauf, in ihrem Orkneystuhl zu sitzen und an einem weiteren Babyjäckchen zu stricken, wenn Duncan nach Hause kam.

»So ist es brav«, sagte er jedes Mal liebevoll. »Immer schön ruhig und entspannt. Du siehst so schön aus. Schwanger sein steht dir gut. Du wirkst ganz weich, und dein Gesicht leuchtet geradezu.«

Er liebte sie mehr denn je und sagte sich, dass nun alles gut würde.

Wenige Tage später wachte Cara frühmorgens mit starken Bauchkrämpfen auf. Sie warf die Decke zurück, sah den Blutfleck auf dem Laken und schrie jämmerlich.

Duncan machte ihr gerade Tee und Toast, als er das hörte, und rannte die Treppe hoch.

Cara lief hektisch auf und ab, hatte Tränen in den Augen und rang die Hände. Ihr Nachthemd war blutig. Er wollte vor Kummer aufheulen, wusste aber, dass er jetzt stark sein und Cara zuliebe ruhig bleiben musste.

Er versuchte, einen unaufgeregten, bestimmten Ton zu wahren. »Ich helfe dir beim Anziehen und fahre mit dir ins Krankenhaus. Die werden sich darum kümmern. Es wird schon gut gehen. Wir stehen das zusammen durch, aber du musst mich helfen lassen.«

Cara legte sich auf das blutige Laken und krümmte sich zusammen. Duncan kniete sich davor und wollte ihre Hand nehmen, doch sie schob ihn weg und schloss die Augen. »Lass mich allein«, sagte sie ausdruckslos. »Ich will dich nicht bei mir haben. Ich will niemanden bei mir haben. Ich habe mein Baby verloren. Jetzt ist alles ruiniert.«

Duncan wusste nicht, was er sagen oder tun sollte. Er fühlte sich hilflos und nutzlos. Ihre Pläne, ihre Hoffnungen und Träume zerstoben zu Nichts. Seine Cara lag da wie eine zerbrochene Puppe. Er sollte etwas sagen, versuchen, zu ihr durchzudringen.

»Alles wird gut, Cara. Ich versprech's.«

Sie blickte ihn kalt an. »Du Idiot. Wie könnte jetzt noch alles gut werden?«

Am Ende ließ sie sich doch noch bewegen, mit ihm zum Krankenhaus zu fahren. Dort wurde sie von einer freundlichen Ärztin untersucht, die ihr auch versicherte, dass das häufig vorkomme und sie es jederzeit erneut versuchen könnten. Das machte Cara fuchsteufelswild. Sie wollte an ihrer Wut festhalten, weil das leichter war, als in einem schwarzen Loch der Trauer zu versinken.

Während der Heimfahrt redete sie mit Duncan kein Wort. Zu Hause ging sie sofort ins Bett und zog sich die Decke über den Kopf. Duncan wusste nicht, was er zu dieser kalten, distanzierten Fremden sagen könnte. Zum ersten Mal hatte sie ihn gleichgültig und ablehnend angesehen. Er hatte den Eindruck, dass sie sich von ihm entfernte.

Er wusste nichts mit sich anzufangen, also machte er einen langen Spaziergang und nahm die Hunde mit. Als er am frühen Abend heimkam, war die Schlafzimmertür abgeschlossen und im Gästezimmer das Bett bezogen. Er setzte sich darauf und stützte den Kopf in die Hände. Er trauerte um das verlorene Kind und war verzweifelt, weil er an seine geliebte Cara nicht herankam.

9

Orkney, 2024

Seit Evie zuletzt auf dieser Türschwelle gestanden hatte, waren zwanzig Jahre vergangen. Nun war sie wieder hier, eine erwachsene Frau von achtunddreißig Jahren, und fühlte sich wie ein schutzloses Kind. Die spektakuläre Aussicht über Scapa Flow war unverändert, aber das Farmhaus war kaum wiederzuerkennen. Der Garten war mit Brombeeren und wilden Stauden überwuchert. Das Haus sah vernachlässigt und trostlos aus.

Sie öffnete die verwitterte Tür und war entsetzt, wie es drinnen aussah.

Ihre penible Mutter hätte einen hysterischen Anfall bekommen. Im Wohnzimmer und in der Küche roch es nach schmutziger Wäsche, verdorbener Suppe und umfassender Vernachlässigung. Es war düster und feucht und sah aus, als hätte hier seit Monaten niemand mehr gewohnt, obwohl Duncan erst vor einer Woche ins Krankenhaus gekommen war.

Er hatte offensichtlich auf dem alten, zerschlissenen Sofa geschlafen, denn davor lag ein Haufen schmuddeliger Decken auf dem Fußboden. Davon abgesehen gab es nicht viel, nicht mal einen Fernseher. Doch nach dem Staub auf dem alten Beistelltisch zu urteilen, hatte da bis vor Kurzem einer gestanden. Der Phonoschrank und die Plattensammlung waren auch verschwunden. Von Evies Bildern hing keines mehr an den Wänden, und die Vitrine, in der ihre Mutter die wertvollen Kristallgläser aufbewahrt hatte, fehlte ebenfalls.

»Ich glaube, ich weiß, wer hier geplündert hat, als er im Krankenhaus lag«, sagte Freya grimmig, die hinter ihr hereingekommen war. »Liv kann das nicht allein von hier weggeschafft haben. Ich nehme an, die guten Sachen sind bereits verkauft.«

Evie versuchte, sich nicht anhören lassen, dass sie zitterte. »Das ist mir ziemlich egal, Freya. Ich bin nur traurig, weil er in diesem Zustand gelebt hat.«

»Das tut mir leid. Ich habe versucht, zu putzen, wenn er mich tatsächlich mal ins Haus gelassen hat. Meistens haben wir im Garten gesessen. Ich habe den Müll rausgebracht und das Geschirr abgewaschen, aber ich dachte, bei ihm zu sitzen und zu plaudern brächte ihm mehr als ein geschrubbter Fußboden.«

»Entschuldige dich doch bitte nicht. Du hast mehr für ihn getan als seine eigenen Töchter.«

Sie stiegen die knarrende Treppe hinauf und schauten sich in den halb leeren Zimmern um. Als Evie die Tür zu ihrem alten Kinderzimmer aufdrückte, schluckte sie schwer. An der Decke sah sie schwarze feuchte Flecke, und an manchen Stellen löste sich die Tapete von den Wänden. Ein paar ihrer Bücher lagen auf dem Boden verstreut. Der Teppich hatte viele Flecke und Brandlöcher von Zigaretten.

Was hatte sie sich dabei gedacht, zu diesem Haus zu fahren und zu glauben, sie könnte hier die Wünsche ihres Vaters erfüllen? Ganz zu schweigen von dem Wunsch, sie möge ihre Angst vor dem Wasser überwinden und schwimmen lernen. Schon bei dem Gedanken, ins Meer zu gehen, bekam sie Bauchschmerzen. Ihr wurde eng in der Brust, und dabei begriff sie, dass sie dieses Haus voller Geister und schlechter Erinnerungen meiden musste.

Freya kam hereingefegt. »Das Bettgestell ist noch gut, aber du wirst eine neue Matratze brauchen. Unten gibt es wenig, das sich zu behalten lohnt, aber der Küchenherd ist eine Schönheit. Die Zimmer müssten gestrichen werden«, fügte sie lebhaft hinzu, dann sah sie Evies Gesicht. »Du siehst blass aus, Liebes – lass uns an die frische Luft gehen.«

Draußen auf der alten Gartenbank fragte Freya besorgt: »War das alles zu viel für dich?«

»Nein, ich komm schon klar«, log Evie. »Aber ich werde das Haus für den Verkauf herrichten müssen.«

Freya spannte die Schultern an. »Verkauf?«

Evie zog es den Magen zusammen. Wie gern würde sie Freya sagen, dass sie nicht wieder in dieses Haus ziehen konnte, selbst wenn sie es wollte. Jedenfalls nicht, solange Liv ihr drohte. Außerdem gab es das Geldproblem. Sie hatte nur wenig zurückgelegt, und sie durfte auch nicht viel länger der Arbeit fernbleiben, trotz ihres Trauerfalls.

»Mein Leben ist in London, und ich muss dahin zurück«, sagte sie lahm.

»Ah ja. Dein Leben in London.« Freya kniff die Augen zusammen. »Ich würde gern mehr darüber hören und warum du dahin zurückwillst.«

Weil ich euch allen etwas verheimliche, dachte Evie kläglich. *Sogar Freya und Jeremy*. Doch es ging nicht anders.

»Ich könnte es vielleicht eine Zeit lang als Ferienhaus vermieten«, sagte sie und hoffte, damit den Frieden zu wahren.

Freya seufzte. »Dein Vater wollte, dass du hier einen Platz zum Leben hast. Ein richtiges Zuhause.«

Evie erinnerte sich, wie stur Freya sein konnte, wenn sie sich etwas in den Kopf gesetzt hatte.

»Ich weiß, aber was immer daraus wird, ich muss es renovieren. Du kennst wohl nicht zufällig jemanden, der mir dabei helfen kann?«

»Tja, zufällig kenne ich genau den Richtigen. Er lebt jetzt seit zehn Jahren hier. Er heißt Andrzej und ist Elektriker, kann aber eigentlich alles. Er hat mein Sonnenzimmer angebaut, das jetzt im ganzen Haus mein Lieblingsplatz ist.«

»Klingt, als wäre er ideal«, sagte Evie.

Freya strahlte. »Ja, und er ist ein gut aussehender Mann. Er stammt aus Polen, kam zum Studium nach Schottland, hat in Dundee gewohnt wegen der Beerenernte in Blairgowrie. Er hat sich in eine Einheimische verliebt, aber es hat mit den beiden nicht geklappt. Darum ist er in den Norden gezogen. Er hat mir mal gesagt, dass er sich auf Orkney sofort heimisch gefühlt und sich hier niedergelassen hat.«

Evie lächelte. »Bist du etwa ein bisschen in ihn verknallt?«

Freya prustete lachend. »Ach, er ist viel zu jung für mich. Erst fünfundvierzig. Und er ist der heimliche Verehrer einer anderen Hübschen, aber davon erzähle ich dir später.«

Evie stand auf und ging außen herum zu dem alten Kuhstall, wo sie sich früher gern versteckt hatte, wenn sie mit ihrem Vater Verstecken spielte. Da lag ein Haufen altes Feuerholz im Gras verstreut. Sie ging näher heran und sah, dass es die Trümmer des schönen Orkneystuhls ihrer Großmutter waren, den Cara immer auf Hochglanz poliert hatte.

Evie brach in Tränen aus. Sie hatte sich bisher zusammengerissen, aber den zertrümmerten Stuhl zu sehen war zu viel für sie. Er war vor langer Zeit mit viel Liebe gemacht worden und lag jetzt zerstört im Gras, als hätte er keine Bedeutung.

»Oh, Freya. Ich habe den Stuhl geliebt. Sieh ihn dir an! Er hat draußen gestanden, und jetzt ist er hinüber. Da sind Brandflecken von Zigaretten an den Armlehnen. Er ist total kaputt.« Sie lief in Freyas Arme und schluchzte.

»Wein dich nur aus, mein armer Schatz. Du hast Schlimmes hinter dir. Aber jetzt bist du zu Hause und wirst über alles hinwegkommen«, sagte Freya. »Und von dem Stuhl ist genug übrig, um ihn zu reparieren. Der wird wieder so gut wie neu. Nein, er wird sogar besser.« *Und dich kriegen wir auch wieder hin*, schwor sie sich.

»Das ist alles eine Katastrophe. Ich weiß nicht, was ich tun soll.«

»Aber, aber. Hör auf deine Tante Freya. Du kommst mit zu mir nach Hause auf einen Teller gute Suppe und ein Schläfchen. Ich werde Andrzej anrufen. Er kommt dann und schaut sich an, was hier gemacht werden muss. Bis dahin wohnst du bei mir. Du brauchst Fürsorge, Mädchen.«

Evie fand, dass sie so viel Freundlichkeit nicht verdiente, aber Freyas Worte linderten ihren Schmerz, und es war lange her, seit sie jemand in bedingungslose Liebe eingehüllt hatte.

Während Evie schlief, krempelte Freya die Ärmel hoch. Zuerst rief sie Andrzej an.

»Es handelt sich um einen Notfall. Ich brauche deine Hilfe.«

»Dir auch einen schönen Tag, Freya. Wie geht's denn?« Andrzej kicherte über ihre übliche Art, gleich auf den Punkt zu kommen und nicht erst Nettigkeiten auszutauschen, wenn sie etwas sofort erledigt haben wollte.

»Entschuldige, Andrzej. Es sind dringend ein paar Dinge für Evie zu erledigen. Ich hatte dir ja erzählt, dass sie herkommt.«

»Ja, und ich habe das mit ihrem Vater gehört. Hier spricht sich alles schnell rum, wie du weißt. Es tut mir sehr leid, Freya. Ich weiß, dass Duncan für dich ein Freund war.«

»Ja, das war er. Ich denke, das Leben ist dem armen Mann einfach zu viel geworden. Jedenfalls hat er Evie das Haus vermacht. Aber du solltest sehen, in welchem Zustand es ist! Ich bin mir sicher, es hat Hausschwamm und natürlich auch Holzwürmer. Es braucht ein neues Bad und eine neue Küche, und der Garten ist ein einziges Dickicht.«

»Vielleicht lauern da noch ein paar italienische Soldaten in den Büschen«, sagte er mit einem rauen Kichern. »Ich habe gerade etwas über die Kriegsgefangenen gelesen, die während des Zweiten Weltkriegs auf Orkney arbeiten mussten.«

Andrzej war ein überaus freundlicher Mensch und beschäftigte sich viel mit der Geschichte der Inseln. Freya war klar, dass er ihr jetzt gern erzählen würde, was er über die Kapelle der italienischen Kriegsgefangenen wusste, und normalerweise hätte sie ihm zugehört und lächelnd genickt, als wäre ihr das alles völlig neu.

Im Gegensatz zu anderen Zugezogenen wollte Andrzej sich in seiner neuen Heimat weder einmischen noch die Verhältnisse umkrempeln. Er zog es vor, von den Einheimischen zu lernen und sich ihrer Lebensweise anzupassen. Deshalb wurde er von allen geschätzt und genoss ihr Vertrauen. Doch nun musste sie ihn von seinem Lieblingsthema abbringen, um Evie zu helfen.

»Das könnte gut sein«, sagte sie. »Meinst du denn, du könntest möglichst bald einen Blick darauf werfen?«

»Ich werde sehen, was ich tun kann. Keine Sorge, deine Evie steht ganz oben auf meiner Liste.«

Damit war Freya noch nicht fertig. Es gab noch einen anderen wichtigen Auftrag zu vergeben. Sie hatte sämtliche Bruchstücke des Stuhls aufgesammelt, die sie hinter dem Kuhstall gefunden hatten, und die lagen jetzt in ihrem Kofferraum. Zum Glück gab es noch Tischler, die auf diese Art Stühle spezialisiert waren. Wenn sie betonte, der Stuhl sei für Duncans Tochter, würde sie ihn ganz sicher repariert bekommen, und sie wusste auch schon, wen sie darum bitten würde.

10

Orkney, 1978

Cara konnte schwanger werden, aber das Kind nicht austragen. Sie machte sechs leidvolle Fehlgeburten durch, die ihr jedes Mal das Herz brachen. Sie war so sicher gewesen, eine Schar hübscher, intelligenter Sprösslinge zu bekommen, um die sie zu Hause auf Hrossey alle beneiden würden. Stattdessen fühlte sie sich nach jedem Verlust wie eine Versagerin.

Sie lieh sich in der Bibliothek medizinische Bücher aus und durchkämmte sie nach Antworten. Duncan wurde auf ausgeklügelte Diäten gesetzt und durfte keinerlei Alkohol mehr trinken. Er durfte auch keine Unterhosen mehr tragen und wurde angewiesen, seine Zeugungswerkzeuge kühl und luftig zu halten.

Während er den Sex mit Cara, die im Bett zärtlich und liebevoll war, immer genossen hatte, entwickelte sich das nun zu einer emotionslosen Pflicht und musste zur Zeit des Eisprungs stattfinden, und hinterher stemmte Cara den Unterleib hoch und maß die Zeit ab, die seine Spermien ihrer Schätzung nach brauchten, um ans Ziel zu gelangen.

Sie machten haufenweise Tests und fuhren nach Aberdeen zu einem Spezialisten, aber der konnte bei beiden nichts Pathologisches feststellen. Er sagte, sie sollten es weiter versuchen, sich nicht zu viele Gedanken machen und der Natur ihren Lauf lassen. Wenn Cara nach solchen Terminen mit der Fähre heimkehrte, war sie kalt und schweigsam. Duncan redete ihr dann gut zu, sie seien beide noch jung und stark, doch sie saß da wie eine

Statue und starrte zum Horizont. Er war ratlos, was er noch sagen könnte, und kam sich unbeholfen und nutzlos vor.

Hin und wieder ging Cara an den Strand und fragte ihn demonstrativ nicht, ob er mitkommen wolle. Sie watete langsam ins Wasser und ließ sich auf dem Rücken treiben, bis die Kälte Körper und Geist betäubt hatte. Nur in diesen Momenten fühlte sie sich befreit von dem Kreislauf aus Hoffen, Verlieren und Trauern.

Dass jedes Jahr eine ihrer Cousinen auf Hrossey neuen Nachwuchs bekam und ihre Mutter Fotos von lauter rothaarigen, pausbäckigen Engelchen schickte, war für ihre Stimmung nicht förderlich.

Duncan versicherte ihr immer wieder, er sei mit ihr allein vollkommen glücklich, und einmal, als wieder ein Monatszyklus mit Tränen endete, schlug er vor, sie könnten doch ein Kind in Pflege nehmen oder adoptieren.

»Denk an das Leben, das wir solch einem Kind bieten können, Cara. Wir könnten ein älteres aufnehmen und ihm beibringen, wie man eine Farm führt. Das wäre wunderbar, meinst du nicht? Du wärst eine fantastische Pflegemutter, und dem Kind würde es hier großartig gehen.«

Cara wollte nichts davon hören. Sie wollte unbedingt Mutter werden, aber nur nach ihren Vorstellungen, mit einem Kind, das sie selbst geboren hatte. Nur dann hätte sie die perfekte Familie.

»Adoptieren? In Pflege nehme? Soll das ein Scherz sein?«, fauchte sie. »Du willst ernsthaft das Kind von jemand anderem großziehen? Da weiß man nie, was man bekommt. Ich kann nicht glauben, dass du auf dein eigen Fleisch und Blut verzichten willst. Das geht über meinen Verstand.«

Duncan biss sich auf die Lippen, wenn Cara sich in eine ihrer Tiraden hineinsteigerte. Er ließ sie schimpfen, dann nickte er und sagte einfach: »In Ordnung, Cara. Wir versuchen es weiter, und wir brauchen nie wieder über Adoption und Pflegekinder zu reden, wenn dich das so aufregt.«

Und so ging das Leben weiter. Cara wurde verschlossen und verzweifelt, Duncan war traurig, gestresst und machte sich Vorwürfe, weil er seiner geliebten Frau nicht geben konnte, was sie sich am meisten wünschte. Nach ihrem sechzehnten Hochzeitstag sagte sie ihm, sie sei wieder schwanger.

Die freudige Erregung, mit der sie ihm das beim allerersten Mal eröffnet hatte, als sie beide noch so jung und hoffnungsvoll gewesen waren, brachte sie schon lange nicht mehr auf. Statt Freude gab es nur Angst, Befürchtungen und die sehr reale Möglichkeit eines weiteren vernichtenden Verlusts. Der kleine Abstellraum, den Duncan mit viel Liebe in gelb und weiß gestrichen hatte, war wieder zu einem Allzwecklager verkommen. Das Kinderbett, das seine Schwiegermutter ihnen von Hrossey geschickt hatte und das er stundenlang geschliffen und lackiert hatte, stand unter einem Staublaken in der Ecke und darin die Truhe mit Caras gestrickten Babysachen.

Ohne darüber ein Wort zu wechseln, waren sie sich einig, dass sie das Kinderzimmer erst ausräumen und herrichten würden, wenn das Baby tatsächlich auf der Welt war. Sie planten nicht mehr voller Freude für die Zukunft, überlegten nicht, wie sie das Kind nennen wollten und ob es Duncans lange Nase und großen Hände haben würde.

Inzwischen waren sie beide zweiunddreißig und hatten zu oft niederschmetternde Enttäuschungen erlitten. Daher nickte Duncan nur, schloss die zierliche Cara in die Arme und küsste sie auf die Stirn.

»Lass uns einen Tag nach dem anderen leben, Liebling. Ich sage dir immer wieder, wir haben einander, und mir ist das genug. Du musst dich ausruhen und gelassen sein und auf dich achten und mich für dich sorgen lassen.«

»Ich will nicht, dass jemand davon weiß außer der Ärztin«, sagte sie. »Es ist unerträglich, wie mich alle so mitleidig ansehen, und ich will nicht, dass meine Mutter wieder so viel Aufhebens macht.«

Duncan schmunzelte im Stillen. Wenn er entscheiden sollte, wer von den beiden mehr Wind um die Sache machte, wäre es ein Kopf-an-Kopf-Rennen, aber seine Frau würde die Goldmedaille gewinnen.

Er war nicht religiös, doch diesmal betete er, Cara und er würden mit einem Kind gesegnet werden. Er sehnte sich danach, Vater zu sein, dachte aber auch daran, was eine weitere Fehlgeburt für Cara bedeutete. Er fürchtete, sie könnte dabei irreparablen Schaden nehmen. Er wollte sie instand setzen, genauso wie tropfende Wasserhähne und alte Elektrogeräte.

Diese Schwangerschaft verlief jedoch anders. Cara litt von Anfang an unter starker Übelkeit, was vorher nie der Fall gewesen war. »Ich weiß nicht, wieso man von Morgenübelkeit spricht. Ich übergebe mich ständig, morgens, mittags und abends. Mir bleibt keine Energie für etwas anderes«, jammerte sie.

Duncan hielt ihr die Haare im Nacken zusammen, während sie sich erbrach, bis ihr Magen leer war und nur noch bittere Galle hochkam. Er legte ihr kalte Umschläge auf die Stirn und in den Nacken und tat alles, damit sie das bisschen Brühe oder trocknen Toast drin behielt.

Kopfschmerzen und Übelkeit waren so unerträglich, dass Cara sich in einer dunklen, schlaflosen Nacht sagte, es wäre eine Gnade, wenn sie sterben würde und das Baby mit ihr. Draußen heulte der Wind, und es donnerte und blitzte, dass die Hunde jaulten.

Cara bereute den finsteren Gedanken auf der Stelle und fürchtete, nun auch dieses Kind zu verlieren. Sie wurde von Schuldgefühlen und Verzweiflung geplagt, war blass und von dem Schwangerschaftsbauch abgesehen dünn, und an den meisten Tagen musste sie sich überwinden, auch nur das Bett zu verlassen.

Sie konnte niemandem erzählen, wie sie sich fühlte. Der arme Duncan wurde bissig als nutzlos abgetan, und sie wollte keine mitleidigen Blicke von ihrer Mutter oder ihren Cousinen. Sie zwang sich, zu den Vorsorgeterminen in die Klinik zu gehen, verweigerte aber Besuche von wohlmeinenden Freundinnen und Nachbarinnen, und bei Ratschlägen stellte sie sich taub.

Obwohl sie sich erschöpft fühlte und sich mit Befürchtungen quälte, verlor sie das Baby nicht. Als ihre Zeit gekommen war, traute sie sich, zu glauben, es könnte diesmal alles gut gehen und sie würde doch noch Mutter werden.

Daran musste sie sich festhalten.

11

Orkney, 2024

Als Evie am nächsten Morgen aufwachte, hatte sie zehn Stunden lang geschlafen wie ein Stein. Sie traf Freya in der Küche an, die gerade Frühstück machte.

»So fest habe ich seit Jahren nicht geschlafen. Nach allem, was passiert ist, dachte ich, ich würde mich die ganze Nacht herumwälzen und mir Sorgen machen.«

»Das liegt an der guten Luft«, meinte Freya. Sie stellte ofenwarme Brötchen, hellgelbe Butter, selbst gekochte Marmelade und frisch gebrühten Kaffee auf den Tisch. »Die Luft von Orkney ist magisch.«

»Ich glaube, du hast recht. Trotz allem tut es gut, hier zu sein.«

»Und ich bin froh, dich wiederzuhaben, und ich möchte dir helfen, dich wieder einzuleben.«

Evie trank einen großen Schluck Kaffee. »Aber ich werde nicht bleiben. Das hatte ich von Anfang an nicht vor. Ich sagte doch, ich verkaufe des Haus oder vermiete es. Mein Leben ist in London.«

Evie war klar, dass sie sich etwas vormachte. Nach dem Aufstehen hatte sie etliche verpasste Anrufe von Jeremy gesehen und nicht zurückgerufen. Sie hätte es nicht ertragen können, seine Voicemails abzuhören. Sie hatte keine Ahnung, wie lange sie noch so tun konnte, als gäbe es ihn nicht.

Freya hielt es für klüger, Evie im Augenblick nicht zum Bleiben zu drängen. Darum sagte sie unbeschwert: »Hör mal, ich habe heute Vormittag einiges zu erledigen. Aber bleib du hier und warte auf Andrzej. Er kommt her, bevor er zu deinem Haus fährt und sich ansieht, was getan werden muss. Er wird jeden Moment da sein. Mach ihm einen starken Kaffee. Er trinkt ihn mit einem Schuss Milch und vier Löffeln Zucker.«

Zehn Minuten nachdem Freya gegangen war, erschien ein kräftiger Mann in der Tür. Er sah aus wie jemand, den ein nervöser Milliardär als Leibwächter engagieren würde. Evie betrachtete den kahlen Kopf, den dicken Hals und die massigen Schultern. Sein Unterkiefer erweckte den Anschein, als könne er ein Brett durchbeißen wie ein Butterbrot.

Er drückte seine Pranke in ihre Hand. »Ich bin Andrzej, und du musst Evie sein. Es freut mich sehr, eine von Freyas Freundinnen kennenzulernen. Ich bin hier, um zu helfen, und werde meine Fähigkeiten zur Verfügung stellen. Aber zuerst trinken wir einen Kaffee, ja?«

Evie hatte gerade eine Kanne voll aufgebrüht. Sie schenkte ihm eine Tasse ein und gab Milch hinzu, dann sah sie ihn zweifelnd an. »Willst du wirklich vier Löffel Zucker?«

»Ja, ich muss mich zurückhalten«, sagte er ernst. »Bisher waren es sechs Löffel, aber Freya sagt, das wäre verdammt hirnrissig und ich würde an einem Herzinfarkt sterben. So ungefähr hat sie sich ausgedrückt.« Er schaute sie freundlich an. »Das mit deinem Vater tut mir sehr leid, Evie. Er war ein guter Mann. Ich fürchte, er hat zu viel Bier und Whisky getrunken, aber er war sehr freundlich zu mir, als ich mich hier niedergelassen habe, und hat mir viele Geschichten über die Inseln erzählt.«

Evie lächelte. »An die kann ich mich noch gut erinnern. Hat er auch von der Ankunft der Wikinger erzählt, von den Machtkämpfen und Morden? Das war *Game of Thrones* nur ohne Drachen.«

»Hat er. Ich glaube, dein Vater hat sich selbst als Wikinger betrachtet. Wir haben viele Stunden mit den Wikingersagen und der Geschichte von St Magnus verbracht. Der arme Kerl wurde von seinen Vettern umgebracht. Ich werde nie vergessen, als ich zum ersten Mal seine herrliche Kathedrale in Kirkwall sah, diesen hellen rötlichen Stein und das Innere so erhaben, dass ich mich ganz klein fühlte.«

Es braucht eine riesige Kathedrale wie St Magnus, damit Andrzej sich nicht wie ein Riese vorkommt, dachte Evie.

»Er liebte diese Geschichten. Ich bin froh, dass er sie mit dir geteilt hat.«

Andrzej legte eine Hand an seine enorme Brust. »Ich habe es mir zur Lebensaufgabe gemacht, alle Orkneyinseln zu besuchen und alles für meine Kinder aufzuschreiben.«

»Oh«, sagte Evie. »Das ist nett. Wie viele Kinder hast du denn, Andrzej?«

»Noch keine. Kein einziges. Aber ich bin Optimist.«

Einen Moment lang sah er so traurig aus, dass sie dachte, er würde noch etwas dazu sagen, doch er trank wortlos seinen Kaffee aus und schlug sich auf die Oberschenkel. »Ich muss jetzt los und mir dein Haus ansehen, um zu entscheiden, was getan werden muss, um es wieder fröhlich zu machen, damit du zurückkommen und hier leben kannst. Freya meint, du gehörst dahin, und ich weiß aus Erfahrung, dass sie sich nie irrt.«

Evie lächelte über den gutherzigen Mann, zweifelte aber, ob sie wirklich noch hierhergehörte. Sie war sich nicht mal sicher, ob sie überhaupt irgendwo hineinpasste.

Freya hielt vor einem heruntergekommenen Bungalow am Stadtrand von Stromness und stieg aus. Es überraschte sie nicht, dass sie die Tür verschlossen fand. »Typisch«, murmelte sie. »Offensichtlich hat sie etwas zu verbergen.«

Sie drückte auf die Klingel, doch die funktionierte nicht, und so schlug sie mit der Faust an die Tür.

Ein dürrer Kerl mit trüben Augen öffnete ihr. Sein Alter lag irgendwo zwischen zwanzig und fünfzig, und ihrer Ansicht nach hätte er zum Einweichen in die Wanne gehört. Als er den Mund aufmachte, entblößte er Zähne wie eine Reihe abbruchreifer Häuser.

»Was willst du?« Er versuchte, hart und bedrohlich zu wirken.

»Bestimmt nicht das Äffchen«, antwortete Freya. »Wo ist die Leierkastenfrau?«

Er sah sie verständnislos an.

»Ach, Herrgott noch mal«, sagte sie ungeduldig. »Lass mich einfach rein.«

Als sie in das Wohnzimmer trat, legte sich der Gestank auf ihre Zunge, eine Mischung aus Schweiß und billigen Zigaretten, und im Dämmerlicht sah sie Liv auf dem Sofa sitzen, wo sie sich einen Joint drehte.

»Na, wenn das nicht der Dorffreak ist«, höhnte Liv schleppend.

Freya war ihr Leben lang mit schlimmeren Beleidigungen fertiggeworden, als Liv sich überhaupt ausdenken konnte. Diese Begrüßung juckte sie kaum.

»Ich bleibe nicht lange. Komme nur, um dir wegen der Beerdigung deines Vaters Bescheid zu geben. Ich habe dir alles genau aufgeschrieben. Das schwarze Outfit hast du offenbar schon, aber wasch dich mal und lass das Saufen und Kiffen. Zeig dem Mann etwas Respekt.«

Liv brauste auf. »Was glaubst du, wer du bist? Kommst hierher und erzählst mir, wie ich mich bei der Beerdigung meines alten Herrn zu benehmen habe? Redest du so auch mit deiner kostbaren Evie?«

»Lass deine Schwester aus dem Spiel. Sie hat genug durchgemacht.«

Liv lachte gehässig. »Du denkst, sie hat was durchgemacht? Du denkst, du weißt alles, Freya, aber du hast keinen blassen Schimmer.«

»Wovon denn?«, fragte sie.

Liv kniff die Augen zusammen. »Du denkst, sie ist eine Heilige, hm?«

»Wenn du etwas über Evie zu sagen hast, spuck's aus.«

Liv sah sie böse an. »Ach, verpiss dich. Raus aus meinem Haus!«

Freya wich nicht vom Fleck. »Schau, Liv, ob es dir gefällt oder nicht, du gehörst zur Gemeinde. Wir haben alle versucht, dir zu helfen, und wollen das noch immer. Schließ dich nicht aus, vor allem jetzt nicht.«

»Ich brauche eure Hilfe nicht«, erwiderte Liv eisig. »Vor allem nicht deine. Ich kann selbst für mich sorgen und sage es noch mal ganz deutlich: Zieh Leine!«

Freya tat nichts lieber als das. Draußen atmete sie tief durch und fuhr mit heruntergelassenen Fenstern, um den widerlichen Gestank zu vergessen.

Zum Glück war ihre nächste Aufgabe angenehmer.

Sie folgte der Straße nach Dounby und fand das Schild: *Isbister und Sohn. Orkneystuhlmacher.*

Es war ein kleines Familienunternehmen mit einer zur Werkstatt umgebauten Garage, wo die schönen Stühle im Vorderzimmer ausgestellt wurden.

Die alten Isbisters lebten nebenan in einem Haus, das sie für ihren Sohn Ross gekauft hatten. Der war Anfang vierzig und wohnte über seiner Werkstatt.

Freya klingelte und ging hinein. Was für ein Unterschied zu Livs vermüllter, verdreckter Bude. Es roch nach frischem Holz, sauberem Stroh und der Würze des Meeres.

Ein schöner Orkneystuhl mit der traditionellen Kapuze, die vor Zugluft schützte, erhielt gerade den letzten Schliff von der Hand eines ernsten jungen Mannes, der aussah, als stamme er aus Südspanien. Er hatte schwarze Haare und Augen und war sich nicht im Mindesten bewusst, wie attraktiv er war. Mit seinem kompakten, kräftigen Oberkörper und dem Hintern wie eine frisch gepflückte Nektarine sah er umwerfend gut aus.

»Ross, da bist du ja«, sagte Freya. »Wie gut, dass ich dich persönlich antreffe. Lass alles stehen und liegen, ich habe eine wichtige Reparaturarbeit für dich.«

»Oje, ich komme kaum mit den anderen Aufträgen hinterher. So viele Touristen wollen einen Orkneystuhl nach Hause mitnehmen.«

»Es geht um einen ganz besonderen, und ehrlich gesagt bin ich nicht mal sicher, ob dein unglaubliches Können ausreicht, um ihn instand zu setzen.«

Sie wusste genau, wie sie ihn nehmen musste.

»Na, das werden wir mal sehen«, sagte Ross leicht gekränkt. »Wo ist er?«

Freya musste sich ein Lächeln verkneifen. Ihre List verfing. Ross war ein wortkarger Mann, aber ein Meister seiner Kunst, sodass sie große Hoffnungen in ihn setzte.

»Er ist nur noch Kleinholz und liegt in meinem Kofferraum. Wirf einen Blick darauf, und sag mir, was du denkst.«

Ross sah sich den Trümmerhaufen an und stieß einen leisen Pfiff aus.

»Du lieber Himmel, Freya, das ist das beschissenste Puzzle, das ich je gesehen habe. Soll ich nicht lieber einen neuen machen? Das wäre wesentlich leichter.«

»Ich weiß, du musst einiges daran ersetzen, weil er halb verrottet ist, aber es muss der Stuhl sein, an den sich meine junge Freundin erinnert. Ein neuer tut's nicht.«

Ross wirkte nicht überzeugt.

»Sagte ich schon, dass er für Evie ist? Du erinnerst dich doch an sie, oder?«

»Sehr gut sogar. Big Duncans Tochter. Sie ist damals bei Nacht und Nebel abgehauen, wenn ich mich recht entsinne. Eine üble Geschichte. Ich bin froh, dass sie wieder da ist. Sie ist eine Nette.«

Aus dem Mund von Ross Isbister, der die meisten Frauen mit tiefem Misstrauen betrachtete und trotz aller Versuche einiger Singlefrauen es bislang geschickt verhindert hatte, vor den Traualtar geschleift zu werden, war das ein großes Kompliment.

»Also«, sagte Freya. »Kannst du helfen? Und zwar schnell?«

Ross rieb sich das Kinn und schaute zum Himmel. »Wenn ich spätabends und am Wochenende arbeite, wäre es möglich, aber es dauert mindestens einen Monat.«

»Du hast zwei Wochen.«

Freya schenkte ihm ein strahlendes Lächeln und sah ihn vor sich hin brummen, während er die Bruchstücke des Stuhls zusammenklaubte. Er würde mehrere Tage brauchen, um das goldgelbe Haferstroh zu reinigen und die Rückenlehne wiederherzustellen. Dann wäre das Treibholz vorzubereiten, das die alten Stücke ersetzen sollte, und die übrigen mussten gesäubert und poliert werden, dann war da noch die abschließende Näharbeit, und all das musste von Hand getan werden.

Das war eine abschreckende Aufgabe, doch Freya wusste, dass Ross der Herausforderung gewachsen war.

Sie umarmte ihn. »Die Rechnung geht an mich, und wir sehen uns bei Big Duncans Beerdigung. Aber denk dran: kein Wort zu Evie. Es soll eine Überraschung werden.«

12

London, 2004

Das *Imperial Hotel* sah aus wie eine ausgeblichene, übel riechende Hochzeitstorte, die schon bessere Tage gesehen hatte, doch Evie wurde von Bernie, dem Geschäftsführer, überschwänglich empfangen. Anscheinend war er in Freya vernarrt gewesen, als sie bei ihm gearbeitet hatte.

»Unglaublich, dass ich sie über zehn Jahre nicht mehr gesehen habe! Freyas Freunde sind auch meine Freunde. Sie ist einfach unvergleichlich, und ich schulde ihr eine Menge.«

Evie nickte nur. Er hatte eine schlecht überkämmte Glatze und trug einen blank gebügelten Anzug, der fast an den Nähten platzte. Sein Gesicht wirkte wie eine angeschmolzene Kerze und strahlte Resignation aus, aber er schien ein freundlicher Mann zu sein.

»Können Sie sofort anfangen?«, bat er. »Wir sind so knapp mit Personal, da heißt es: Alle Mann an Deck.«

Evie nickte wieder wortlos.

»Sie reden wohl nicht viel. Dann bringe ich Sie mal zu Ihrem Zimmer. Sie müssen es mit einer Kollegin teilen, und es ist recht klein. Wie ich sehe, haben Sie wenig Gepäck. Nur die eine Tasche? Okay. Stellen Sie sie da hin, und kommen Sie mit. Ich erkläre Ihnen Ihre Dienstzeiten und Aufgaben.«

Evie wurde offiziell als Zimmermädchen eingestellt, war aber in Wirklichkeit Mädchen für alles. Die meisten Kollegen waren Teenager oder Anfang zwanzig. Sie waren aus Osteuropa gekommen, um ihr Englisch zu verbessern und ein bisschen Geld zu verdienen, bevor sie in ihrer Heimat ein Studium anfingen.

Sie teilte sich das Zimmer mit Natalia, einer kühlen estnischen Studentin, die empört war, dass das *Imperial* kein Boutique-Hotel im Zentrum Londons, sondern eine schäbige Absteige mit fleckigen Teppichböden war, in der hauptsächlich Vertreter übernachteten und verheiratete Männer mit einer Affäre stundenweise ein Zimmer mieteten. Bernie nannte sie die »Creepies aus Crawly« nach dem Horrorfilm, in dem in einem thailändischen Hotel Gäste verschwinden, und kicherte jedes Mal über seinen Witz.

Natalia liebte Evies Orkney-Singsang und beschloss, von nun an alles Kleine *peedie* zu nennen, auch den Penis ihres derzeitigen Freundes. Der arme Kerl schnallte nie, dass das kein zärtlicher Spitzname für seine Männlichkeit war, sondern dass es im Schottischen »klein« bedeutete.

Sosehr sie sich auch bemühten – keiner vom Personal konnte Evie dazu bringen, sich zu öffnen und zu erzählen, warum sie ihr Zuhause und ihre Familie verlassen hatte und in dem scheußlichen Hotel gelandet war.

Irgendwann fragten sie nicht mehr, aber alle mochten sie, denn sie arbeitete hart und war immer bereit, die Schicht zu tauschen und Überstunden zu machen, wenn andere früher wegwollten. Natürlich gab es dafür einen Grund. Sie konnte nur einschlafen, wenn sie bis zur Erschöpfung gearbeitet hatte, und dann fielen ihr die Augen zu, kaum dass ihr Kopf das Kissen berührt hatte. Manchmal konnte sie nicht fassen, wie schnell sich ihr Leben verändert hatte. Eben hatte sie noch ihre Zukunft an der Kunsthochschule und mit Brodie geplant, und plötzlich führte sie dieses armselige Leben.

Sie dachte an Edwyn und Kate und hatte ein schlechtes Gewissen, weil sie sich nicht bei ihnen meldete.

An ihrem ersten Arbeitstag rief Freya im Hotel an und erkundigte sich nach ihr. Ein sehr ernüchterter Bernie sagte ihr, Freya sei in der Leitung und wolle sie sprechen, ihn selbst hätte sie aber links liegen lassen.

»Es ist offenbar sehr wichtig, sie hat nicht mal anständig Hallo gesagt«, grummelte er.

Widerstrebend ging Evie an den Apparat und hörte zu, als Freya erklärte, sie müsse wieder nach Hause kommen.

Evie entgegnete, sie brauche mehr Zeit und Abstand und versprach aber, Kontakt zu halten. »Sag allen, dass es mir gut geht, ich im Augenblick allein sein will. Bitte verrate keinem, wo ich bin.«

Freya gab ihr ihr Wort, solange auch Evie ihr Versprechen halten würde, mit ihr in Verbindung zu bleiben. Sie schickte Freya eine Postkarte und bat sie, ihrer Familie auszurichten, dass es ihr gut gehe und sie in Ruhe gelassen werden wolle.

Nachdem sie ihren Mut zusammengerafft hatte, rief Evie ein paar Wochen nach ihrem Verschwinden eines Abends spät zu Hause an und hoffte, ihren Vater am Apparat zu haben, doch es war Liv, die den Hörer abnahm und sie beschimpfte.

Evie hörte sich alles nur schweigend an. Sie wusste, sie hatte den Zorn ihrer Schwester verdient. Evie entschuldigte sich immer wieder und fragte, ob sie etwas tun könne. Liv nannte ihre Bankverbindung und verlangte monatliche Überweisungen, andernfalls würde sie ihr schmutziges Geheimnis ausplaudern. Evie versprach, so viel zu überweisen, wie sie entbehren konnte.

Damit war eine Rückkehr nach Hause ausgeschlossen.

13

Orkney, 1978

Cara und Duncans Tochter Olivia kam zwei Wochen zu früh zur Welt, mit krebsrotem Gesicht und zornig auf alles und jeden. Sie hatte es so eilig, dem Mutterleib zu entkommen, dass Caras Damm einriss und mit vielen Stichen genäht werden musste. Wochenlang fühlte sie sich, als pinkele sie Glassplitter, und hatte Schmerzen am ganzen Körper. Sie hatte keine Energie und fühlte sich wie betäubt.

So hatte sie sich das Leben als Mutter einer Neugeborenen nicht vorgestellt. Wo waren die bedingungslose Liebe und das selige Gefühl, ein Baby im Arm zu halten? In ihrer Fantasie hatte Cara einen pummeligen, glücklich lächelnden Säugling gesehen, den sie mit Küssen überhäufte, nicht diesen quengeligen Kobold mit Bauchkrämpfen, der sich von ihr wegkrümmte und sich nicht trösten oder hätscheln lassen wollte.

Liv wollte sich auch nicht stillen lassen, obwohl Cara sich große Mühe gab. Doch was dabei herauskam, waren schmerzende Brustwarzen und ein zerstörtes Selbstvertrauen.

Ihr Baby duldete es gerade mal, dass der Vater es in den Arm nahm und ihm die Flasche gab. Gierig trank es die künstliche Milch, während Cara unter Tränen zusah, sich dabei schuldig fühlte und die Hoffnung verlor. Ihre tropfenden Brüste waren geschwollen und schmerzten. Sie glaubte, dass ihr Kind sie verabscheute, seit sie sich einen schrecklichen Moment lang nichts mehr gewünscht hatte, als dass der Schmerz und das Leiden aufhörten.

Es ist allein meine Schuld, dass sie so schwierig ist und mich hasst, dachte sie. *Ich verdiene es nicht, ein Kind zu haben.*

Cara setzte für die freundlichen Besucher ein tapferes Gesicht auf, die ihr Geschenke brachten. Sie machten ein Getue um das Baby und nannten es schön, obwohl es ein finsteres Gesicht zog.

»Mit der werden sie eine Menge Ärger kriegen«, tuschelten die Nachbarn untereinander. »Cara ist ein Nervenbündel, und Duncan versucht sein Bestes, der Gute, aber er ist ein großer, ratloser Dummkopf.«

Sie nahmen sich vor, der Familie so gut wie möglich zu helfen, sich aber niemals einzumischen. Das war nicht ihre Art. In den ersten Tagen und Wochen also fand Duncan allerhand Kuchen und Aufläufe auf seiner Türschwelle, aber auch Körbe mit Brot und Käse. Gutherzige Frauen klopften an, um sich um die mürrische Liv zu kümmern, und fanden irgendwie die Zeit, die Küche zu putzen und die Wäsche aufzuhängen, während Cara oben in ihrem Bett unruhig vor sich hin döste.

Ab und zu kam sie mit trübem Blick die Treppe herunter und schimpfte mit Duncan, weil er andere die Hausarbeit tun ließ.

»Was werden sie von mir denken, wenn ich mein eigenes Haus nicht ordentlich und sauber halten und unsere Wäsche nicht waschen kann?«, fuhr sie ihn verärgert an. »Außerdem machen sie es sowieso nicht richtig. Alles liegt nicht da, wo es hingehört. Das macht mir nur mehr Arbeit. Sag ihnen, sie sollen uns in Ruhe lassen.«

Duncan wusste nicht, was er tun sollte. Er wollte seine großzügigen Nachbarinnen nicht vor den Kopf stoßen, aber auch Cara nicht aufregen. Er fand es außerdem erstaunlich, dass ein so kleines Wesen wie Liv so viel Chaos und Aufruhr verursachen konnte. Ihm war klar gewesen, dass ein Säugling sein Leben auf den Kopf stellen würde. Seine Freunde im Pub scherzten oft genug über mangelnden Schlaf, fehlenden Sex und das schiere Durcheinander, das ein Neugeborenes mit sich brachte, aber sie taten das alles lachend ab, denn sie liebten ihre Kinder innig. Sie waren in heller Freude, als Big Duncan endlich Vater wurde, und hofften, das Leben mit Cara würde nun für ihn leichter werden.

Duncan konnte ihnen nicht erzählen, dass er ständig auf Zehenspitzen durch ein Minenfeld tappte und Cara jederzeit explodieren konnte. Es gab Tränen und Wutanfälle wegen so unbedeutender Kleinigkeiten wie verbranntem Toast oder einer Tasse Tee, die kalt geworden war. Duncan wusste nicht, wie er es besser hinkriegen sollte.

Er wünschte sich auch verzweifelt, er könnte sein übellauniges Töchterchen lieben, doch er nahm es ihr übel, dass sie Cara solchen Kummer bereitete, und anschließend hatte er ein furchtbar schlechtes Gewissen.

Währenddessen quälte Cara sich die ganze Zeit mit der grausamen Vorstellung: *Mein Baby weiß, dass ich mir den Tod gewünscht habe. Es war gemein, so zu denken, selbst für einen Moment, aber ich habe das nicht ernst gemeint. Wirklich nicht.* Die Tränen strömten, wenn sie dachte: *Ich hätte niemals Mutter werden sollen. Das will Gott mir damit sagen. Ich kann sie nicht mal stillen. Nachts will sie nicht schlafen, und ich weiß nicht, was ich tun soll. Dabei habe ich mir nichts so sehr gewünscht wie ein Kind. Warum ist es so verdammt schwierig? Warum passiert das ausgerechnet mir?*, dachte sie.

Sie traute sich nicht, sich Duncan damit anzuvertrauen. Was würde er dann von ihr halten? Sie gingen einander vorsichtig aus dem Weg und redeten kaum miteinander, außer wenn Liv aufwachte und gefüttert oder gewickelt werden musste.

Die Situation spitzte sich zu, als Sheila, Caras Mutter, von Hrossey zu Besuch kam, um zu helfen. Sie stritten heftig, weil Cara Liv draußen in der Wiege allein gelassen hatte. Sie hatte sie in eine Wolldecke gewickelt, und das Kind war verschwitzt und schrie vor Unbehagen.

Ihre Mutter wies sie ungeduldig zurecht. »Sie muss an der frischen Luft strampeln können! Sie ist viel zu warm eingepackt.

Du musst sie schlafen lassen und selbst auch versuchen zu schlafen.«

Cara rastete aus, machte ihrer Mutter Vorwürfe, sie wolle wohl, dass die Kleine eine Lungenentzündung bekomme, und nannte sie eine aufdringliche Nervensäge. Sie sollte gefälligst aufhören, ihr Vorschriften zu machen. In dem Moment kam Marie, die Gesundheitsschwester der Gemeinde, herein. Sie führte bei einer Tasse Tee ein langes Gespräch mit Sheila – Cara war ins Schlafzimmer gestürmt und hatte die Tür zugeknallt.

»Meine Cara war schon immer überempfindlich«, erklärte Sheila. »Sie will alles perfekt haben und hat wohl gedacht, ein Baby zu haben wäre wie ein Doris-Day-Film, wo man mit frisierten Haaren und Make-up aufrecht im Bett sitzt und das Baby niemals weint oder kackt oder spuckt.«

»Viele junge Mütter stellen fest, dass die Realität mit ihren Erwartungen nicht übereinstimmt«, sagte Marie diplomatisch.

Sheila räusperte sich. »Zu meiner Zeit wurde man einfach damit fertig. Ich habe Cara ganz allein großgezogen. Es ist lächerlich, dass sie sich aufregt, es sei hier unordentlich, obwohl jeder sehen kann, dass sie in einem kleinen Palast wohnt. Sie schläft nicht und isst kaum. Ich tue, was ich kann, aber Liv ist kein pflegeleichtes Baby. Ich bin zu alt, um hier rund um die Uhr das Kindermädchen zu spielen, und das Haus ist zu klein für uns zwei Frauen, besonders die Küche.«

Marie war klug und sehr gut in ihrem Beruf. Sie sah, dass Cara etwas anderes brauchte als eine wohlmeinende, aber voreingenommene Mutter und einen ratlosen Ehemann. Und tatsächlich erklärte Sheila, sie sei nicht willkommen und werde mit der nächsten Fähre nach Hause fahren. Später brachte Duncan seine Schwiegermutter zum Hafen, und während der Fahrt ließ sie gereizt den Ärger über ihre Tochter ab.

»Dich hat sie um den kleinen Finger gewickelt, Duncan. Ich weiß, du willst kein Wort gegen sie hören, aber sie benimmt sich unmöglich und undankbar. So war sie schon immer. Ich denke, das ist mehr als eine Wochenbettdepression. Sprich doch mal mit der netten Schwester, dieser Marie.«

Duncan sagte Marie tatsächlich, dass er sich Sorgen mache, und war erleichtert, als sie häufiger vorbeischaute und nach seiner Frau sah. Wie immer, wenn sie kam, hatte Cara eine lange Liste an Fragen und Forderungen, doch sie machte sich nicht die Mühe, tatsächlich zuzuhören oder Maries freundlichen Rat anzunehmen.

Marie brachte Cara in Kontakt mit einer Mutter-Kind-Gruppe und hoffte, ihr dadurch zu ein paar Freundinnen zu verhelfen und ihr die Gelegenheit zu geben, mit anderen Erstlingsmüttern zu sprechen und sich über die Höhen und Tiefen auszutauschen. Cara fand das Treffen furchtbar. Sie hatte geglaubt, die anderen Mütter würden sich genauso unfähig fühlen wie sie, aber obwohl sie alle todmüde waren, waren sie vernarrt in ihre Babys und sahen aus wie die Zufriedenheit in Person, selbst mit tropfenden Brüsten und Toastkrümeln in den Haaren. Die anderen Babys brabbelten und ließen sich stillen, aber Liv schrie die ganze Zeit und wollte sich nicht beruhigen lassen. Die Mütter fragten Cara, ob Liv vielleicht gewickelt oder herumgetragen werden sollte oder einen Schnuller wolle. Cara erzählte ihnen nicht, dass Liv ständig so unzufrieden war. Sie war gedemütigt und aufgebracht und fühlte sich einsamer denn je. Sie ging kein zweites Mal dorthin.

Als Liv ein Jahr alt wurde, war Cara so weit, einen Tag nach dem anderen zu bewältigen, konnte zu dem Kind jedoch keine innige Beziehung herstellen. Sie liebte ihre Tochter, lehnte sie aber die meiste Zeit ab. Das machte ihr ein so schlechtes Gewissen, dass sie im Lauf der Jahre überkompensierte und Liv mit Lob und Geschenken überhäufte. So überraschte es nicht, dass sich Liv zu einem anstrengenden Kleinkind entwickelte. Aus der schrecklichen Zweijährigen wurde eine noch schrecklichere Dreijährige, und mit acht Jahren war sie eine fordernde Prinzessin geworden.

Doch Livs Leben sollte kurz darauf auf den Kopf gestellt werden. Wenn ihre Eltern sie bis dahin für schwierig gehalten hatten, so ahnten sie noch nichts von dem Wirbelsturm, der ihnen bevorstand.

14

London, 2013

Evie blieb neun Jahre lang im *Imperial Hotel.* Das Personal wechselte häufig, und Bernie übertrug ihr immer mehr Verantwortung, bis sie es schließlich war, die den Laden am Laufen hielt.

Obwohl sie Liv jeden Monat die Hälfte ihres Einkommens schickte, hatte sie inzwischen genug gespart, um die Kaution für eine Mietwohnung zu zahlen, und sie sah sich nach einer Stelle um, bei der sie kein mit unaussprechlichen Flecken übersätes Bettzeug anfassen und Pisse und Scheiße vom Badezimmerboden aufwischen musste.

Von Freya bekam sie regelmäßig Post ins Hotel, gut gelaunte Briefe voller Neuigkeiten über ihre Eltern, neugeborene Babys und Klatsch über Kate und Edwyn, die fest miteinander gingen und allmählich ihre Hochzeit planten.

Evie war ihr dankbar, weil sie nie um eine Erklärung bat, warum sie nicht nach Hause kommen wollte, aber zwischen den Zeilen las sie, dass Freya in der Hoffnung lebte, sie werde ihr eines Tages alles anvertrauen und zurückkehren.

Evie weinte sich häufig in den Schlaf und dachte über die Ereignisse nach, die zu ihrer Flucht geführt hatten. Selten antwortete sie auf die Briefe, schätzte aber die eine fragile Verbindung zu ihrer Vergangenheit, und ihr Herz machte einen Freudensprung, wenn sie Freyas Handschrift auf einem der wenigen an sie adressierten Briefe sah.

Orphir, 2013

Liebste Evie,

in den letzten Tagen habe ich viel an Dich gedacht.

Isla, die Tochter Deiner Cousine Aileen, hat wieder einen Jungen bekommen. Er ist dick und rosig wie ein Ferkel und hat einen gigantischen Kopf. Wie sie ihn rauspressen konnte, weiß der Himmel. Sie selbst ist so zierlich und bringt alle diese Monsterbabys zur Welt.

Kate und Edwyn wissen noch immer nicht, dass ich mit Dir in Kontakt stehe, aber neulich sagte Kate, sie wünschte, sie hätte Deine Adresse, weil sie Dich zu ihrer Hochzeit einladen möchte. Wie ich Dir schon erzählt habe, sind sie beide wieder zu Hause. Edwyn wollte hier als Arzt arbeiten, und Kate hat eine Lehrerstelle an der Highschool bekommen. Weißt Du noch, als ihr drei mir hier am Küchentisch von euren Zukunftsplänen erzählt habt? Das scheint mir ewig her zu sein. Ich habe Deine Wünsche bisher respektiert und werde ihnen auch jetzt nicht sagen, wo Du bist. Ich kann Dich nicht belügen, Evie, sie sind sehr aufgebracht und würden nur zu gern von Dir hören. Ich darf wohl nicht annehmen, dass Du Deine Meinung geändert hast und ich ihnen sagen darf, dass Du im Imperial bist?

Bitte grüß Bernie ganz lieb von mir. Er ist ein mürrischer alter Kerl, hat aber ein gutes Herz. Vielleicht hat er Dir inzwischen mal erzählt, wie ich ihm geholfen habe, als einer der weiblichen Gäste ihn beschuldigt hatte, er wäre ins Zimmer eingedrungen und hätte Geld gestohlen. Man kann Bernie für einen Blödmann halten, aber ein Dieb ist er nicht. Ich sagte ihr, wir hätten Überwachungskameras in allen Fluren des Hotels (als ob das Imperial je so etwas gehabt hätte) und könnten sie als unverschämte Lügnerin entlarven. Darauf machte sie schleunigst einen Rückzieher, und er war mir ungeheuer dankbar.

Deine Mum ist wie immer, fürchte ich, und Dein Dad gibt sein Bestes, wie er es immer tut. Liv schlägt mittlerweile völlig über die

Stränge und ist hier Stadtgespräch. Sie verursacht ständig Ärger und schafft es immer irgendwie, sich aus der Sache rauszuwinden. Ich bin überzeugt, dass sie hinter dem Einbruch in der Scapa-Brennerei steckte.
Ein paar der üblichen Verdächtigen haben ein Dutzend Flaschen Whisky geklaut und wurden dann sternhagelvoll auf dem Strand gegenüber erwischt. Das sind nicht gerade kriminelle Superhirne. Liv ist wie immer sauber davongekommen, aber ich bin mir absolut sicher, dass sie dabei war. Das war ihre Clique, und sie ist fraglos die Anführerin. Die folgen ihr wie blöde Schafe.
Soll ich Deinem Dad etwas ausrichten? Brauchst Du irgendwas? Wir vermissen Dich. Komm zurück zu uns.
Liebe Grüße
Freya

Seufzend legte Evie den Brief beiseite. Liv war also außer Kontrolle geraten, und das, was sie ihrer Schwester angetan hatte, war die Ursache dafür, also ihre Schuld. Wenn sie jetzt nach Orkney zurückkehrte, würde das alles nur schlimmer machen.

Sie freute sich, dass Kate und Edwyn inzwischen ein Paar waren. Es tat aber auch weh, zu wissen, dass die beiden ohne sie im Leben vorankamen, obwohl sie diejenige war, die den Kontakt abgebrochen hatte. Vielleicht sollte sie dasselbe tun und sich in London ein besseres Leben aufbauen.

Sie brauchte einen Neuanfang. Sie war ruhelos, und die Arbeit im Hotel langweilte sie. Also war es Zeit, sich weiterzuentwickeln. Sie war ein Jahr länger auf der Schule geblieben, um den Sechs-Jahres-Abschluss zu machen, und ihre Examensarbeit über Edward Atkinson Hornel war hoch gelobt worden. Sie hatte alle Prüfungen in Englisch, Französisch, Kunst und Geschichte bestanden, und zwar mit Noten, die für einen Platz an der Kunsthochschule ausgereicht hätten. Also sollte es für sie doch möglich sein, einen anständigen Job zu finden.

Während der nächsten Monate sammelte sich eine Schublade voll Absagen an, aber schließlich bekam sie ein Vorstellungsgespräch bei einer Versicherung in der Innenstadt, die eine Büroassistentin suchte.

Mit ihrer ruhigen, höflichen und offensichtlich tüchtigen Art machte sie bei dem Gespräch einen guten Eindruck.

Das große Büro war farblos und steril, aber verglichen mit dem *Imperial* war es ein Palast. Evie hoffte, das sei ihre Chance, das elende Leben in dem drittklassigen Hotel hinter sich zu lassen.

Eine Woche später wurde ihr in einem Brief mitgeteilt, dass sie die Stelle bekommen hatte und dreimal so viel verdienen würde wie im *Imperial.*

Sie fand ein Apartment, das fünfzehn Gehminuten vom Büro entfernt lag. Angesichts der exorbitanten Miete hätte ihr Vater vor Wut aufgeheult. Sie kaufte sich ein billiges Bett und im Secondhandladen ein Sofa und einen Fernseher.

Bernie sagte ihr, sie solle aus dem Hotel mitgehen lassen, was sie wolle, und daher bediente sie sich am Geschirr und Besteck. Da sie nur zu gut wusste, was die Handtücher und Bettwäsche mit den Jahren abbekommen hatten, verzichtete sie auf solche und kaufte sich neue.

Ihr Apartment war sauber und aufgeräumt, hatte aber nichts Behagliches oder Persönliches. Da standen keine Familienfotos oder Erinnerungsstücke von Reisen oder besonderen Ereignissen.

Evie hatte sich von ihrer Vergangenheit losgesagt, aber damit auch ihr eigentliches Wesen begraben. Das lachende Mädchen, das barfuß mit ihren Hunden durchs Gras rannte, sich bunt anzog und lauthals sang, hatte sich in ein unscheinbares, tristes Mauerblümchen verwandelt.

Ihre Absicht, im Hintergrund zu verschwinden, hatte sie erfolgreich umgesetzt. Sie band ihre Haare zu einem straffen, unschmeichelhaften Pferdeschwanz und trug kein Make-up. Sie versteckte sich hinter höchst unvorteilhafter Kleidung wie altbackenen Blusen, die ihr zu groß waren, und Hosen und Röcken mit Gummizugtaille in diversen Beigetönen, die Freya zum Schaudern gebracht hätten, ganz zu schweigen von den beigen Schuhen, die so breit und unförmig waren wie zwei Apfeltaschen.

Diese Aufmachung hatte all die Jahre im *Imperial* ihren Zweck erfüllt: Niemand hatte sie beachtet. Sie managte das Hotel praktisch im Alleingang, aber die Gäste konnten sich nie erinnern, wie sie hieß oder wie sie aussah.

An ihrem ersten Arbeitstag im Büro war ihr leicht übel, so nervös war sie, und sie fürchtete, einen Asthmaanfall zu bekommen.

Alle halfen ihr viel zu emsig, sich zurechtzufinden, und sie fing schon an, sich nach dem Hotel zurückzusehnen. Dort wusste sie wenigstens, wo sich die Toiletten befanden und welche Kollegen ein Arschloch waren und um jeden Preis gemieden werden sollten.

Ihre gehetzte Chefin Lucinda, eine Bohnenstange im schwarzen Shiftkleid und mit einem glitschig aussehenden pinkfarbenen Lippenstift, der sich auf ihre Zähne übertrug, brachte Evie zu einem Schreibtisch und wies sie an, auf Instruktionen zu warten.

Nachdem sie eine halbe Stunde lang dagesessen und nichts zu tun bekommen hatte, dachte sie, es wäre vielleicht doch ein Fehler gewesen, die Stelle anzunehmen, doch dann kam eine junge Kollegin in ihrem Alter und setzte sich neben sie. »Du musst die Neue sein. Ich bin Sophia und arbeite drüben in der Marktforschung. Das heißt, ich befrage den ganzen Tag irgendwelche Leute, und eine Frage brennt mir geradezu auf den Nägeln: Was zur Hölle trägst du da an den Füßen, Mädchen?« Dabei schaute sie lachend auf ihre Schuhe.

Evie wurde rot und defensiv. »Die sind wirklich sehr bequem.«

»Tja, das sind meine rosa Häschenlatschen auch, und trotzdem trage ich sie nur zu Hause. Wie heißt du, und woher stammt dein Akzent? Du hörst dich an, als ob du singst.«

Evie musste grinsen. »Ich heiße Evie und komme aus der Nähe von Kirkwall auf Orkney. Die Inseln liegen nördlich von Schottland.«

»Zufällig weiß ich das, Miss Evie. Ich bin keine komplette Ignorantin. Was treibt dich in die verruchte Großstadt?«

»Das ist eine sehr, sehr lange Geschichte. Ich bin schon seit zehn Jahren hier, habe in einem Hotel gearbeitet, aber ich wollte, na ja, ich brauchte eine Veränderung. Ich habe Heimweh bekommen, und die Arbeit wurde allmählich langweilig und …«

Evie verstummte. Ihr wurde bewusst, dass sie dieser fremden Person schon nach drei Minuten mehr über sich erzählt hatte als sonst jemandem in den letzten zehn Jahren. Mit Sophia zu reden war tröstlich und mühelos.

Sophia lächelte sie an. Sie war eine intelligente, schöne Frau mit dunkelbrauner Haut, die aussah wie von Engeln poliert. Ihre Kurzhaarfrisur betonte ihre großen Augen, und sie war so perfekt geschminkt, dass Evie glaubte, das müsse das Werk eines Profis sein.

»Ich bin aus Bethnal Green – das ist im East End.«

Evie lächelte. »Ich weiß, wo Bethnal Green ist, Miss Sophia. Ich bin keine komplette Ignorantin.«

Sophia lachte schallend, ein echtes, herzhaftes, ansteckendes Lachen aus dem Bauch.

»Ich glaube, wir beide werden prächtig miteinander auskommen. Aber ich muss mit dir Schuhe kaufen gehen, das ist wirklich dringend.«

In den folgenden Tagen nahm Sophia sie unter ihre Fittiche und half ihr, in der Firma Fuß zu fassen, und zwar in bequemen, aber eleganten Sandaletten und trendigen Sneakers.

»Wir müssen auch deiner Garderobe mehr Schliff geben, Evie. Du kleidest dich wie eine Bibliothekarin. Bist du sicher, dass du erst siebenundzwanzig bist? Meine Mum trägt modischere Sachen als du. Allerdings ist sie ziemlich cool.«

Sophia akzeptierte kein Nein und schleppte Evie in die Oxford Street, wo sie günstige Kleider in heiteren Farben und praktische Röcke und Blusen fürs Büro erstanden. Aber Evie lehnte es rundheraus ab, sich für viel Geld die Haare schneiden oder färben zu lassen und zur Kosmetikerin und Maniküre zu gehen.

Sie wolle ihr Geld nicht für solchen Luxus verschwenden, sagte sie und schaltete auf stur, obwohl Sophia solche Selbstfürsorge zu den absoluten Essentials zählte.

So verschieden die beiden waren, sie wurden enge Freundinnen. Trotzdem spürte Sophia immer eine gläserne Wand zwischen ihnen, die sie nicht durchbrechen konnte.

Evie erzählte kaum etwas darüber, wie sie aufgewachsen war, und erwähnte nie, warum sie Orkney den Rücken gekehrt hatte. Wenn sie mal ein bisschen beschwipst war, weil sie mit Sophia eine Flasche Wein geleert hatte, erzählte sie manchmal, wie sehr sie die Ruhe dort und die Spaziergänge mit den Hunden vermisste, aber sie erwähnte weder ihre Familie noch Freunde. Sophia war instinktiv klar, dass sie nicht in sie dringen durfte.

Wenn sie Evie besuchte und das spartanisch eingerichtete Apartment sah, juckte es sie in den Fingern, es mit fröhlichen Farben, flauschigen Kissen und Duftkerzen aufzuhübschen, spürte aber, dass sie damit eine Grenze überschreiten würde.

Sie war nur ein Jahr älter als Evie, hatte aber das Gefühl, sie beschützen zu müssen, und achtete auf sie wie auf eine kleine Schwester. Evie dagegen wunderte sich, warum diese lebensprühende Frau sie praktisch adoptiert hatte und mit ihr befreundet sein wollte.

Sophia hatte eine eigene Wohnung in der Nähe ihrer Familie in Bethnal Green, die mit Klamotten, Schals und Schmuck übersät war und himmlisch nach Tuberose-Duftkerzen duftete, schneite aber auch häufig bei ihren Eltern rein.

Als Sophia sie zum ersten Mal zu ihren Eltern zum Essen einlud, erwies sich der Abend für Evie als Offenbarung.

Sie wurde herzlich begrüßt und aufgefordert, sich an den Tisch zu setzen, auf dem Berge von Essen standen, und sich kräftig zu bedienen. Es gab einen würzigen Schmortopf mit Butterkartoffeln und Gemüse und dazu selbst gebackenes Brot.

Wie sich herausstellte, hatte Sophia ihrem Vater einen Brotbackautomaten zum Geburtstag geschenkt, und er war begeistert davon. Seine ersten Versuche führten zu festen, kuchenartigen Quadern, wurden aber von der Familie mit Honig und Marmelade bestrichen und pflichtschuldig verzehrt. Inzwischen hatte er ein Olivenbrot perfektioniert, und sein Walnussbrot war sein ganzer Stolz, abgesehen von den beiden Fotos seines Sohnes auf dem Kaminsims, das ihn mit Collegehut und Robe zeigte.

Bei Sophias Eltern wurde viel gelacht, man unterhielt sich lebhaft beim Essen. Als Sophia ihren Rotwein umstieß, stand sie einfach auf, nahm sich einen Lappen und wischte die Pfütze auf. Es wurde kein Problem daraus gemacht. Evie dachte daran, dass ihre eigene Mutter deswegen eine Szene gemacht und sie tagelang mit unangenehmem Schweigen bestraft hätte.

Evie fiel auf, dass sie zum ersten Mal nicht den ganzen Tag von Angst verzehrt worden war. Das Zusammensein mit Sophia und ihrer Familie war so entspannend, dass sie dachte, es könnte in diesem neuen Leben doch noch Hoffnung und Glück geben.

15

Orkney, 2024

Am nächsten Morgen stand Evie vor dem riesigen Pickaquoy Leisure Centre, das fünf Minuten vom Stadtzentrum Kirkwalls entfernt war, und versuchte, den Mut aufzubringen, in das Schwimmbad hineinzugehen.

Sie erinnerte sich noch an die Begeisterung, als das eindrucksvolle moderne »Picky« eröffnet worden war. Mit Kate und Edwyn hatte sie damals den neuen James-Bond-Film gesehen, *Die Welt ist nicht genug*. Wehmütig lächelnd sah sie vor sich, wie Edwyn die Augen gerollt hatte, als sie und Kate seufzend Pierce Brosnan anschmachteten.

Sie beobachtete ein paar Frauen, die lachend zu ihrem Zumba-Kurs gingen, und eine Gruppe Teenager, die sich über die Öffnungszeiten des Kinos informierten. Eine lärmende Schar Kleinkinder, die von ihren gestressten Eltern zu einer Geburtstagsparty gebracht wurden, rannte sie beinahe um.

Sie überwand sich endlich und ging hinein. Sie hatte immer wieder über den letzten Wunsch ihres Vaters nachgedacht, sie möge schwimmen lernen, und das schien ihr eine Möglichkeit zu sein, bei der niemand etwas von ihrem Versuch mitbekäme. Falls sie tatsächlich nicht auf Orkney bleiben konnte, sollte sie wenigstens das für ihn tun. »Also, jetzt oder nie. Es muss sein«, sagte sie laut.

Im Schwimmbad-Shop gab es eine gute Auswahl an sportlichen Badeanzügen. Sie wählte den billigsten und schlichtesten und begab sich zum großen Becken. Ihre wacklige Entschlossenheit löste sich vollends auf, als ihr der Chlorgeruch entgegenschlug, dazu das Kreischen übermütiger Kinder und die feuchtwarme Luft. Ihr Magen sackte weg, und sie erinnerte sich an ihre Todesangst in dem alten Schwimmbad, in das ihr Vater sie damals mitgenommen hatte.

Selbst hier empfand sie das Wasser als eine heimtückische Bedrohung. Evie hatte mit eigenen Augen gesehen, wie seine vernichtende Kraft Leben zerstört.

Sie erstarrte, Bilder rasten durch ihren Kopf: die schreiende Liv, die ihre Hilfe brauchte, das unaufhörliche Rauschen und Tosen der Wellen. Erschrocken, weil sie sich womöglich ins Schwimmbecken übergeben könnte, rannte sie zurück in den Umkleideraum, zitternd und schaudernd. Sie hatte nicht mal die Zehen ins Wasser getaucht. Sie konnte es nicht. Mit fliegender Hast zog sie sich um und floh nach draußen.

Auf dem Heimweg hörte sie, wie ihr Handy piepte. Diesmal war es nicht Jeremy, sondern von Sophia, ihrer einzigen Londoner Freundin: *Hallo, Evie – ich hoffe, du bist gut angekommen. Kannst du mir kurz Bescheid geben, ob alles okay ist? Sophia xx*

Evie tat es leid, dass sie sich Sorgen machte, aber sie wusste nicht, was sie antworten sollte. Sie schaltete das Handy aus und kehrte zu Freyas Haus zurück.

Am gestrigen Abend hatte sie einen weiteren verpassten Anruf von Jeremy registriert. Ihr war klar, dass sie ihn nicht ewig ignorieren konnte, doch sie käme jetzt nicht mit seinen egoistischen Forderungen klar und wollte sich nicht in ein Leben zurückholen lassen, das ihr unerträglich geworden war.

Als Freya heimkam, hockte Evie am Fenster und starrte hinaus. Sie sah traurig und verloren aus.

Freya setzte sich neben sie und sagte sanft: »Wie wär's, wenn du mir hilfst, ein bisschen Schmuck zu machen? Mir geht es immer besser, wenn ich etwas Hübsches gestaltet habe.«

»Ich habe sogar große Lust dazu«, sagte Evie.

Freya richtete sich mit ihr am Küchentisch ein und machte sich an ein paar verspielte, sehr schöne Silberohrringe. Evie bekam die Aufgabe, Kieselsteine zu polieren.

»Und wenn du auch gern einen Pinsel in die Hand nehmen und sie bemalen möchtest, zum Beispiel mit Papageientauchern oder Selkies, dann nur zu. Die Touristen sind verrückt danach. Die nehmen die großen Steine gern als Türstopper und die kleinen als Andenken für die Fensterbank. Du kannst auch Nixen oder Wale und Delfine malen, wenn du willst. Oder irgendwas von der Landschaft hier, das du besonders magst.«

Evie reizte das sehr. Sie hatte nicht mehr zum Pinsel gegriffen, seit sie damals weggegangen war, und jetzt wieder in dieser herrlichen Umgebung zu sein, mit dem typischen Licht auf dem Meer und am Ufer, weckte in ihr die Lust, wieder mit dem Malen anzufangen. Sie zweifelte nur, ob sie das noch konnte.

»Als ich klein war, stand ich voll auf Meerjungfrauen«, sagte Freya. »Die Idee, dass eine Frau ihre Gestalt wechseln kann. Da habe ich mich oft als Meerjungfrau verkleidet.«

»Du sahst bestimmt hinreißend aus. Ich weiß noch, als du mir erzählt hast, dass du die Kleider deiner Mutter angezogen hast, als du noch ein kleines Mädchen warst.«

»Du meine Güte, ja, das hab ich, und das waren wirklich furchtbar hässliche Klamotten. Meine Mutter hatte überhaupt keinen Sinn für Mode. Sie trug nur Braun und Beige und Gummibandtaille und trutschiges Zeug.«

Sie warf einen Blick auf Evies Aufmachung. »Nichts für ungut, Evie«, sagte sie hastig. »Jeder, wie er mag.«

»Schon gut. Ich weiß, mein Stil ist jämmerlich.«

Freya lächelte. »Ich gehe mit dir shoppen, und du kannst dir Sachen von mir borgen, wenn du willst. Ich liebe leuchtende Farben. Findest du, ich übertreibe es manchmal ein bisschen?«

Evie schaute sie liebevoll an.

Freya trug ein Top und eine Hose in Türkis, die am Bauch spannte, und einen leuchtend bunten, knöchellangen Hausmantel aus Seide, der ihrer Meinung nach wunderbar wallte. Ihre Pantoffeln waren aus hellgelber Wolle, und sie war behängt mit ihren eigenen Schmuckkreationen. Sie war ein blendender, molliger Pfau und trug alles mit einer großartigen Souveränität.

»Du siehst immer wunderbar aus«, sagte Evie.

»Danke, mein Engel. Das war die richtige Antwort und wird später mit einem guten Schlückchen belohnt.« Freya schaute einen Moment lang ernst. »Weißt du, ich hatte großes Glück, dass meine Familie mich so akzeptierte. Meine Mutter war meine Cheerleaderin, und Anne Marie stand immer auf meiner Seite. Sogar mein Vater freundete sich allmählich damit an, dass ich anders bin, obwohl es ihn anfangs hart ankam.« Sie lächelte. »Einmal hat er mich auf einen Drink ins Hotel mitgenommen, als ich achtzehn war und das Wochenende auf Hrossey verbrachte. Er hat sich an die Bar gesetzt und sich herausfordernd umgeschaut, ob jemand eine Bemerkung dazu machte, dass ich aussah, als käme ich aus einer explodierten Klöppelwerkstatt. Natürlich sagte niemand ein Wort. Nicht angesichts seiner drohenden Blicke. Zwei Touristen von einem Kreuzfahrtschiff guckten mich schräg an, aber alle anderen akzeptierten mich. In der Schule trug ich Kleider und spielte mit den Mädchen. Und dann war ich Freya, ich selbst, und das war für niemanden eine große Überraschung. Natürlich gab es den einen oder anderen Zusammenstoß auf der Straße. Auch ziemlich heftig. Aber ich habe nicht die schrecklichen Anfeindungen erlebt, wie andere Menschen wie ich sie aushalten müssen.«

»Oh, Freya, ich wünschte, ich wäre mehr wie du«, sagte Evie. »Du bist so tapfer!«

Sie schaute sie tieftraurig an und fing an zu weinen.

»Wo kommt das jetzt her, Liebes?« Freya legte den Ohrring hin, an dem sie arbeitete.

Evie konnte die Tränen nicht zurückhalten.

»Ich war im Picky Centre. Ich hatte mir zu tun vorgenommen, was mein Vater sich gewünscht hat, und schwimmen zu lernen. Es war schrecklich, Freya, einfach grauenvoll. Ich konnte nicht mal den großen Zeh ins Wasser strecken. Ich bin ein totaler Feigling.«

Freya setzte die Brille ab und rutschte näher zu Evie. »Hör mir zu. Ich weiß genau, was damals auf Hrossey zwischen dir und Liv vorgefallen ist. Du warst noch sehr klein. Da ist es nicht verwunderlich, dass du so große Angst vor dem Wasser hast.«

Evie schauderte. Freya war wahnsinnig nett zu ihr, aber sie kannte nicht die ganze Geschichte.

»Und dein Vater meinte nicht, dass du dich deiner Angst allein stellen sollst. Ich denke, es ist an der Zeit, dich mit meinen Selkies bekannt zu machen.«

»Deinen Selkies? Du hast doch nicht etwa ein paar zahme Seehunde, die sich in Menschen verwandeln können?« Evie kannte die Mythen, die sich auf den Orkneyinseln um die Selkies rankten.

»Sehr witzig. So nennen wir uns nur. Weißt du noch, als ich dir vor Jahren geschrieben habe, dass ich vorhatte, einen Schwimmclub zu gründen?«

»Ja, du hast geschrieben, die anderen hätten sich jetzt mit dir getroffen, aber sie nannten es wildes Schwimmen anstatt nur Schwimmen.«

»Ja, genau. Das ist ein lustiger Haufen aus allen Altersgruppen. Es fing an mit mir und Kate, und dann kamen immer mehr hinzu. Zum Beispiel Agnes, eine fantastische Friseurin. Sie vollbringt an meinen widerspenstigen Haaren wahre Wunder. Und eine Nette aus Singapur, die mit Jack Randall hergekommen ist, kurz nachdem sie da drüben geheiratet hatten. Delima ist ein schüchternes, kleines Ding, kommt aber langsam aus ihrem Schneckenhaus heraus. Sie ist eine erstklassige Schneiderin. Du müsstest Jack noch von der Schule kennen. War er nicht im selben Jahrgang wie du?«

Evie erinnerte sich an den kräftigen, blonden Kerl. Er hatte himmelblaue Augen und einen Körper wie Hugh Jackman in *Wolverine* und erfüllte damit das alberne Klischee des Wikingers. Freya lächelte. Sie war von den beiden sehr angetan.

»Na, jedenfalls ist er ein Selkie ehrenhalber und noch dazu ein sehr gut aussehender. Dann wäre da noch Patsy, eine ausgezeichnete Tischlerin, die mit Andrzej zusammenarbeitet, und Maureen kommt auch manchmal, aber sie hat einen Sohn und muss sich um ihre Eltern kümmern, sodass sie es nicht immer schafft, und in letzter Zeit wirkte sie nicht allzu munter.«

Evie sah Freya plötzlich ernst werden und begriff, dass sie sich wegen Maureen sorgte. »Das klingt alles wunderbar, aber ich weiß nicht so recht.«

Aber wenn sich Freya etwas in den Kopf gesetzt hatte, konnte sie nichts mehr davon abbringen. »Morgen wäre es perfekt. Da sind nur ich, Kate und Delima da, und Maureen hoffentlich, wenn es ihr besser geht.«

Evie setzte zum Widerspruch an, doch Freya hob die Hand.

»Ich weiß, du fühlst dich dem noch nicht gewachsen, und ich verstehe das, aber komm einfach und lerne die Bande kennen. Wie gesagt, das ist eine nette Truppe. Du kannst zusehen, wie wir unseren Spaß haben, und hinterher gibt es Kaffee und Kuchen. Das ist immer das Beste daran.«

Evie fühlte sich bedrängt und unbehaglich. Sie fürchtete sich vor dem Wiedersehen mit Kate. Sie hatte noch gar nicht mit ihr gesprochen und fühlte sich deswegen mies.

»Ich weiß nicht, Freya. Ich habe mich am Becken im Picky blamiert. Mein Vater wollte, dass ich endlich schwimmen lerne, und ich will das auch. Ich versuche wirklich, meine Feigheit zu überwinden, aber ich bin eigentlich noch nicht so weit.«

»Tja, wie gesagt, du musst ja gar nicht ins Wasser. Du musst nicht mal im Flachen planschen. Komm einfach mit und guck zu. Ich verspreche dir, da gibt es nichts zu fürchten.«

Evie seufzte. Freya konnte manchmal unerbittlich sein, und offenbar wollte sie ein Nein nicht gelten lassen. »Na gut«, sagte Evie. »Ich komme mit.«

Am nächsten Tag goss sie tatsächlich heißen Kakao in eine Thermosflasche und packte selbst gebackenen Kuchen und süße Brötchen in eine Tasche, dazu Handtücher, eine Mütze und Handschuhe und lud alles ins Auto.

»Die frische Luft wird dir guttun«, sagte Freya. »Du siehst noch immer viel zu kränklich aus. Du musst wieder rosige Wangen kriegen.«

Es war ein sonniger, warmer Tag mit einer kühlen Brise, und es roch nach baldigem Regen, nach jenem sanften Nieseln, das niemanden ernsthaft nassmachte, aber Freya und Kate eine unbezwingbare Haarkrause bescherte. Freya würde das nicht die Bohne kümmern, aber Kate machte es jedes Mal fuchsteufelswild.

Freya und Evie gingen durch die blühende Wiese zum Strand, wo Kate, Maureen und Delima schon warteten. Evie hatte gehofft, dass Kate sie genauso herzlich begrüßte wie Edwyn, doch als die sie kommen sah, bekam sie einen harten Gesichtsausdruck und schaute weg. Evie wurde flau im Magen, aber sie verstand das. Zum ersten Mal seit zwanzig Jahren sah sie ihre beste Freundin aus Kindertagen wieder, nachdem sie sich in all der Zeit nicht bei ihr gemeldet hatte. Sie dachte daran, wie viele wichtige Momente in Kates Leben sie verpasst hatte, und wurde von Traurigkeit überschwemmt.

Maureen trug einen Surfanzug und Kate einen sportlichen schwarzen Badeanzug, die zierliche Delima dagegen einen winzigen Bikini, der Evie zum Schmunzeln brachte, obwohl sie wegen Kate und dem Wasser nervös war.

Alle winkten Freya zu und begrüßten sie mit »Huhu!« »Hallo, Mädels. Es ist herrlich frisch heute Morgen«, rief Freya.

Kate rollte die Augen. »Es ist immer herrlich frisch, und du sagst das jedes Mal.«

Delima lächelte Evie breit an. »Willst du bei uns mitmachen? Das ist ein Riesenspaß. Freya und ich gehen ohne Surfanzug rein.«

Freya schaute sie mitfühlend an. »Ich selbst bin ja ordentlich gepolstert, aber wie ein Hänfling wie du gegen die Kälte so unempfindlich sein kann, verstehe ich überhaupt nicht. Du bist hart wie Stahl.«

Delima kicherte. »Die Kälte kribbelt, und ich fühle mich quicklebendig. Ich liebe das.«

»Das tun wir alle.« Freya zog sich bereits aus bis auf den kühnen violetten Minirock-Tankini, mit dem sie sich wie eine Ballerina fühlte.

»Du siehst etwas besser aus, Maureen. Wie fühlst du dich heute? Ich hatte meine Zweifel, ob du überhaupt kommst«, sagte sie.

»Wie gesagt, mach bitte kein Aufhebens darum. Es geht mir gut. Bin nur ein bisschen müde, aber das Schwimmen lasse ich mir nicht entgehen. Das macht mich fit fürs Wochenende.«

Kate ignorierte Evie noch immer und war damit beschäftigt, sich die Haare hochzubinden. Evie verlor den Mut.

»Hallo, Kate«, sagte sie zögernd. »Wir haben uns lange nicht gesehen.«

Kate sah ihr in die Augen. »Ja, und das lag nicht an mir, nicht wahr?« Sie seufzte. »Das mit deinem Dad tut mir leid. Er war sehr nett zu mir, als wir noch jung waren. Als wir beide noch Freundinnen waren.«

»Ich hoffe, wir können noch immer Freundinnen sein«, erwiderte Evie zaghaft.

Kate zog es vor, nicht zu antworten. Stattdessen wandte sie sich den anderen zu. »Also, gehen wir jetzt rein, oder was?«

»Ich passe auf die Jacken auf und stehe mit Handtüchern und

heißem Kakao bereit, wenn ihr wieder rauskommt«, sagte Evie. »Ich hab sowieso keinen Badeanzug dabei.«

»Niemand wird sich mit unseren Jacken aus dem Staub machen«, meinte Freya. »Und man kann auch nackig ins Wasser.«

Alle lachten außer Kate, die zielstrebig vorausging.

Freya rannte hinter ihr her und hüpfte dabei wie ein violetter Flummi. »Du kannst schon mal einen Schuss Scapa in den Kakao gießen. Die Flasche ist in meiner Badetasche«, rief sie Evie zu.

»Ich will lieber Baileys«, rief Maureen.

»Igitt«, sagte Delima. »Es muss Rum sein, weiß doch jeder.«

Evie stand im Sand und beobachtete, wie die sehr verschiedenen Frauen ins Wasser gingen.

Die Sonne war hervorgekommen, das herrliche goldene Orkney-Licht, das den Himmel azurblau und helltürkis färbte und das Meer funkeln und strahlen ließ.

Freya kreischte bei den ersten Schritten ins kühle Nass. Selbst nach all den Jahren überraschte es sie jedes Mal wieder, wie kalt es tatsächlich war. Sie war eine elegante Schwimmerin und vollführte ihre Armbewegungen mit einem breiten Grinsen.

Kate schaute grimmig entschlossen und rannte mit einem lauten Schrei ins Meer, tauchte sofort und kam nach Luft schnappend an die Oberfläche.

Delima dagegen watete still hinein und stieß erst einen schrillen Ton aus, als ihr das kalte Wasser bis zum Bauch reichte, dann paddelte sie wie ein Hündchen.

Maureen ließ sich Zeit beim Hineinwaten und legte sich dann rücklings aufs Wasser, und mit ihrem Surfanzug konnte sie sich mühelos treiben lassen und in den weiten Himmel schauen.

Evie sah ihnen zu, wie sie schwammen, planschten und lachten. Sie hätte sich nur zu gern angeschlossen und in die Gruppe eingefügt, aber ihr graute vor dem Wasser. Sie wusste nicht, ob sie ihre Angst je überwinden könnte, und fühlte sich, als ob sie ihren Vater zum zweiten Mal enttäuschte.

16

Orkney, 1986

Als Cara auf die vierzig zuging, war sie überzeugt, dass bei ihr die Wechseljahre einsetzten. Ihre Periode hörte auf, sie wurde um die Taille dicker, und erst nach fünf Monaten begriff sie, dass sie wieder schwanger war. Die Übelkeit war ausgeblieben, und sie segelte durch diese Schwangerschaft, trug ihr Baby und sah strahlend und frisch aus.

Eine tiefe Ruhe erfasste sie, und Duncan erkannte in ihr das junge Mädchen wieder, in das er sich damals verliebt und das ihm am Yesnaby Castle einen Heiratsantrag gemacht hatte.

Sogar die achtjährige Liv ließ sich von der neuen Gelassenheit ihrer Mutter anstecken, war weniger kratzbürstig und ließ sich von ihr knuddeln, ohne sich steif zu machen und es geringschätzig über sich ergehen zu lassen. Die drei schafften es ein paar Tage lang an den Strand, und Cara ließ sogar ihre To-do-Listen zu Hause.

Obwohl es kühl war und ein lebhafter Wind wehte, planschten sie im Seichten und Liv zwischen ihnen. Die Wellen wirbelten ihnen um die Knöchel, und sie lachten, wenn ihnen das Wasser gegen die Beine klatschte. Liv bat Duncan, mit ihr ins Tiefe zu gehen. Er hob sie auf den Arm und watete weiter hinein. Cara sah vom Ufer aus zu. Das war ein selten friedlicher Moment, der in den dreien die Hoffnung weckte, es würde von nun an anders sein.

Liv war jedoch zutiefst entrüstet, als sie erfuhr, dass sie einen

Bruder oder eine Schwester bekommen würde. Da sie auf einer Farm lebte, kannte sie die Tatsachen des Lebens und war entsetzt, dass ihre Eltern sich in dem fortgeschrittenen Alter noch auf solche Albernheiten einließen. Außerdem wollte sie sich nicht von einem Neugeborenen verdrängen lassen.

Cara plante eine Hausgeburt. »Ich will, dass es abläuft, wie es sich gehört, Duncan. Ich kann sie in meinem eigenen Bett bekommen, und du kannst mir Tee bringen und auf uns beide aufpassen.« Sie hatte beschlossen, nicht an das viele Blut und die Schmerzen bei Livs Geburt zu denken, nicht an den Wundschmerz des genähten Dammrisses und das Brennen und Jucken der Brustwarzen oder an das Gefühl der Hoffnungslosigkeit, das jene ersten Tage begleitet hatte.

Diesmal würde alles anders laufen, sagte sie sich, und sie würde allen beweisen, dass sie die perfekte Mutter war. Das Kind in ihrem Bauch schwamm wie eine Nixe, und Cara liebte die lebhaften Purzelbäume, von denen sie und Duncan morgens wach wurden.

Sie standen sich wieder viel näher, und er legte gern die Hand auf ihren runden Bauch und fühlte, wie sich das Baby darin bewegte.

»Bei Liv haben wir das nicht getan«, sagte Cara. »Mir war ständig furchtbar übel, ich war besorgt und mürrisch.«

»Und ich wusste nicht, wie ich dir helfen sollte, und kam mir vor wie ein nutzloser Idiot«, sagte er.

»Ich glaube wirklich, dieses Baby wird für uns einiges ändern, Duncan. Liv wird nicht mehr so allein sein, und sie kann mir zur Hand gehen. Ich mache mir Sorgen, weil sie in der Schule keine Freunde gefunden hat, und sie verträgt sich auch nicht mit ihren Cousinen und Cousins. Sie hasst die Besuche bei ihnen, hat sie gesagt, und als sie zuletzt hier waren, ist Liv ausgerastet. Es war schlimm. Sie wollte nicht mit ihnen spielen.«

Duncan seufzte. »Ich weiß. Sie ist ein bisschen schwierig,

deine Hrossey-Bande, aber es sind gute Kinder, und wir wissen, unsere Liv ist auch nicht die Einfachste.«

Beide erinnerten sich im Stillen an den Tag, als Liv aus dem Kindergarten verwiesen worden war, weil sie andere Kinder gebissen hatte, und an ihre Kreischanfälle, wenn man ihr etwas abschlug.

Caras verärgerte Mutter hatte damals gesagt, man müsse ihr mal richtig den Hintern versohlen, um ihr Benehmen beizubringen. Duncan konnte sich nicht vorstellen, je die Hand gegen seine Tochter zu erheben, wusste aber auch nicht, wie er mit seinem schwierigen Kind fertigwerden sollte.

Eines Morgens ein paar Wochen vor dem errechneten Geburtstermin wachte Cara auf und wusste sofort, dass etwas nicht stimmte.

»Duncan! Wach auf. Das Baby bewegt sich nicht mehr!«

Er sprang sofort aus dem Bett und war außer sich vor Sorge.

»Du lieber Himmel, bist du dir sicher?«

»Ich spüre es nicht mehr. Was mache ich denn jetzt? Ich kann nicht noch ein Kind verlieren!«, jammerte Cara.

Für einen so großen Mann konnte Duncan sehr schnell sein. Er warf sich Hemd und Hose über, schnappte sich seine schluchzende Frau und verfrachtete sie samt der schläfrigen Liv, die er im Schlafanzug ließ, ins Auto. Er raste zum Krankenhaus, als wäre der Teufel hinter ihnen her.

Wir dürfen nicht noch ein Baby verlieren, dachte er. *Nicht so kurz vor der Niederkunft. Das würde Cara umbringen. Davon würde sie sich nicht mehr erholen, und ich könnte es nicht ertragen, sie zu verlieren.*

Sie kamen noch rechtzeitig an. Die Nabelschnur hatte sich dem Kind um den Hals gelegt, doch es wurde per Kaiserschnitt schnell und sicher auf die Welt gebracht.

Sie war eine wunderschöne blasse Rosenknospe und gab, während sie untersucht wurde, kaum ein Tönchen von sich.

Duncan erhaschte einen Blick auf seine Tochter und fühlte in seiner Brust einen Schwall beschützerischer Liebe. Das winzige Baby wandte das Gesichtchen seinem Vater zu, wie eine Blüte sich zur Sonne neigt, öffnete die Augen, blickte ihn direkt an und gewann mühelos sein Herz. *Sie ist makellos,* dachte er. *Das schönste Kind, das je geboren wurde.*

»Hallo, meine kleine Teenie. Willkommen auf der Welt. Ich bin dein Daddy und werde dich immer lieben und beschützen.«

Evie war ein schönes Kind mit großen blauen Augen, deren goldene Sprenkel sich bald zu kräftigem Grün wandelten, hellblonden Locken und einer Pfirsichhaut. Sie schlief nachts durch und ließ sich von ihrem hingebungsvollen Vater gerne hätscheln und herumtragen wie ein kostbares Geschenk.

Da Cara sich nur langsam von dem Kaiserschnitt erholte, war es Duncan, der den Säugling fütterte und wickelte, fürs Bäuerchen sorgte und ihn seine innige Liebe spüren ließ.

Liv dagegen sah mit finsterer Miene zu und wollte nicht das Geringste mit dem Baby zu tun haben.

»Evie stinkt und ist hässlich und laut«, erklärte sie und wollte sich mit ihrer kleinen Schwester nicht mal im selben Raum aufhalten. Sie stapfte die Treppe hoch zu ihrem Zimmer, knallte die Tür zu und nährte ihren Zorn.

Duncan liebte Cara und gab sich Mühe, auch Liv zu lieben, doch seine Liebe zu Teenie war unvergleichlich tief. Deshalb vergaß er nie den Moment, als er sie zum ersten Mal beinahe verloren hätte. Die einjährige Evie hatte brabbelnd in ihrer Wiege im Freien gelegen, die Hunde Eric und Ernie dösten daneben im Gras, und plötzlich röchelte sie. Die Hunde fingen an zu bellen und alarmierten Duncan. Als er an die Wiege eilte, fand er Evie mit blauen Lippen vor, und sie rang mühsam nach Luft.

Er hob sie heraus und rannte zum Auto. Vor dem Krankenhaus angekommen, sprang er hinaus und brüllte schon in der Tür der Rezeption zu, dass er sofort Hilfe brauche.

Geübte, ruhige Hände übernahmen das Kind. Evie bekam eine Spritze, und ihrem Vater wurde halb im Scherz ein Beruhigungsmittel angeboten. Sie hatte einen schweren Asthmaanfall und bekam ein Medikament dagegen, musste sorgsam überwacht und noch mehrmals zu weiteren Untersuchungen in die Klinik gebracht werden.

Durch sein schnelles Handeln hatte Duncan ihr das Leben gerettet, doch er war bis in Mark erschüttert, wenn er daran dachte, dass seiner Teenie etwas zustoßen könnte.

Es war seine Aufgabe, sie vor Schaden zu bewahren, und er würde alles tun, damit ihr nichts passierte. Er schwor sich, den Inhalator immer in der Hemdtasche bei sich zu tragen.

Evie erholte sich von der Tortur, doch der Asthmaanfall veränderte ihr Leben. Ihr Vater hielt sie von nun an für zu gebrechlich, als dass er sie mit anderen Kindern spielen oder zum Strand gehen oder im Meer planschen ließ. Er spielte mit ihr auf behutsame Art Verstecken, aber sie durfte nie zu aufgedreht und übermüdet werden.

Sogar die Cousins von Hrossey behandelten Evie wie ein rohes Ei, als könne sie zerbrechen, wenn sie zu ausgelassen mit ihr umgingen.

Sie war ein bezauberndes Kind, und als ihr stolzer Vater sie zum ersten Mal im Kinderwagen durch Kirkwall schob, blieben die Leute stehen und bewunderten sie. Die älteren Damen schoben ihr eine Silbermünze als Glücksbringer in das Fäustchen.

Während der nächsten zwei Jahre, als sie laufen und sprechen lernte wie jedes Kleinkind, ließ Duncan sie nicht aus den Augen, und weitere schlimme Anfälle blieben aus.

Cara beobachtete das mit wachsender Bitterkeit.

»Du erstickst sie. Sie wird sich gegen dich auflehnen, und Liv beachtest du überhaupt nicht mehr. Sie wird allmählich wütend, weil Evie so viel Aufmerksamkeit bekommt, aber dafür bist du blind.«

»Ich weiß, Cara, aber ich finde keinen Draht zu ihr. Wenn ich mit ihr rede, ist es, als wäre eine Wand zwischen uns. Ich versuche es doch, aber sie guckt nur gelangweilt, sobald ich sie nach ihren Freundinnen oder der Schule frage.«

Er schaute aus dem Fenster und sah Evie geduldig im Garten warten.

»Ich habe Teenie versprochen, mit ihr zu spielen, wenn ich von der Arbeit komme. Es wird nicht lange dauern.«

Cara seufzte ungeduldig. »Du hast dich von ihr um den kleinen Finger wickeln lassen, Duncan Muir, und eines Tages wirst du das bereuen.«

17

London, 2014

Im Lauf der Monate stellte Evie überrascht fest, dass sie in ihrem Job wirklich gut war. Ohne Aufhebens brachte sie den Terminkalender ihrer Chefin Lucinda in Ordnung, initiierte einen passenden Tagesplan für Meetings und erstellte ein Programm für Tabellen und Arbeitsblätter, um die Zusammenarbeit zu optimieren. Sie sortierte haufenweise vergilbte alte Unterlagen und heftete sie ab, und innerhalb weniger Wochen wirkte das Büro durchorganisiert und effizient.

Wie schon im *Imperial* verhielt sie sich still und unauffällig, sodass sie von den Kollegen kaum wahrgenommen wurde.

Nur selten nahm sie sich mal einen Tag frei, und dann gerieten die reibungslosen Abläufe im Büro ins Stocken und kamen zum Erliegen, sodass allen auffiel, welchen Schatz sie an der Hand hatten. Doch Evie wollte im Hintergrund bleiben, keine Aufmerksamkeit auf sich ziehen und hielt deshalb den Kopf gesenkt.

Wenn sie mit Sophia zusammen war, konnte sie mehr sie selbst sein.

Eine so gute Freundschaft hatte sie seit der Zeit mit Kate und Edwyn nicht mehr gehabt, doch auch mit Sophia redete sie nicht über die beiden oder irgendwen aus ihrer Vergangenheit. Sophia hoffte weiter, Evie würde ihr irgendwann mehr vertrauen und sich öffnen. Ihr war klar, dass eine traurige Geschichte dahintersteckte.

Sie sahen einander täglich bei der Arbeit, tauschten in der Mittagspause die Neuigkeiten aus, meistens über Sophias letztes Datingdesaster und die Schufterei im Büro, und hin und wieder trafen sie sich samstagnachmittags zum Shoppen.

Sophia lud sie häufig ein, sich am Wochenende ihren Freunden anzuschließen und in einen Club oder Pub mitzukommen, aber Evie fand immer eine lahme Ausrede, und schließlich begriff Sophia und fragte nicht mehr.

Sie mochte Evie sehr, die ihr stets zuhörte, wenn sie jammerte, wie schwierig es sei, den richtigen Mann zu finden, oder wenn sie sich frustriert über ihre Arbeit ausließ, die sie stumpfsinnig und erdrückend fand.

Evie gab ihr wohlüberlegte, sinnvolle Ratschläge und stand leidenschaftlich auf ihrer Seite. Sie wischte eine Menge Frustrationstränen weg, wenn wieder mal ein Typ sich als große Enttäuschung herausstellte und sie mit ihm Schluss gemacht hatte. Evie sagte ihr dann, er sei ein Idiot, und sie würde den Richtigen finden, wenn sie es am wenigsten erwarte.

Sophia dagegen brauchte sich von Evie keine Enttäuschungen anzuhören, denn sie traf sich mit niemandem. Seit sie in London war, hatte sie kein Date mehr gehabt. Brodie war der einzige Mann, mit dem sie geschlafen hatte, und sie hatte keine Lust, einen anderen kennenzulernen. Schon bei dem Gedanken daran graute ihr.

Sophia gab es bald auf, sie mit einem ihrer Freunde verkuppeln zu wollen, und musste darüber lachen, wie entsetzt Evie war, als sie ihr vorschlug, eine Dating-App auszuprobieren.

Evie war jetzt achtundzwanzig und seit zehn Jahren von zu Hause weg. Sie hatte die Erinnerungen an Orkney erst einmal begraben, und das Leben danach kam ihr manchmal unwirklich vor, in den frühen Morgenstunden sogar wie ein Albtraum.

Zum Geburtstag hatte Sophia ihr hinreißende exklusive Unterwäsche geschenkt, aber die lag nun ganz hinten in der Schublade für eine »besondere Gelegenheit«. Sophia konnte darüber nur den Kopf schütteln. Genau wie Freya fand sie, dass nichts für besondere Gelegenheiten aufgespart, sondern jeden Tag genossen werden sollte.

Freya hatte ihr eine Geburtstagskarte gebastelt und einen sehr sonderbaren Papageientaucher darauf gemalt. Anscheinend fand sie die Vögel trotz der rot-gelben Schnäbel nicht bunt genug, denn sie hatte ihm eine satte Regenbogenbehandlung verpasst.

Evie kicherte laut, als sie die Karte aus dem Umschlag zog, doch im nächsten Moment stieg das Heimweh in ihr hoch. Sie dachte oft an Freya, Kate und Edwyn und an ihre Verwandtschaft auf Hrossey, aber vor allem an ihren Vater. An die komplizierte Beziehung zu ihrer Mutter verschwendete sie selten einen Gedanken, und sobald sie an Liv dachte, geriet sie in dunkle Gefilde.

Wie immer schrieb Freya ihr liebevoll, äußerte aber auch die Hoffnung, dass Evie eines Tages zurückkäme.

Am Morgen ihres Geburtstags ging sie wie gewohnt zur Arbeit und sogleich in die Küche, um sich einen Kaffee zu machen. Sie fühlte sich emotional ohnehin schon wacklig. Und als sie in dem stickigen, schmuddeligen Kabuff stand, wo jeder »seine Tasse« beanspruchte und Namensschildchen an Milchtüten und Zucker klebten, erinnerte sie sich an die großen Becher voll süßem Tee, die sie früher für ihren Vater aufgebrüht hatte. Er verlangte sieben gehäufte Löffel Teeblätter auf die große braune Kanne und sagte, der Tee müsse ihn zum Tanzen bringen. Sie war sofort den Tränen nah, so sehr vermisste sie ihn.

»Kopf hoch, meine Liebe, vielleicht ist es ja halb so wild«, sagte jemand, dessen Stimme sie nicht kannte. Sie drehte sich um und sah einen Mann ihres Alters, der schmächtig war, aber auf seine Art attraktiv wirkte. Seine drahtigen bräunlichen Haare hatten sich schon ausgedünnt und auf dem Scheitel ein Büschel stehenlassen, das an ein schlafendes Meerschweinchen erinnerte, doch er hatte ein ansehnliches Gesicht. Er lächelte sie an.

»Jeremy. Buchhaltung. Bin neu hier«, erzählte er, und sie spürte einen feuchten Händedruck.

Er war schlaksig, und Evie fiel auf, dass seine Hosenbeine und Jackettärmel nicht lang genug waren, um seine Knöchel und Handgelenke zu bedecken, aber das fand sie an dem selbstbewussten Mann, der vor ihr stand, eher skurril und liebenswert.

»Ich bin Evie. Freut mich, Sie kennenzulernen.«

»Geht es Ihnen gut? Sie sehen so traurig aus, als hätten Sie eine schlechte Nachricht bekommen. Kann ich etwas für Sie tun?«, fragte er.

»Mit geht's gut. Wirklich.« Sie war gerührt, weil er bemerkt hatte, dass sie mit den Tränen kämpfte.

»Vielleicht kann ich Sie mit einem kleinen Lunch aufmuntern, und Sie können mir helfen, mich hier zurechtzufinden«, schlug er vor.

Sophia war übers Wochenende bei einer Hochzeit gewesen und hatte sich den Montag freigenommen, um sich zu erholen. Sie hatte geplant, den ganzen Tag im Bett zu bleiben, und das hoffentlich nicht allein. Hochzeitsfeiern seien reiche Jagdgründe, hatte sie erklärt, und sie gäbe nie die Hoffnung auf, einen interessanten Mann kennenzulernen, der sie nicht nach ein paar Wochen zu Tode langweilte.

Am Freitag würde sie Evie zu einem nachträglichen Geburtstagsessen in Soho einladen, deshalb hatte Evie heute nichts vor, und der Käse auf ihrem Sandwich hatte bereits trockene Ränder, weil sie es schon am Vorabend zubereitet hatte.

Also erklärte sie sich einverstanden, mit Jeremy in das Café um die Ecke zu gehen. Er redete so viel über sich selbst, dass ihr keine Gelegenheit blieb, ihn in den neusten Büroklatsch einzuweihen.

Sie bot an, als Willkommensgeschenk die Rechnung zu übernehmen, zumal es sich nur um zwei Toasties und zwei Milchkaffee handelte.

Daraufhin verlangte er sofort, sie am Wochenende zu einem richtigen Lunch einzuladen, um sich zu revanchieren, weil sie so nett gewesen sei.

Er blickte sie so hoffnungsvoll an, dass sie nicht ablehnen konnte. Sonst hätte sie sich gefühlt, als würde sie ein Hündchen treten. Außerdem wusste doch jeder, dass ein Lunch kein richtiges Date war, nicht wie ein Abendessen mit Kinobesuch.

Nicht, wie es mit Brodie gewesen war.

»Jede Wette, dass er das für ein Date hält«, grollte Sophia. »Ich verstehe nicht, wieso du mit dem ausgehst, aber nicht mit den Typen, die ich dir vorschlage. Ich finde, du kannst einen viel Besseren abkriegen als Jeremy.«

»Nein, kann ich nicht, und er scheint doch nett zu sein«, widersprach Evie. »Und er kennt in der Firma noch niemanden. Ich bin nur hilfsbereit.«

Sophia rollte die Augen. »Na ja, er sieht nicht abstoßend aus, aber irgendetwas an ihm ist schräg, und bei diesen Dingen liege ich nie daneben, auch wenn ich das gerade nicht konkreter sagen kann. Wenn der einen Raum betritt, vergeht allen die gute Laune. So einer ist das.«

Evie fand das ein bisschen unfair und war deshalb umso mehr bereit, Jeremy mit Wohlwollen zu betrachten. Und bei näherem Hinsehen musste sie sich eingestehen, dass sie dankbar war, weil jemand an ihr Interesse zeigte.

Jeremy war seit Jahren der Erste, der sie bat, mit ihm auszugehen, und ihr gemeinsamer Lunch war überraschenderweise ein Erfolg. Er fragte sie nicht, warum sie Orkney verlassen hatte und nach London gezogen war. Er fragte sie eigentlich gar nichts Persönliches. Sie war darüber so erleichtert, dass sie ihm aufmerksam zuhörte. Er lamentierte über seinen vorigen Job und überlegte, auch den neuen schon nach einer Woche zu kündigen, weil er sich unterschätzt fühlte.

»Ich habe nur einen befristeten Vertrag, und mir reicht es wirklich. Bei einem Wirtschaftsprüfungsunternehmen wird eine Stelle frei, auf die ich mich wahrscheinlich bewerben werde. Mein Onkel kennt den Boss der Firma und hat mir versprochen, mich zu empfehlen. Das hieße mehr Geld und gute Aufstiegschancen. Aber keine Sorge, Evie, das wird uns nicht auseinanderbringen. Wir werden uns weiterhin sehen. Ich muss dich wirklich viel besser kennenlernen.«

Er schaute sie liebevoll an, sodass sie es nicht fertigbrachte, zu erwidern, er sei vorschnell und sie an einer Beziehung gar nicht interessiert. Stattdessen hörte sie sich sagen: »Das wäre schön, Jeremy. Ich hoffe für dich, dass du die Stelle bekommst, und ich möchte dich auch gern besser kennenlernen.«

Jeremy nahm die Rechnung, schnalzte missbilligend und legte das Geld abgezählt hin.

»Sollten wir nicht ein Trinkgeld geben?«, sagte Evie zaghaft. »Ich habe mal in einem Hotel gekellnert. Das ist ein harter Job und die Bezahlung eher mies.«

Jeremy setzte schon zum Widerspruch an, wollte aber einen guten Eindruck auf sie machen und legte deshalb zwei Pfund für die überarbeitete, unterbezahlte Frau hin, die in drei Jobs arbeitete, damit ihre Tochter studieren konnte.

Es war noch früh, als sie sich am Leicester Square trennten. Evie ging zur Bushaltestelle und Jeremy zur U-Bahn. Sie dachte, dass es gar nicht so schlecht gelaufen war wie befürchtet. Es war sogar ein ganz angenehmer Nachmittag gewesen.

Wie versprochen rief sie Sophia an, sobald sie zu Hause angekommen war.

»Wie ist es gelaufen?«, wollte sie wissen. »Gab es ein peinliches Gerangel wegen der Rechnung und hat er beim Abschied versucht, über dich herzufallen?«

»Nein, nichts dergleichen«, sagte Evie. »Er hat überhaupt nichts versucht. Er sagte nur: ›Wir sehen uns Montag im Büro‹.«

»Hm«, machte Sophia. »Interessante Taktik. War er so langweilig wie im Büro? Ich kann mir nicht vorstellen, dass es zwischen euch geknistert hat.«

»Nein, hat es auch nicht. Aber es war okay. Kein Kribbeln im Bauch. Dafür ist er ungefährlich, und irgendwie finde ich ihn beruhigend.«

»Also, eine Wärmflasche ist beruhigend«, erwiderte Sophia. »Aber mit der kann man sich nicht unterhalten. Allerdings kann man mit Jeremy auch keine tollen Gespräche führen. Wirst du dich noch mal mit ihm treffen, was meinst du?«

»Wenn er mich fragt, ja, wahrscheinlich. Er bewirbt sich auf eine andere Stelle, und das ist gut. Eine Beziehung mit einem Arbeitskollegen ist in meinen Augen eine schlechte Idee. Wenn die in die Brüche geht, ist das für alle Beteiligten unangenehm.«

»Evie, du sprichst schon vom Ende der Beziehung und hattest noch nicht mal ein richtiges Date mit ihm.«

Wie sich herausstellte, hatte Jeremys Onkel ein paar Gefallen eingefordert, denn sein ziemlich durchschnittlicher Neffe bekam tatsächlich den hoch bezahlten Job in der Wirtschaftsprüfungsfirma.

Im Büro gab es die übliche Abschiedsfeier für ihn mit warmem Chardonnay in Plastikbechern und süßen Hefeschnecken mit einer dicken Schicht Zuckerguss, die schmerzhaft an den Zähnen klebten, und alle standen an seinem Schreibtisch herum und quatschten.

Evie vermied es normalerweise, an solchen Veranstaltungen teilzunehmen, und verließ dann unauffällig das Büro, doch Jeremy hatte sie eigens gebeten zu bleiben und gesagt, es würde ihm viel bedeuten. Also durfte sie ihn nicht enttäuschen.

Nach zwei Gläsern Wein hatte er ein schweißglänzendes, gerötetes Gesicht und wollte woanders noch etwas trinken gehen.

Evie und Sophia und ein paar Kollegen gingen mit ihm in den Pub um die Ecke, verabschiedeten sich aber nach nicht mal einer Stunde. Sophia hatte ein heißes Date, und die anderen Kollegen fanden Jeremy sterbenslangweilig, und so stand Evie plötzlich mit ihm allein da.

Sie wollte auch gern sofort aufbrechen und nach Hause fahren. Es war mitten in der Woche, und sie musste noch Strumpfhosen durchwaschen und wollte die *Corrie*-Serie gucken.

»Trink noch was mit mir, Evie«, sagte er. »Immerhin feiern wir, dass ich dem miesen Job entkommen bin.« Er schwenkte ausschweifend sein Glas. »Ich kann mich jetzt größeren Aufgaben widmen.«

»Tut mir leid, aber ich muss jetzt wirklich los.« Sie lächelte ihn an. »Ich wünsche dir, dass es in der neuen Firma gut für dich läuft. Melde dich mal und lass mich wissen, wie es dir geht.«

Er schaute pikiert, überwand sich aber und grinste Evie mit offenem Mund an. Zu ihrem Entsetzen schoss er plötzlich auf sie zu, und sein Mund saugte sich an ihrem fest wie eine Napfschnecke an einem Felsen.

Er schmeckte nach Alkohol und Zwiebel-Käse-Chips. Seine Zunge wand sich in ihren Mund wie ein fetter Aal.

Sie war so erschrocken, dass sie ihn nicht wegstieß, aber als er endlich den Kopf wegzog, sagte sie entschieden, sie müsse sofort gehen.

Er war verblüfft und beleidigt. »Ich dachte, du magst mich, Evie. Du weißt, ich will, dass wir nicht nur Freunde sind, und jetzt habe ich einen richtigen Job mit einem Gehalt, das einem Mann wie mir zusteht, und kann angemessen für dich sorgen.«

Evie hätte erwidern sollen, dass sie seit zehn Jahren selbst für sich sorgte und niemanden brauchte, der das für sie tat. Doch da es nicht ihre Art war, einen Wirbel zu machen, und sie lieber allen gefallen wollte, griff sie nur nach ihrer Handtasche und flüchtete.

Sie erzählte Sophia von dem »Angriff des Zungenaals«, und die lachte so sehr, dass Evie fürchtete, ihr würde die Luft wegbleiben.

»Da bist du ja noch mal glücklich davongekommen«, keuchte Sophia. »Ich weiß nicht, wieso du überhaupt mit ihm ausgegangen bist. Ich sage dir schon die ganze Zeit, du musst dich nicht auf den Erstbesten einlassen, der dich beachtet.«

Sophia kannte sich in Herzensangelegenheiten aus. Noch kein Mann hatte bei ihr das wunderbare Gefühl kribbelnder Freude und Erregung ausgelöst, das sich beim Verlieben einstellte.

Sie hatte ein paar wirklich anständige Typen gedatet, aber immer wieder Schluss gemacht, denn eigentlich wünschte sie sich eine Liebe, wie ihre Eltern sie lebten.

Das Gesicht ihres Vaters leuchtete auf, sobald ihre Mutter von ihrer Schicht im Krankenhaus nach Hause kam. Er machte ihr dann Tee, massierte ihr die Füße, und sie plauderten über den Tag. Sie liebten und respektierten einander und hatten denselben Humor. Und wie Sophia wusste, hatten sie noch immer ein prickelndes Sexleben. Bisher hatte sie sich bei keinem so lebendig gefühlt, bei keinem ein Flattern im Bauch verspürt, doch sie gab die Hoffnung noch nicht auf. Im Augenblick machte sie sich mehr Sorgen um Evie, weil sie allmählich in eine Beziehung mit Jeremy hineinrutschte. Sie glaubte, dass er Evie nicht guttun würde, und ihr Instinkt traf meistens ins Schwarze.

Sophia wollte ihr nur helfen, das war Evie klar, doch tief im Innern war sie überzeugt, dass sie nicht mal einen wie Jeremy verdient hatte.

Das Geschehen von damals, das sie dazu gebracht hatte, Orkney zu verlassen, war nie weit weg. Es war das Erste, woran sie beim Aufwachen dachte, und das Letzte, was sie vor dem Einschlafen beschäftigte.

Sie wusste schon gar nicht mehr, wie sich innerer Frieden anfühlte.

Sie vermied es möglichst, an ihren Vater zu denken, denn

davon tat ihr buchstäblich das Herz weh. Doch sosehr sie ihn vermisste, so wenig durfte sie nach Hause zurückkehren.

Die Erinnerungen an Brodie und Liv machten das unmöglich.

Sie wohnte weiter in ihrem Apartment, nahm den gewohnten Bus zur Arbeit und kaufte sich nur dann etwas Neues, wenn Sophia sie praktisch dazu zwang. Und manchmal bekam sie auch etwas Neues von ihr geschenkt.

Seit sie ihr Elternhaus verlassen hatte, überwies sie über die Hälfte ihres Lohns auf Livs Konto. Das war zwar Schuldgeld, aber sie hoffte, dass Liv es nutzte, um sich ein besseres Leben aufzubauen. Freya erwähnte sie in ihren Briefen nur ab und zu, und Evie schloss daraus, dass ihre Schwester inzwischen ruhiger und beständiger geworden war.

Freya schrieb ihr weiterhin. Evie antwortete jedoch selten, und die Briefe wurden seltener und kürzer. Vor zwei Wochen hatte sie einen von Freya bekommen, der bei ihr ein stärkeres Heimweh ausgelöst hatte als sonst.

Meine liebste Evie,
ich hoffe, es geht Dir gut.
Edwyn ist befördert worden. Er ist in der Klinik hoch angesehen, und die Patienten lieben ihn. Er ist freundlich, nimmt sich Zeit, mit ihnen zu sprechen, und hört sich ihre Sorgen an. Kate hat mir erzählt, dass sie bald eine Familie gründen wollen. Sie sprechen noch immer von Dir. Ich habe ihnen gesagt, dass es Dir bestimmt gut geht, und um ehrlich zu sein, könnte ich ihnen auch gar nicht mehr erzählen. Du schreibst mir nie etwas über Deine Arbeit und Deine neuen Freunde. Mir geht es gut, und die Inseln sind noch am selben Platz wie immer. Und sie warten auf Dich.
Liebe Grüße
Freya

18

Orkney, 2024

Bei schiefergrauem Himmel und dichtem Nieselregen strömten die Trauernden in die Kirche zu Duncans Begräbnis.

Wie erwartet waren alle Plätze besetzt, und auch hinter der letzten Bank, wo man den Pfarrer kaum verstehen konnte, standen Leute eng beieinander.

Evie saß zwischen Freya, Edwyn und Kate. Die drei schirmten sie unauffällig ab und stärkten ihr den Rücken. Sie fand das beruhigend und tröstlich und war ihnen ungeheuer dankbar. Sie hielt den Kopf gesenkt und schaute möglichst wenig auf. Am liebsten hätte sie sich unsichtbar gemacht.

Auch die Verwandten von Hrossey waren gekommen, Tanten, Onkel und eine Schar Cousinen und Cousins. Sie umarmten Evie und sagten, wie leid es ihnen täte und wie sehr sie im Lauf der Jahre versucht hätten, sich um Duncan zu kümmern, aber er habe ihre Einladungen, sie drüben zu besuchen, immer abgelehnt, sogar wenn sie einfach bei ihm aufgekreuzt waren, um ihn mit auf die Fähre zu schleifen.

Evie war nicht in der Lage, viel mit ihnen zu reden, und hatte auch mit Kate kaum ein Wort gewechselt. Sie bedankte sich lediglich bei ihnen, und es war Freya, die versprach, dass sie beide sie bald besuchen würden.

Evie spürte die Masse der Leute hinter sich und hatte das Gefühl, sie würden sie beobachten und ein vernichtendes Urteil fällen.

Sie wusste, das war unfair von ihr, denn alle waren freundlich und teilnahmsvoll gewesen, doch sie fühlte sich unbehaglich und peinlich berührt. Vor allem aber litt sie unter dem Verlust ihres Vaters.

Ich brauche nur die nächsten zwei Stunden durchzustehen, sagte sie sich, und dabei fürchtete sie das Wiedersehen mit Liv. Sie wagte einen kurzen Blick über die Köpfe, doch ihre Schwester war nirgends zu sehen. Stattdessen entdeckte sie Duncans alte Freunde, nunmehr grau geworden und unsicher auf den Beinen, die alle gekommen waren, um ihm die letzte Ehre zu erweisen.

Andrzej war mit Maureen, ihrem halbwüchsigen Sohn Rory und ihren Eltern gekommen. Er hatte für bequeme Plätze gesorgt und blickte Maureen so liebevoll an, dass Evie, die ohnehin den Tränen nahe war, nasse Wangen bekam.

In dem nordischen Gott mit dem hellblonden Männerdutt erkannte sie Jack Randall, der mit seiner Frau Delima neben den Isbisters saß. Die waren mit ihrem Sohn Ross gekommen, der die schönen Orkneystühle herstellte.

Im letzten Augenblick, als Evie schon dachte, ihre Schwester würde nicht kommen, bemerkte sie sie im Mittelgang. Mit einem straffen Pferdeschwanz und in sauberer, gebügelter Kleidung ging Liv ruhig nach vorn und setzte sich in die Bank gegenüber.

Ihr Gesicht war eine weiße Maske mit schwarzem Kajal um die Augen und rotem Lippenstift. Sie hielt trotzig den Kopf erhoben, blickte stur nach vorn und schaute kein einziges Mal zur Seite. Evie war erleichtert – ihr war es sehr viel lieber, demonstrativ ignoriert zu werden, als eine wütende Szene zu erleben.

Der Pfarrer räusperte sich, und die Trauerfeier begann.

Mit tränenverschleiertem Blick hörte Evie ihn über ihren Vater sprechen, wie jung er noch gewesen sei, als er nach dem Tod seines Vaters die Farm übernehmen musste. Die Leute lächelten und nickten, während er erzählte, dass Duncan in einem Haus voller Frauen gelebt hatte und selbst die beiden Border Collies

Weibchen waren und dass er sich nicht davon abbringen ließ, sie Eric und Ernie zu nennen.

Evie sah sich außerstande, bei der Trauerfeier eine Rede zu halten. Sie fand, es stünde ihr nicht zu, und sie hätte auch nicht über ihren Vater sprechen können, ohne in Tränen auszubrechen. Zur Überraschung aller kündigte der Pfarrer Duncans Tochter Liv als Rednerin an.

Evie schaute entsetzt auf.

Kam jetzt der Moment, da Liv allen verriet, was damals wirklich passiert war, bevor Evie Hals über Kopf ihr Zuhause verlassen hatte? Brächte sie das wirklich fertig, bei der Trauerfeier für ihren Vater? Evie überlegte hektisch, ob sie zur Tür rennen solle.

Langsam ging Liv an dem Sarg vorbei und stieg die beiden Stufen zum Rednerpult hoch. Sie musste sich daran festhalten, um nicht zu zittern, teils weil sie dringend einen Joint brauchte und teils, weil sie wirklich um ihren Vater trauerte.

Niemanden überraschte es mehr als sie selbst, wie sehr sein Tod sie schmerzte. Sie hatte die halbe Nacht wach gelegen und geschluchzt wie ein Kind, und irgendwie war es ihr gelungen, ihren Schmerz nicht mit Fusel und Gras zu zu betäuben. Der Verzicht war ihre ganz persönliche Art, ihren Vater zu ehren, doch dafür zahlte sie jetzt den Preis.

Sie hatte immer so getan, als ob er ihr nichts bedeutete, und war ihm meistens mit Verachtung begegnet, aber tief im Innern hatte sie sich nach seiner Anerkennung gesehnt und war unglücklich gewesen, weil Evie seine Lieblingstochter war.

Sie räusperte sich und begann, frei zu sprechen, ohne ein Blatt mit Notizen in der Hand.

»Ich habe für heute nichts vorbereitet«, erklärte sie, »weil ich nicht vorhatte, hier zu reden. Aber ihr sollt alle wissen, dass mein Vater ein großartiger Mensch war. Er war gut und freundlich zu jedem. Ich weiß, er trank gern einen, aber wer tut das nicht?«

Aus der Trauergemeinde kam zustimmendes Gemurmel.

»Ich wünschte, ich hätte ihn häufiger besucht, und ich wünschte, ich wäre eine bessere Tochter gewesen.« Sie blickte böse zu Evie. »Wir beide haben ihn im Stich gelassen, und das hatte er nicht verdient.«

Sie schaute zu seinem Sarg hinüber.

»Es tut mir leid, Dad. Ganz ehrlich. Ich hoffe, du ruhst in Frieden, und ich wünschte, ich hätte dir noch sagen können, wie sehr ich dich geliebt habe.«

Darauf herrschte verblüfftes Schweigen. Auf dem Rückweg zu ihrem Platz liefen Liv die Tränen übers Gesicht, und sie wischte sich mit einem alten Papiertaschentuch die Augen, sodass es schwarze Flecken bekam. Für einen Moment sah Evie, wie anders das Leben mit ihrer Schwester hätte sein können, wenn sie auch ihre Freundin gewesen wäre.

»Das arme Ding«, murmelte Freya, als Liv sich setzte und das Gesicht in den Händen barg.

Nach dem Trauergottesdienst ging es zum *Ayre Hotel*, wo der Leichenschmaus stattfand. Seit ihrer Heirat hatten Duncan und Cara für die Begräbniskosten monatlich eine kleine Summe beiseitegelegt. Es sollte unbegrenzten Ausschank von Getränken und reichlich Sandwiches, Blätterteigröllchen mit Wurstbrät und kräftige hausgemachte Brühe geben, um den Alkohol aufzusaugen.

Evie sah, dass sich Liv an der Bar einen Whisky holte. Sie kippte ihn hinunter und wischte sich mit dem Handrücken über den Mund. Evie holte tief Luft und ging nervös auf ihre Schwester zu, um ihr für ihre Rede zu danken.

»Sieh dir die Scheißer an, wie sie das teure Zeug in sich reinkippen«, murmelte Liv vor sich hin. »Mein Dad geht denen am Arsch vorbei. Das ist absolut widerlich.«

Evie sah ihren verschwommenen Blick und die angriffslustige Miene und wandte sich hastig ab. Andere traten auf Liv zu und wollten ihr kondolieren, doch sie ignorierte sie einfach. Zu Ben, dem ältesten Freund ihres Vaters, war sie direkt beleidigend.

»Er konnte dich nie leiden«, beschied sie ihm grob, als er erzählen wollte, wie ihr Vater als Schuljunge gewesen war. »Er fand dich nervig und langweilig.«

Andrzej hatte Liv dabei beobachtet und zog den alten Mann sanft von ihr weg. »Da spricht die Trauer aus ihr, Ben. Nimm's dir nicht zu Herzen. Duncan hat immer große Stücke auf dich gehalten und sich riesig auf deine Besuche gefreut.«

»Tja, ich habe zuletzt nicht genug für ihn getan«, sagte Ben bedauernd. »Ich hätte mich mehr anstrengen sollen. Aber nachdem Evie weggezogen und später das mit Cara passiert war, da wollte er keinen Menschen mehr sehen.«

Der gute alte Ben zog ein abgenutztes, blau-weiß gepunktetes Taschentuch hervor, schnäuzte sich und seufzte schwer.

Sie wurden gestört von lautem Klirren und wütenden Stimmen. Liv hatte ihre geleerten Whiskygläser von der Theke gefegt. Evie war zu ihr gegangen, half, die Scherben aufzuheben, und versuchte, Liv davon abzuhalten, damit sie sich nicht schnitt.

Liv war betrunken und aufgebracht. »Du bist hier nicht willkommen!«, schnauzte sie Evie an. »Du bist nur hier, um mir das Haus wegzuschnappen. Du musst das Testament wohl selbst geschrieben haben. Dad hat gesagt, er vererbt es mir. Er wollte mir alles vererben.« Ihre Stimme wurde schrill. »Ich hab dir gesagt, komm nie wieder her. Das wirst du bereuen!«

Im Schankraum wurde es still. Andrzej griff geschmeidig ein und sagte zu allen in beschwichtigendem Ton: »Wir wissen, wie emotional man bei Beerdigungen sein kann. Die arme Liv ist vor Trauer außer sich. Ich bestelle ihr ein Taxi, damit sie sich hinlegen und ordentlich ausschlafen kann. Ich bin sicher, ihr habt alle Verständnis für sie.«

Maureen sah blass und geschockt aus. Er wandte sich ihr zu und sagte leise: »Ich bin gleich wieder bei dir.«

Evie merkte, dass sie es keinen Moment länger dort aushielt, und folgte Andrzej, der Liv am Arm zur Rezeption führte und dort um ein Taxi bat.

Evie hatte entsetzliche Angst, dass Liv, betrunken und wütend, wie sie war, das Geheimnis bei ihm ausplauderte, und deshalb stellte sie sich neben die Tür und horchte angestrengt, um bei dem allgemeinen Stimmenlärm zu verstehen, was Liv zu Andrzej sagte.

Liv fauchte ihn in einem fort an. »Nimm deine Pfoten weg. Was fällt dir ein, mich bei der Beerdigung meines eigenen Vaters rauszuwerfen? Was glaubst du, wer du bist? Du bist bloß ein scheiß Zugezogener.«

»Ich sorge dafür, dass du nach Hause kommst«, erwiderte er geduldig, »bevor du etwas sagst, was dir hinterher leidtut, und bevor du dich oder andere verletzt.«

»Du bist wirklich ein hässlicher Arsch. Ich sehe, wie du diese Maureen anschmachtest. Da wird einem übel. Glaubst du wirklich, sie hat was übrig für einen hässlichen Riesenarsch wie dich? Das kannst du voll vergessen. Alle finden dich lächerlich.«

Andrzej biss sichtlich die Zähne zusammen und gab keine Antwort. Die Rezeptionistin informierte ihn, dass das Taxi vorgefahren sei, und er hielt Liv die Tür auf und brachte sie nach draußen. Im Hinausgehen sah Liv über die Schulter, und ihr gemeiner Blick erfasste Evie. Sie verzog das Gesicht zu einem boshaften Grinsen, bei dem es Evie kalt über den Rücken lief.

Ein paar Augenblicke später kam Andrzej mit grimmiger Miene ins Foyer zurück.

Weiß er etwa Bescheid?, dachte Evie panisch. Sie ging zu ihm und umarmte ihn dankbar.

»Danke, dass du Liv in ein Taxi gesetzt hast. Hat sie noch irgendwas gesagt?«

Andrzej lächelte sie müde an. »Nicht mehr viel, Evie. Nur ein paar Beleidigungen. Nichts, was ich nicht schon mal gehört habe.«

»Über mich hat sie nichts gesagt?«

Er sah sie ein wenig verwundert an. »Kein Wort. Und jetzt musst du mich entschuldigen. Ich habe versprochen, Maureen und ihre Familie nach Hause zu fahren, und kann sie nicht warten lassen.«

Liv hatte also nichts ausgeplaudert. Aber wie lange würde das noch so bleiben?

19

Orkney, 1989

Es war ein schöner Nachmittag. Duncan schaute über die Bucht Scapa Flow, Eric und Ernie saßen zu seinen Füßen.

Die elfjährige Liv hockte grollend in ihrem Zimmer und weigerte sich, nach draußen zu kommen und die Sonne zu genießen. Er spielte mit Teenie Verstecken. In der Zeit, die er mit ihr verbrachte, fühlte er sich wahrhaft zufrieden.

Solange sie glücklich ist, bin ich es auch, dachte Duncan und konnte das beinahe für wahr halten.

Als er sah, dass die Regenwolken schnell näher kamen, beschloss er, Teenie zu »finden« und mit ihr ins Haus zu gehen.

»Teenie, wo bist du?«, rief er scheinbar entrüstet.

Von der Dreijährigen kam ein glockenhelles Kichern.

Er wusste genau, wo sie war, nämlich wo sie sich immer versteckte, doch er gab sich ahnungslos. Er machte ein ratloses Gesicht und tat, als hätte sie ihn überlistet, indem sie sich hinter dem Kuhstall versteckte.

Doch dann war kein Kichern mehr zu hören. Beim Näherkommen hörte er verzweifelte Schmerzensschreie.

Im nächsten Moment sah er, dass Liv auf der Brust ihrer Schwester kniete und ihr ins Gesicht schlug. Evies Beine strampelten hilflos im Gras.

Wütend hastete er auf die Mädchen zu. »Olivia, was zum Teufel machst du mit deiner kleinen Schwester?«

»Nichts«, antwortete Liv mürrisch.

»Ich habe gesehen, wie du sie geschlagen hast. Sie ist fast noch ein Baby, und du weißt, wie leicht sie einen Asthmaanfall bekommt. Was ist los mit dir?«

Er nahm Evie auf den Arm und ließ Liv stehen. Die ballte die Fäuste, und in ihren Augen glänzten Tränen.

Er war so wütend, er traute sich nicht, noch ein Wort zu sagen, aus Angst, er könnte dabei zuschlagen, und er würde sich nie verzeihen, wenn er die Hand gegen sie erhoben hätte.

Er trug Evie in die Küche, wo Cara für eine Fahrt nach Hrossey packte. Sie wollte ihre Mutter und die vielen Tanten, Onkel, Cousinen und Cousins besuchen, die es ihr noch immer nachtrugen, dass sie endgültig nach Mainland gezogen war.

Sie war entsetzlich dünn geworden, ihre Haare ein matter, schmutzig blonder Bausch, in den sich das erste Grau mischte, und ihre ständige Besorgnis hatte von der Nase bis zum Kinn tiefe Furchen gezogen. In ihren dunkelbraunen Augen brannte eine nervöse Energie.

»Cara. Wir müssen etwas wegen Liv unternehmen. Ich habe sie erwischt, als sie auf Teenie einschlug. Ich kann nicht mit ihr reden. Ich musste weggehen, weil ich sie am liebsten geohrfeigt hätte.«

»Es tut mir leid, Duncan, aber du wirst das selbst regeln müssen«, sagte Cara. »Ich habe genug mit meinen Vorbereitungen zu tun. Wahrscheinlich haben die Mädchen nur herumgetobt, und es wurde ein bisschen grob. Du stellst dich immer auf Evies Seite. Dabei sage ich dir ständig, dass das Liv gegenüber unfair ist.«

Duncan war völlig niedergeschlagen. Er brauchte dringend Unterstützung, doch von seiner Frau bekam er weder Trost noch Verständnis.

Die kleine Evie war erhitzt und verschwitzt und hatte vor Kummer Schluckauf, schien sich aber beruhigt zu haben, nachdem sie in seinen Armen sicher war. »Alles wird wieder gut«, versprach er und gab ihr ein Küsschen. Nach einem Griff an seine Hemdtasche versicherte er ihr, sie brauche sich keine Sorgen zu machen, er habe ihren Inhalator immer bei sich. Doch zum Glück drohte keiner ihrer Asthmaanfälle, die ihm eine Todesangst einjagten.

Cara stieß einen Seufzer aus, zog ihm energisch die Tochter aus den Armen und schnauzte ihn an.

»Ich erzähl dir immer wieder, du sollst Evie nicht wie ein Baby behandeln, und wie oft habe ich schon gesagt, dass Liv nur eine Phase durchmacht. Sie ist beleidigt, weil sie nicht mehr die einzige Prinzessin ist, die hier verwöhnt wird. Das ist völlig normal. Aber du hörst natürlich nicht auf mich.«

Tatsächlich tue ich nichts anderes, dachte Duncan. *Ich habe keine andere Wahl. Aber du hörst mir nie zu, wenn ich mit dir zu reden versuche.*

Laut sagte er: »Hoffentlich hast du recht. Das hoffe ich wirklich. Ich habe Angst, dass sie Teenie wirklich mal etwas antut. Wir können Liv nicht rund um die Uhr im Auge behalten, und ich weiß einfach nicht, was in ihrem Kopf vorgeht.«

Cara war ohnehin schon gereizt, weil sie ihre Mutter besuchen würde. Sie war im Morgengrauen aufgestanden, um das völlig saubere Haus zu putzen. Nun schaute sie immer wieder nach, was sie schon in die Koffer gepackt hatte. Sie würden die Frühfähre nehmen, doch alles musste schon am Vorabend fertig sein. Wie immer würden sie mit dem Auto an der Spitze der Warteschlange stehen und viel zu früh dort sein. Sie würde sich in einem fort verrückt machen und sich Katastrophen ausmalen, die schließlich nicht eintraten.

So steigerte sie sich in einen nervösen Zustand hinein und war nicht geneigt, sich von Duncan und ihren Töchtern noch mehr beunruhigen zu lassen.

»Herrgott noch mal, Duncan, schaff endlich alles ins Auto. Wir dürfen die Fähre morgen nicht verpassen. Wir müssen mit allem fertig sein und früh losfahren. Und danach geh Liv holen. Es gibt Sandwiches zum Abendessen. Ich will heute in der Küche kein Chaos mehr haben. Na, was steht du denn da und starrst mich an?«

Seiner Erfahrung nach war es klüger, den Mund zu halten und ihr zu gehorchen.

Wieso sie unbedingt das blitzsaubere Haus noch einmal putzen wollte, war ihm unbegreiflich, zumal sie die nächsten Wochen gar nicht da sein würden. Er fand es viel wichtiger, etwas wegen Liv zu unternehmen, aber er ließ sich von seiner zierlichen Frau einschüchtern.

Mit ihrem Zorn hatte er noch nie umgehen können, also warf er das Gepäck in den Kofferraum des Wagens und ging dann wie befohlen seine älteste Tochter suchen. Nicht zum ersten Mal fragte er sich, wie ein so lang ersehntes Kind, das mit viel Liebe gezeugt und mit Freude empfangen worden war, sich zu einem Albtraum entwickeln konnte.

Liv war ihm ein Rätsel. Cara allerdings auch, wie er sich eingestehen musste, selbst nach all den Jahren noch. Sie regte sich über die unwichtigsten Dinge auf, konnte Evies Anfälligkeit anscheinend nicht akzeptieren und weigerte sich, zu sehen, dass Livs Verhalten oft etwas Boshaftes hatte.

In dem Film, der in Caras Kopf lief, spielten sie alle ihre Rolle in einer perfekten Familie, und sie würde niemals etwas tun, das diese Illusion ankratzte.

Duncan hatte sich immer gewünscht, mit ihr alt zu werden und allmählich eine innige Vertrautheit zu schaffen.

Stattdessen war ihr Zuhause ein Feld permanenter Auseinandersetzungen, wo er wie auf rohen Eiern ging, damit Cara sich nicht aufregte oder einen ihrer Wutanfälle bekam oder, schlimmer noch, in kaltes, abweisendes Schweigen verfiel.

Wäre Teenie nicht gewesen, wäre er sich vorgekommen wie ein totaler Versager. Doch ihre Gesundheit war seine ständige

Sorge, und nun hatte er den Eindruck, dass er sie nicht mal mehr mit ihrer älteren Schwester allein lassen durfte.

Erst letzte Woche hatten sie einen Brief von Livs Lehrerin erhalten und waren in die Schule bestellt worden.

»Sie wollen mit uns beiden sprechen«, sagte Cara. »Anscheinend hat sich eines der jüngeren Kinder über Liv beschwert. Das ist natürlich alles Unsinn.«

»Was meinst du damit? Was hat sie dem Kind getan?«, brüllte er. »Herr im Himmel, das Mädchen bringt mich noch ins Grab.«

»Jetzt auszurasten ist nicht hilfreich«, fauchte Cara. »Du weißt, das ist alles nur deine Schuld. Du hättest bei Liv mal energisch werden sollen. Mir ist das furchtbar peinlich. Wie soll ich den Leuten ins Gesicht sehen, denen wir dort vielleicht begegnen?«

»Cara, hier geht es nicht um dich, sondern darum, dass unsere Tochter ein Schulhofrüpel ist und wir sie zur Vernunft bringen müssen.«

In der Schule kam es zu Tränen. Livs Lehrerin war eine hübsche junge Frau, der es äußerst unangenehm war, Duncan und Cara sagen zu müssen, dass ihre Tochter einen fünfjährigen Jungen bedroht und ihn vom Gang zur Toilette abgehalten hatte. Der arme Junge hatte sich auf dem Flur in die Hose gemacht und war so aufgewühlt und erschüttert gewesen, dass er gegen das oberste Schülergebot verstoßen und sie verpetzt hatte.

Liv beteuerte ihren Eltern gegenüber, dass das nur ein Missverständnis sei. Sie habe den Jungen natürlich nicht davon abgehalten, zur Toilette zu gehen. Der habe sich einfach in die Hose gemacht und aus Peinlichkeit die Geschichte erfunden.

Sie trug das so überzeugend vor, dass Cara ihr glaubte. Doch ihre Lehrerin ließ sich nicht täuschen, ebenso wenig Duncan. Der wusste, wie hinterhältig Liv sein konnte, und glaubte, dass sie den Jungen nicht nur bedroht, sondern es auch genossen hatte, ihn leiden zu sehen.

Als Evie am Küchentisch saß und mit ihren Wachsbuntstiften

Hunde malte, ging er nach draußen und fand Liv. Sie schaute mürrisch über die Felder und wirkte dabei klein und verloren.

Obwohl er verärgert war, bekam er Mitleid mit ihr. Beim Anblick seiner älteren Tochter wurde er immer traurig und fühlte sich schuldig. In solchen Momenten vermisste er seine sanftmütige Mutter. Sie hätte ihm kluge Ratschläge gegeben und gewusst, wie man mit Liv reden müsste. Schon als Kleinkind hatte sie ihn auflaufen lassen, wenn er mit ihr spielen oder sich mit ihr beschäftigen wollte. Sie sträubte sich dagegen, umarmt zu werden, und machte sich steif. Sie zeigte ihm nie echte Zuneigung, außer er kaufte ihr etwas.

Und nun war seine Tochter der Schulhofrowdy und hatte seine Teenie geschlagen. Das war keine spielerische Rauferei unter Geschwistern gewesen.

Er war völlig verwirrt und musste dennoch versuchen, zu Liv durchzudringen. Laut und streng werden half nie, daher probierte er eine andere Methode.

Er setzte sich neben sie und sagte, so freundlich er konnte: »Liv. Du weißt, dass Evie nicht so kräftig ist wie du und manchmal schlecht Luft kriegt. Wir haben dir das alles erklärt, und das bedeutet, dass wir auf sie achtgeben müssen, und du musst uns dabei helfen. Sie darf sich nicht aufregen.«

Liv zog ein finsteres Gesicht. »Niemand hat mich gefragt, ob ich eine Schwester will. Ich will sie nicht. Sie spielt mit meinen Sachen und ist ständig im Weg. Alle verwöhnen sie. Das ist unfair.«

»Liv. Deine Mum und ich haben dich sehr lieb, aber du darfst deine kleine Schwester nicht so behandeln.«

Sie sah ihren Vater verächtlich an. »Dir ist bloß deine kostbare Prinzessin wichtig. Ich werde dir nie verzeihen, dass du mich zwingst, es mit ihr auszuhalten. Sie ist die Pest, und ich hasse sie. Und ich hasse dich.«

Duncan war sprachlos. Aber er hatte auch ein schlechtes Gewissen, denn er musste zugeben, dass Teenie ihm das Wichtigste war. Er dachte an seine angeheirateten Verwandten und deren Kinder auf Hrossey, die sich permanent kabbelten, aber anschließend miteinander lachten. Sie trieben sich gegenseitig in den Wahnsinn, aber es gab viel Liebe in ihrem behaglichen, chaotischen Zuhause. Er war vollkommen verblüfft und wusste einfach nicht, wie er mit Liv fertigwerden sollte, und Cara war ihm dabei keine Hilfe. Sie lehnte es ab, sich in kleinliche Streitereien hineinziehen zu lassen, wie sie es nannte. Die beiden seien nur zwei Katzen im selben Körbchen, die gern die Krallen ausführen und lernen müssten, miteinander auszukommen, meinte sie. Duncan konnte nur hoffen, dass die Ferien keine Katastrophe würden.

20

Hrossey, 1989

Es war einer jener herrlich warmen Tage, an denen der weiße Sandstrand und das blaue Wasser aussahen wie aus einem Werbefilm für die Seychellen. Das Meer war flach und ruhig, und es wehte ein sanfter, lauer Wind.

Duncan atmete tief die frische, liebliche Luft ein. Er war nirgendwo lieber als hier. Er liebte Hrossey fast so sehr wie seine angeheiratete Verwandtschaft.

Er hatte Cara bei ihrer Mutter gelassen, nachdem sie erklärt hatte, sie habe Kopfschmerzen und wolle nicht den ganzen Tag in der Sonne sitzen und es mit den vielen Cousinen und ihren lärmenden Kindern aushalten müssen.

Sie hatte ein großes Getue um ihre Entscheidung gemacht. »Geht ihr nur. Ohne mich habt ihr bestimmt mehr Spaß«, hatte sie mit heller, leidender Stimme gejammert. »Ich komme hier allein zurecht.«

Duncan wollte gerade tun, was er immer tat, und Cara überreden, doch noch mitzukommen, als seine Schwiegermutter ihm ins Wort fiel.

»Meine Güte, spiel bloß nicht die Märtyrerin, Cara«, sagte sie scharf. »Wenn du nicht mitgehen willst, kannst du bei mir bleiben. Mach dich mit deinen Mädchen aus dem Staub, Duncan«, fügte sie hinzu. »Das ist der perfekte Strandtag. Ihr müsst ein bisschen Sonne tanken.« Sie blickte ihre Tochter an. »Cara kann mir helfen, zum Tee einen großen Steakpie zu backen. Da steht ein Sack Kartoffeln, die gewaschen und geschält werden müssen. Wenn ihr den ganzen Tag an der frischen Luft wart, werdet ihr einen Bärenhunger haben und braucht Essen, das auf den Rippen bleibt.«

Sheila war in ihrem Element, wenn sie für Big Duncan kochte, denn er nahm immer einen Nachschlag und würde auch eine dritte Portion vertilgen, wenn genug übrig bliebe.

Cara schäumte im Stillen, weil ihre Mutter ihre Absicht vereitelt hatte, sich umschmeicheln und zum Mitgehen überreden zu lassen. Dadurch würde sie nun den Nachmittag mit Kartoffelschälen verbringen.

Duncan und die Mädchen schlenderten glücklich ohne sie davon, beladen mit Handtüchern, Thermoskannen voll Tee und Kakao und einem Picknickkorb mit Sandwiches und Kuchen.

Nachdem sie fort waren, wandte sich Sheila ihrer Tochter zu. »Cara, warum tust du alles, um weiter unglücklich zu sein? Du könntest mit deiner Familie ein schönes Leben haben. Ich verstehe dich einfach nicht.«

Am Strand stellte die Familie Zeltplanen als Windschutz auf und baute mit Decken und Handtüchern ein Lager.

»Hast du schon mal eine Selkie gesehen?«, fragte Evie, und Liv spitzte die Ohren und hörte ausnahmsweise mal zu.

»Ach, ja, ein Mal«, sagte Duncan und überlegte hastig.

Die Mädchen machten große Augen.

»Wirklich?«, fragte Liv, und er nickte. »Wie sah sie denn aus?«

»Sie tauchte nur ganz kurz aus dem Wasser. Aber sie war halb Frau, halb Robbe und die schnellste Schwimmerin, die ich je gesehen habe. Ihr müsst fix sein, wenn ihr eine entdecken wollt.«

Die Kinder zogen sich bis auf die Badeanzüge aus und jagten einander ins Wasser, kreischten, sobald die kalten Wellen sie trafen, wurden aber rasch unempfindlich dagegen und erfanden fantasievolle Spiele mit Delfinen und Nixen.

Evie setzte sich mit ihrem Vater in den Sand und baute einen kunstvollen Garten aus Muscheln, Steinen und Seetang und hielt dabei nach Selkies Ausschau. Sie hätte zu gern im Wasser geplanscht, doch ihr Vater fürchtete, die Kälte könnte einen Asthmaanfall auslösen. Also blieb sie im Sand sitzen.

Obwohl sie enttäuscht war, spielte sie ganz zufrieden allein, schaute aber immer wieder zum Meer, wo die anderen Kinder jetzt mit einem Fußball jonglierten. Sogar Liv machte mit.

Cousine Inga, die in zwei Monaten ihr erstes Baby erwartete, stapfte durch den Sand zu Duncan und fragte: »Darf ich Evie ans Wasser mitnehmen? Sie kann ein bisschen die Zehen eintauchen. Hinterher können wir Feuer machen, und die Kinder können sich mit heißem Kakao aufwärmen. Mein Drew hat einen Flachmann bei sich. Damit können wir unseren Tee aufpeppen, Duncan. Das hält die Kälte ab.«

»Klingt gut. Danke, Inga. Was meinst du, Evie?«

Das kleine Mädchen zog sich bereits Sandalen und Socken aus. Inga nahm sie an die Hand, und sie zockelten zum Wasserrand, wo die Wellen über den Sand leckten.

Evie war entzückt. Sie liebte das Meer und die Geschichten über die tapferen Orkney-Fischer, die auf ihren Fahrten zu fremden Küsten allen möglichen märchenhaften Wesen begegneten.

Zu Ingas Überraschung winkte Liv ihnen zu.

»Komm weiter rein und spiel mit uns, Evie. Es ist ziemlich flach. Du darfst in meine Mannschaft.«

Evie war verblüfft. Denn erstens sprach ihre Schwester sie mit Namen an, und zweitens war sie nett zu ihr, nachdem sie gestern so schrecklich gewesen war.

Das kleine Mädchen strahlte.

»Darf ich ein bisschen weiter ins Wasser?«

Inga schaute skeptisch. »Ich habe deinem Daddy versprochen, dass wir nur mit den Füßen hineingehen, mein Lämmchen.«

»Ach, Inga«, rief Liv. »Mein Dad hat bestimmt nichts dagegen. Das Wasser reicht mir nur bis an die Knie. Ihr kann nichts passieren. Komm rein und nimm meine Hand, Evie.«

All die anderen Kinder planschten und lachten und hatten einen Riesenspaß. Sie spielten Orcas und tauchten.

Liv nahm Evie mit, und wie aus dem Nichts kam eine Welle, die höher war als die anderen, und riss alle um.

Die anderen Kinder kreischten lachend und tauchten auf wie Korken, doch die kleine Evie kam nicht wieder hoch. Liv packte sie beim Arm und hielt sie fest.

Inga war überzeugt, dass Liv ihre Schwester absichtlich untergetaucht hielt, anstatt sie hochzuziehen. Entsetzt und panisch fing sie an zu schreien.

»Lass sie los. Hilfe. Helft uns! Sie will Evie ertränken.«

Es vergingen höchstens fünfzehn Sekunden, aber ihr schien es, als bewegten sich alle wie in Zeitlupe. Eine zweite Welle traf die Kinder, und Evie befand sich noch immer unter Wasser. Liv war nicht stark genug, um sie aus der Strömung und mit dem Kopf über Wasser zu ziehen. Sie konnte sie nur entschlossen festhalten, damit sie nicht wegtrieb.

Duncan kam über den Strand ins Wasser gerannt und bekam Evie an den Armen zu fassen, sodass er sie herausheben konnte.

Eine erschrockene Liv schrie: »Ich wollte sie retten. Sie ist untergegangen, und ich hab ihr geholfen.«

Duncan sah Evies bleiches Gesicht und ihren erschlafften Körper und fürchtete das Schlimmste, doch die Kleine würgte und erbrach einen Schwall Salzwasser, dann schluchzte sie vor Angst und Schrecken. Sie klammerte sich an ihren Vater und hörte nicht auf zu zittern.

»Schon gut, Teenie, ich hab dich. Dir kann nichts mehr passieren.«

Er war wütend und erschrocken und schrie Inga an. »Wie

konnte das passieren? Ich sagte doch, nur bis zum Wasserrand. Wieso hast du sie tiefer reingehen lassen? Sie hätte ertrinken können!«

Drew kam zu seiner Frau und legte ihr eine weiche Wolldecke um. Sie zitterte vor Kälte und weinte.

»Wage es ja nicht, sie anzuschreien. Sie hat deine Evie gerettet. Liv hat sie unter Wasser gehalten. Du musst sie von ihr trennen, Duncan, bevor etwas wirklich Furchtbares passiert. Mit Liv stimmt etwas nicht. Sie ist nicht normal.«

Damit wandte er sich seiner Frau zu, die im Gesicht kalkweiß war. »Komm, Liebling. Ich bringe dich nach Hause. Du hast einen Riesenschrecken bekommen, und das ist nicht gut für dich und das Baby.«

Er sah Duncan und Liv noch mal böse an. »Ich sag dir, sie ist nicht normal.«

Die anderen Kinder waren aus dem Wasser gekommen und ließen sich abtrocknen und anziehen. Normalerweise wären sie umhergeschwirrt wie ein Schwarm Spatzen und hätten sich beschwert, weil sie schon vom Strand wegsollten. Stattdessen waren alle still.

Liv schaute ihren Vater mit großen Augen flehend an und wirkte tief getroffen.

»Das war nicht meine Schuld, Dad. Eine Welle hat uns umgerissen. Wir sind alle ins Wasser gefallen. Ich hab sie bloß festgehalten, damit sie nicht weggetrieben wird. Ich wollte nur helfen.«

Duncan konnte es nicht ertragen, sie anzusehen. Erst vor ein paar Tagen hatte er sie erwischt, wie sie Teenie schlug, und jetzt hatte sie nach Ansicht aller versucht, ihre kleine Schwester zu ertränken. Das war zu viel für ihn.

Duncan fürchtete außerdem, dass Evie einen Asthmaanfall bekäme. Der Inhalator steckte in seiner Hemdtasche, wie immer. Den vergaß er nie.

»Du wirst dich dafür rechtfertigen«, sagte er zu Liv mühsam beherrscht. »Aber jetzt müssen wir erst mal nach Hause. Teenie ist durchgefroren.«

Liv zog sich ihre Sachen über den nassen Badeanzug und stapfte hinter ihrem Vater her.

Die anderen packten schweigend ihr Zeug zusammen und fuhren auch nach Hause.

Es hätte ein herrlicher Tag werden sollen, doch nun war er verdorben. Selbst das Wetter hatte sich verschlechtert. Dunkle Wolken zogen auf und kündigten Sturm und Regen an.

Sowie Duncan das Haus betrat, schrie Cara ihn an und steigerte sich in eine heillose Erregung hinein. Evie, die in den Armen ihres Vaters eingeschlafen war, wachte davon auf und fing an zu weinen, und Liv war so verzweifelt, dass bei ihr ein trockenes Würgen einsetzte.

Sheila befahl ihr, den Mund zu halten und die Situation nicht noch schlimmer zu machen, doch Cara hatte noch nie auf ihre Mutter gehört und war nicht bereit, jetzt damit anzufangen. Sie schrie Duncan weiter an. »Ich sagte doch, ihr sollt nicht ohne mich an den Strand gehen.« Wie gewohnt verdrehte sie die Tatsachen. »Wäre ich dabei gewesen, wäre das nicht passiert. Wir hätten sie beide verlieren können. Das ist nur deine Schuld, du dummer, nutzloser Idiot.«

Duncan sorgte sich zu sehr um Teenie, um das Gezeter seiner Frau zu beachten, und das machte Cara noch wütender.

Sheila hörte entsetzt, was passiert war, fand aber, dass wenigstens einer Ruhe bewahren müsse. Sie ließ für die zitternden Mädchen, die nach Meerwasser rochen, ein Bad ein und setzte Wasser auf, um ihnen Wärmflaschen und Tee zu machen.

»Also, wärmen wir erst mal die Kinder auf und stecken sie ins Bett«, sagte Sheila. »Ich rufe bei Dr. MacNeil an. Er hat sich zwar zur Ruhe gesetzt, doch er wird Evie untersuchen wollen, damit wir beruhigt sein können.«

Liv rannte zu ihrer Mutter, umklammerte sie und beteuerte ihre Unschuld. »Ich habe versucht, ihr zu helfen. Alle glauben, ich wollte ihr was tun, aber das stimmt nicht. Ich schwöre, das wollte ich nicht.«

»Das wissen wir, mein Lämmchen«, sagte Cara. »Du würdest deiner kleinen Schwester niemals etwas tun. Niemand denkt das. Und nun geh mit Granny. Alles wird wieder gut.«

Sobald Duncan mit ihr allein in der Küche war, blickte er sie eindringlich an.

Er gab sich Mühe, leise zu bleiben, weil er nicht wollte, dass die Mädchen ihn hörten.

»Du warst nicht dabei«, zischte er. »Du hast nicht gesehen, was passiert ist. Inga ist überzeugt, dass Liv sie mit Absicht unter Wasser festgehalten hat. Sie hat das gesehen.«

»Ach, um Himmels willen, Inga ist eine dumme Kuh, und du glaubst ihr mehr als deinem eigen Fleisch und Blut. Du nimmst von Liv immer das Schlechteste an, besonders wenn Evie betroffen ist. Ich weigere mich, zu glauben, dass Liv so etwas tut.«

»Du hättest gestern den Blick in ihren Augen sehen sollen, als sie Evie schlug. Es war erschreckend. Drew sagte heute, dass sie nicht normal ist, und ich stimme ihm zu. Ich denke, Liv braucht Hilfe.«

Caras Stimme wurde schrill.

»Drew ist noch dümmer als seine dicke Frau. Wie kannst du nur glauben, dass Liv ihre Schwester ertränken wollte? Das ist es doch, was du glaubst, nicht wahr? Du hältst sie für ein Monster und willst sie wegschicken. Aber nur über meine Leiche. Du liebst sie nicht so wie ich. Und deshalb bist du das Monster, nicht Liv.«

»Herrgott noch, Cara, die Mädchen werden dich hören. Ich kann nicht mit dir reden, wenn du so bist. Ich gehe nach draußen, und du beruhigst dich erst mal.«

»Natürlich. Du verziehst dich mal wieder. Es ist immer dasselbe mit dir. Du bist so jämmerlich.«

Liv stand oben an der Treppe und hörte zu, wie ihre Eltern stritten. Sie hörte jedes Wort. Ihre Granny packte derweil Evie in ihr großes Bett und sang sie leise in den Schlaf. Sie behielt sie diese Nacht bei sich. Liv schlief allein im Gästezimmer und fühlte sich ungerecht behandelt und missverstanden.

Sie hatte ihrer Schwester wirklich nichts tun wollen, sondern echte Angst empfunden, als das kleine Mädchen unterging. Sie hatte ihren Arm zu fassen bekommen und versucht, sie über Wasser zu ziehen, war aber von den Wellen umgerissen worden.

Meine Mutter glaubt mir, dachte sie. *Aber die zählt nicht. Ich hätte Evie gestern nicht schlagen sollen, doch sie hat in einer Tour gequengelt, dass sie die neuen Kätzchen der Nachbarn sehen wolle. Ich hatte Besseres zu tun, und sie wollte keine Ruhe geben. Da habe ich die Geduld verloren und ihr ein paar geknallt. Aber was soll's? Ich hab die Nase voll von der Bagage. Sie hätten es verdient, wenn ich abhaue und nie mehr zurückkomme. Aber wahrscheinlich würde denen das gar nicht auffallen.*

In der Zwischenzeit fand sich Duncan in der Bar des *Thule Hotels* ein, um seinen Kummer bei Freya abzuladen. Die saß an einem Ecktisch und versuchte, ihr Finanzproblem zu lösen, denn sie plante, nach London zu reisen zu ihrer letzten lebensverändernden Operation.

Ein Blick in Duncans Gesicht, und sie winkte ihn zu sich. »Du scheinst dringend einen Drink zu brauchen. Setz dich, und ich hole dir einen. Ein Pint?«

»Ja. Danke, Freya.«

Ein paar Minuten saßen sie still da, dann strömte die ganze traurige Geschichte aus ihm heraus. Freya war wie immer eine gute Zuhörerin.

»Ehrlich gesagt, weiß ich es nicht mit Sicherheit, ob Liv ihr etwas antun wollte. Aber ich kann es auch nicht ausschließen. Ich glaube nicht für eine Sekunde, dass sie sie ertränken wollte, aber ich muss der Tatsache ins Auge sehen, dass man Evie nicht mit ihr allein lassen darf. Herrje, Freya, was soll ich bloß tun?«

»Was meint Cara dazu?«

»Dass ich übertreibe. Sie ist blind für Livs Fehler. Du weißt, sie hat in der Schule kleinere Kinder drangsaliert.« Er seufzte schwer. »Ich habe Angst um sie, Freya. Sie ist meine Tochter, und natürlich will ich sie liebhaben. Ich will nicht, dass sie so ist. Glaubst du, ich habe bei ihr etwas falsch gemacht? War ich zu nachsichtig?«

Es war ungewöhnlich für ihn, sich derart zu öffnen, doch bei Freya fiel ihm das leicht, weil sie niemanden verurteilte und nie klatschte. Duncan konnte sich sicher sein, dass von ihrem Gespräch kein Wort nach außen dringen würde.

»Vielleicht, aber bei Cara darf sie sich alles erlauben.« Duncan zuckte zusammen. »Was hält Sheila davon? Deine Schwiegermutter ist eine lebenskluge Frau.«

»Das ist sie. Und sie lässt sich von Liv nichts vormachen. Sie ist einer der wenigen Menschen, die das Mädchen im Griff haben.«

»Dann nutze das, Duncan. Rede mit ihr, und bitte sie um Hilfe. Vielleicht kann Liv die nächsten Schulferien bei ihrer Granny verbringen. Die könnte dann ein Auge auf sie haben und sie gleichzeitig mit Aufmerksamkeit überschütten. Ich würde auch helfen, aber du weißt, Cara kann mich nicht leiden, und sie hat Liv darin bestärkt, das auch zu tun.«

Duncan seufzte. »Du ahnst nicht, wie leid mir das tut. Du bist ein guter Mensch, Freya, und eine nette Frau, wenn ich das so sagen darf.«

Freya fühlte Tränen aufsteigen und ergriff seine große Hand. »Das bedeutet mir unendlich viel. Ich werde immer für dich und deine Familie da sein. Du weißt, wo du mich findest, wenn du reden willst. Aber auf jeden Fall«, fügte sie lachend hinzu, »liefern wir den alten Klatschtanten jede Menge Stoff, wie wir hier in der dunklen Barecke sitzen und Händchen halten.«

Duncan lachte. »Du hast mich enorm gestärkt. Ich musste mir das von der Seele reden. Das werde ich dir nie vergessen, Freya. Und ich hoffe, du findest dein Glück und jemanden, der dich verdient.«

»Dein Wort in Gottes Ohr.« Sie kicherte. »Und Duncan, lass nicht zu, dass sich bei Evie Angst vor dem Wasser festsetzt. Bring ihr das Schwimmen bei, wenn ihr wieder zu Hause seid.«

Liv hörte ihren Vater zurückkommen, obwohl er sich bemühte, kein Geräusch zu machen. Er schlich zum Schlafzimmer seiner Schwiegermutter, um nach Evie zu sehen. Zufrieden, weil er sie friedlich bei ihrer Großmutter schlafen sah, ging er wieder nach unten, aber ohne zu Liv ins Zimmer zu schauen. Sie hörte ihn seufzen, während er sich das alte Küchensofa zum Schlafen herrichtete.

Liv lag in ihrem Bett und starrte wütend an die Decke. Das habe ich davon, wenn ich versuche, zu dem Gör nett zu sein. Ich habe ihr das Leben gerettet, aber alle glauben, ich hätte ihr was tun wollen. Sie halten mich für ein Monster. Tja, das wird ihnen noch leidtun, denn genau das werde ich von jetzt an sein.

Das war Livs Kriegserklärung an die Welt, vor allem aber an ihren Vater und ihre kleine Schwester.

21

London, 2015

Evie lebte weiter ihren anspruchslosen, gleichförmigen Alltag. Ihr Job machte sie unzufrieden, obwohl er gut bezahlt wurde, denn er war todlangweilig. Doch sie war zu eingeschüchtert, um irgendeine Veränderung anzustoßen. Die Jahre zogen einfach vorbei, und jedes Jahr verlief genau gleich wie das zuvor.

Als Sophia wegen einer neuen interessanten Stelle in einer Werbeagentur in Soho kündigte, verlor Evie ihre einzige Freundin in der Firma.

Ab und zu trafen sie sich auf einen Kaffee, aber das war nicht mehr dasselbe.

An diesem Abend war sie wie immer die Letzte, die das Büro verließ, und als sie das Licht ausschaltete und abschloss, sah sie einem ereignislosen, einsamen Wochenende entgegen.

Es regnete in Strömen, doch sie belastete sich nie mit einem Schirm. Sie zog einfach die Kapuze ihres alten beigen Anoraks über und ging zur Bushaltestelle.

Ein leuchtend roter Sportwagen fuhr vor ihr rasant an den Bordstein und spülte ihr eine Woge schmutziges Pfützenwasser über die Füße.

»Evie!«, brüllte jemand. »Das ist ja ein toller Zufall! Spring rein. Ich fahre dich, wo immer du gerade hinwillst.«

Es war Jeremy. Überraschenderweise freute sie sich, ihn zu sehen. Jetzt in einem warmen Auto zu sitzen, anstatt in einem vollen Bus stehen zu müssen, wäre ein Segen. Sie bückte sich und kletterte auf den Beifahrersitz. Es kam ihr zwar vor, als ob sie mit dem Hintern über den Asphalt schrammte, aber es war Erleichterung, dem strömenden Regen zu entkommen.

»Meine Güte, du bist ja tropfnass.« Jeremy sah sie besorgt an. »Zum Glück habe ich Ledersitze, denen das nichts ausmacht. Wie findest du den Wagen? Ist er nicht eine Schönheit? Nagelneu und in fünf Sekunden von null auf hundert.«

Evie hatte keine Ahnung, wovon er sprach.

»Ein hübsches Auto, Jeremy, und danke fürs Anhalten. Aber was bringt dich in diese Gegend?«

»Ich hatte hier was zu erledigen und dachte, ich schaue mal bei meiner alten Firma vorbei. Irgendwie hatte ich gehofft, dich zu sehen, und da bist du!« Er grinste breit.

»Es ist sehr freundlich von dir, mich mitzunehmen, wir haben ja seit einer Ewigkeit nicht miteinander gesprochen.« Evie versuchte sich zu erinnern, wann sie zuletzt etwas von ihm gehört hatte.

»Ich weiß, es ist lange her, aber ich hab oft an dich gedacht. Du bist die Einzige, die mir entkommen ist.« Wiehernd neigte er sich herüber und tätschelte ihren Oberschenkel.

Tatsächlich hatte sie kein einziges Mal an ihn gedacht, doch in diesem Moment fühlte sie sich geschmeichelt und fragte sich, ob sie ihn vorschnell abgetan hatte. Vielleicht verdiente er eine zweite Chance? Aber wahrscheinlich hatte er eine Freundin, die er in dem schicken Wagen herumkutschierte.

»Das ist supernett von dir«, hörte sie sich sagen. »Und wenn du mich an meiner Wohnung absetzen könntest, wäre das toll.«

Sie nannte ihm die Adresse, und er gab Gas. Er fuhr viel zu schnell und redete in einem fort über den neuen Wagen, bis er vor ihrer Tür anhielt.

Er bestand darauf, mit nach oben zu kommen, um »aufs Klo« zu gehen, und Evie musste sich in höchst uneleganter Weise aus dem Auto stemmen, da er ihr keine Hand bot.

Er stieg hinter ihr die Treppe hoch und riet ihr, sofort die nassen Sachen auszuziehen, damit sie sich nicht erkältete.

Evie ging in ihr Schlafzimmer, ohne zu merken, dass er ihr folgte. Plötzlich stürzte er sich auf sie, küsste sie und begrapschte ihre Brüste. Ehe sie sich versah, lag sie rücklings auf ihrem Bett, Strumpfhose und Slip bis zu den Knöcheln heruntergezogen, und blickte in das hochrote Gesicht von Jeremy, der sie bumste.

Sie war so geschockt, dass sie ihn nicht auffordern konnte, sofort aufzuhören und von ihr runterzusteigen. Sie lag da und hatte das Gefühl, von oben auf das Geschehen zu blicken, als passiere das einer anderen. *Warum, verdammt, lasse ich ihn das mit mir machen?*, dachte sie. *Was stimmt nicht mit mir, dass ich zulasse, so behandelt zu werden?*

Doch sie gab keinen Mucks von sich.

Nach einer barmherzig kurzen Zeitspanne stöhnte er, rollte sich von ihr runter und sagte, darauf habe er sich schon ewig gefreut. Er gab ihr ein Küsschen auf die Wange und stand auf, um pinkeln zu gehen.

»Schwing die Hufe«, rief er aus dem Badezimmer. »Wir gehen raus, um zu feiern, dass wir wieder zusammen sind.«

Sie hörte ihn in ihrer engen Dusche einen anzüglichen Rugby-Song über vierundzwanzig Jungfrauen auf dem Weg nach Inverness schmettern.

Sie lag da und fragte sich, warum sie ihn nicht angeschrien oder von sich heruntergestoßen hatte.

Er hatte sie nur zu seiner eigenen Befriedigung benutzt. Er war nicht freundlich gewesen oder zärtlich oder liebevoll. Völlig anders als Brodie.

Warum um Himmels willen wischte sie sich einfach ab, zog sich um und ließ sich widerstandslos darauf ein, mit ihm auszugehen?

Sophia würde sie jetzt ungläubig anschreien, sie müsse für sich eintreten und ihm sagen, er solle sich verpissen. Sie konnte es geradezu hören. Doch ihre alten, tief sitzenden Schuld- und Schamgefühle hatten zu einer niederdrückenden Unsicherheit geführt, sodass sie glaubte, Jeremy sei alles, was sie verdiente.

Wie eine Schlafwandlerin stolperte sie hinter ihm her in ein indisches Restaurant um die Ecke, das billig und gut war und wo sie am Wochenende häufig etwas zum Mitnehmen bestellte.

Er prahlte sofort mit seiner bedeutenden Stellung in der Firma und war die ganze Zeit beunruhigt wegen seines Wagens, der in der Seitenstraße geparkt war.

»Das ist ein zwielichtiges Viertel, Evie«, sagte er vorwurfsvoll, als wäre sie für die Kriminalitätsrate verantwortlich. »Du kannst beim nächsten Mal zu mir kommen«, fuhr er selbstgefällig fort. »Das dürfte erheblich angenehmer sein.«

Evie sagte kaum ein Wort und hatte keinen Appetit auf ihr Biryani. Jeremy schien weder ihr Schweigen noch ihr mangelnder Appetit aufzufallen.

Er laberte nur über sich, und dann kratzte er ihr stehen gelassenes Essen auf seinen Teller. »Spare in der Zeit, so hast du in der Not«, sagte er dazu. Er bezahlte, ohne ein Trinkgeld zu geben, und beschwerte sich, das Curry sei zu scharf und die Chapatis wären zu klein gewesen.

Vor dem Restaurant verabschiedete er sich. Es regnete noch. Er gab ihr einen flüchtigen Kuss auf den Mund, Gott sei Dank ohne Zunge, sagte, er werde sich melden, und rannte zu seinem geliebten Wagen.

Benommen trottete Evie nach Hause, rollte sich in ihrem Bett zusammen und weinte sich in den Schlaf. Sie war zutiefst beschämt und wütend auf sich selbst.

Am Samstag wachte sie spät auf, warf sich einen alten Jogginganzug über, ging zum Waschsalon und schaute sich am Nachmittag mit einer Schüssel Cornflakes auf dem Schoß Wiederholungen von *Das Haus am Eaton Place* an.

Kurz nach Mitternacht wurde sie vom Klingeln ihres Handys geweckt. Es war Jeremy, der aus einem Pub anrief. Er lallte ins Telefon, er wolle sie sehen und könne an nichts anderes mehr denken als an sie. Sie legte einfach auf, doch er rief sofort wieder an.

»Bin mir nicht sicher, was da passiert ist, Evie«, rief er. »Keine Sorge. Ich komme morgen vorbei, dann können wir reden.«

Am Sonntagmittag erschien ein äußerst mitgenommener Jeremy vor ihrer Tür.

Sie hatte vor, ihn zu ignorieren, aber er klingelte penetrant weiter, und dann rief er unter ihrem Fenster nach ihr. Evie kannte ihre Nachbarn nur vom Sehen und wusste genau, dass die es nicht freundlich aufnahmen, wenn ein Mann vor dem Haus ihren Namen brüllte. Daher entschied sie, ihn reinzulassen.

Jeremy sah blass und jämmerlich aus. »Hast du eine Paracetamol für mich, Evie? Ich sterbe. Nie wieder. Ich glaube, das kommt von dem miesen Curry am Freitagabend. Seitdem ist mir übel. Ist es zu glauben, dass ich nicht mal Lust habe, mit dir Liebe zu machen?«

Evie verschwand ins Badezimmer und schwankte zwischen Lachen und Heulen.

Liebe machen! Was für ein kranker Witz! Er war über sie hergefallen wie ein brünstiges Gnu. Sie hätte ebenso gut eine dieser gruseligen Sexpuppen sein können.

Als sie mit zwei Aspirin zurückkam, war er auf dem Sofa eingeschlafen und schnarchte so laut, dass es Tote aufwecken konnte. Sie breitete eine Decke über ihn und ging ins Schlafzimmer, um zu lesen.

Zwei Stunden später hörte sie ihn in die Toilette kotzen.

Das war zu viel. Sie kochte vor Wut und wusste, sie sollte ihn wegen seines abstoßenden Verhaltens zur Rede stellen und ihn rauswerfen. Doch Jeremy nahm ihr den Wind aus den Segeln, denn als er aus dem Bad kam, schaute er sie verschämt an und war sichtlich aufgewühlt.

»Oh, Evie, es tut mir ehrlich leid. Was musst du jetzt von mir denken? Ich wollte wirklich einen guten Eindruck auf dich machen und hab es total verkackt. Entschuldige die Ausdrucksweise. Es tut mir nur so schrecklich leid. Ich war seit Jahren scharf auf dich und hab dich nie vergessen. Ich habe ewig nicht den Mut gefunden, dich zu fragen, ob du mit mir ausgehst.«

Evie war verdattert über seinen Wandel. Er war wie ein völlig anderer Mensch, zerknirscht und ehrlich um ihre Vergebung bemüht.

Er redete weinerlich weiter. »Dann habe ich mich einfach auf dich gestürzt. Ich konnte nicht anders. Du bist so umwerfend. Ich weiß, das ist keine Entschuldigung«, sagte er hastig. »Und du hast nichts gesagt, also dachte ich, vielleicht war es für dich nicht so schön wie für mich. Dann habe ich im Restaurant in einem fort geredet und dir keine Gelegenheit gegeben, auch was zu sagen. Ich dachte, wenn ich dich volllabere, ist alles wieder okay. Ich würde es dir nicht übel nehmen, wenn du jetzt sagst, ich soll mich verpissen und dich nie wieder belästigen.« Ihm ging die Puste aus, und seinem Gesichtsausdruck nach rechnete er mit dem Schlimmsten.

Gegen ihren Willen empfand sie Mitleid mit ihm. *Jedenfalls hat er es zugegeben und sich entschuldigt*, dachte sie widerstrebend. *Wenigstens das.*

Schließlich seufzte sie. »Geh nach Hause. Du siehst fertig aus.«

»Ich mach das wieder gut, wenn du mich lässt. Gib mir noch eine Chance«, bettelte er. »Ich verdiene die zwar nicht, aber du wirst es nicht bereuen. Versprochen.«

Als sie die Tür hinter ihm schloss, gab sie sich bereits die Schuld an dem Fiasko.

Sie musste falsche Signale ausgesandt haben, und sie hatte nicht verlangt, dass er aufhörte. Also war sie eigentlich selbst schuld. Sie ging das Geschehen der letzten Tage durch und fand Entschuldigungen für Jeremy, wie ihre Mutter sie früher für Liv vorgebracht hatte.

Bei dem Gedanken an ihre Schwester überschwemmte sie das alte Schuldgefühl und setzte ihr zu. Wie konnte sie sich anmaßen, jemand anderen zu verurteilen? In dem Moment stand für sie fest, dass Jeremy seine zweite Chance bekäme.

22

Orkney, 2024

Maureen blieb allein sitzen, als die Trauergäste nach und nach das Lokal verließen und nur ein paar hartnäckige Thekenhocker sich nicht von der Stelle rührten.

»Entschuldige, dass ich so lange weg war«, sagte Andrzej, als er wieder hereinkam. »Ich wollte sicher sein, dass Liv in das Taxi steigt.«

Maureen lächelte ihn an, und sein Herz schlug höher.

»Das war richtig. Sie war drauf und dran, eine Szene zu machen«, meinte sie. »Wir sind hier klargekommen. Inzwischen ist Rory mit meinen Eltern gegangen. Er bringt sie nach Hause. Also müsste nur mich noch jemand mitnehmen, falls das okay ist?«

Andrzej freute sich. Er hatte nur selten Gelegenheit, mit ihr allein zu sein, und jede Minute war ihm kostbar. »Natürlich. Lass uns aufbrechen.«

In seinen Augen war Maureen die schönste Frau der Welt. Er war seit zehn Jahren in sie verliebt – seit er auf die Insel gekommen war.

Als er sich damals in der Hausarztpraxis in Kirkwall angemeldet hatte und sie an der Rezeption sitzen sah, hatte es ihn wie ein Blitz getroffen. Sein Magen fuhr Achterbahn, seine Härchen stellten sich auf, und er wusste gleich, sie war die Richtige. Weil er ihren Namen nicht kannte, war sie für ihn nur die Frau mit dem besorgten Blick, und er beschloss, es zu seiner Lebensaufgabe zu machen, ihr diesen Blick zu nehmen und sie zum Lächeln und zum Lachen zu bringen.

Zu der Zeit wusste er noch nicht, dass sie um ihren Mann trauerte. Bei David war im Alter von zweiunddreißig Jahren eine aggressive Form von Multipler Sklerose festgestellt worden.

Das war eine entsetzlich schwere Zeit für Maureen gewesen, denn sie hatte ihn innig geliebt. Sie hing besonders an den Fotos und Videoaufnahmen, in denen David mit seinem Sohn zu sehen war. Später war er selbst zu krank, um im Rollstuhl zu sitzen und seinen kleinen Jungen im Arm zu halten.

Die letzten Monate seines Lebens waren besonders hart gewesen, denn Maureen hatte versprochen, David, solange es irgend ging, zu Hause zu pflegen. Sie musste sich außerdem um ihren zweijährigen Jungen kümmern, der spürte, dass es seinem Vater nicht gut ging.

Maureens Eltern waren schließlich zu ihnen gezogen, und anfangs hatte sie die beiden als große Hilfe empfunden, besonders nach Davids Tod, doch sie wurden immer älter und brachten nicht mehr die nötige Kraft auf, um ihr die Hausarbeit abzunehmen und auf einen kleinen Jungen aufzupassen. Maureen hatte ein furchtbar schlechtes Gewissen. Sie wünschte, die beiden könnten in Frieden zusammen alt werden. Ihr war klar, dass sie mit der Zeit immer weniger imstande sein würden, ihr zu helfen.

Die Familie brauchte Geld, und Maureen musste für ihre Eltern und ihren Sohn sorgen. Ihre Renten deckten nicht mal die Darlehensraten ab. Sie war jedoch entschlossen, das Haus zu halten, weil David es geliebt hatte, und hatte deshalb die Stelle in dem Praxiszentrum angenommen.

An dem Tag, als Andrzej in die Praxis kam, hatte sie in der Toilette geweint und fühlte sich allein und überfordert. Beim Blick in den Spiegel erkannte sie sich kaum wieder. David hatte sie immer seine Rose genannt, und jetzt sah sie in ein farbloses

Gesicht, das seine besten Tage hinter sich hatte. Er hatte ihre langen üppigen Haare geliebt, doch seit seinem Tod trug sie sie zu einem straffen Knoten hochgesteckt, mit dem sie streng aussah. Sie hatte eine hübsche Wangenpartie und einen breiten, schön geschwungenen Mund, aber dunkle Ringe unter den Augen und tiefe Kummerfalten, und sie sah erschöpft aus.

So blickte sie zu dem großen, ziemlich einschüchternd aussehenden Mann hoch, der schwitzend vor der Rezeption stand und lauter Unsinn plapperte. Sie ahnte nicht, welche Wirkung sie auf ihn hatte. Sie dachte nur, Andrzejs Englisch sei vielleicht nicht besonders gut. Geduldig half sie ihm, die Formulare auszufüllen, und als sein Herz allmählich zu seinem normalen Tempo zurückfand, brachte er immerhin zwei, drei vollständige Sätze zustande.

Ein paar Tage später dachte sich Andrzej eine Unpässlichkeit aus, um in der Praxis einen Termin zu bekommen, denn er konnte an nichts anderes denken als daran, Maureen wiederzusehen, und sei es nur für drei Minuten.

Wie das Leben so spielt, hörte er sie zu einer Patientin sagen, dass sie für ihren jahrelang vernachlässigten Garten einen Gärtner suche. Und so hörte er sich leicht aufgeregt einwerfen, er sei Gärtner. »Ich kann das für Sie in Ordnung bringen. Ich weiß alles über Gartenpflege und bin sehr billig, aber auch sehr zuverlässig. Soll ich vorbeikommen und mir den Garten ansehen?«

Eine ziemlich verblüffte Maureen antwortete, das wäre wunderbar. Er ließ sich die Adresse geben und sagte, er fühle sich bereits besser, die Untersuchung sei nicht mehr nötig, und er käme am nächsten Tag zu ihr.

Er fuhr direkt zur Bibliothek und borgte sich alle verfügbaren Bücher für Hobbygärtner aus, um sie noch am selben Tag zu lesen.

Maureen hatte nicht übertrieben, als sie ihren Garten als überwuchert bezeichnete. Andrzej grub wilde Stauden aus, lichtete die Rosensträucher und baute sogar einen Gartenschuppen an die Stelle des alten, der in sich zusammengefallen war. Er schuftete, als hinge sein Leben davon ab, und wenn Maureen aus der Praxis nach Hause kam, brachte sie ihm eine Tasse Tee und plauderte mit ihm.

Anfangs redeten sie über das Wetter und den Garten, und als sie sich besser kannten, erzählte Andrzej von seiner Mutter und seinen Verwandten in Polen und wie sehr er sie alle vermisste.

Maureen sprach über David und seine Tapferkeit. Selbst während der letzten Monate seines Lebens hatte er sich nie beklagt. Manchmal vergaß sie, dass er tot war, und dachte, er wäre im Haus.

Zum Beispiel an dem Tag, als Rory eine Prüfung bestanden hatte, sagte sie, das müsse sie gleich mal David erzählen, und begriff erst dann, dass er nicht mehr da war.

Andrzej erkannte, dass sie David sehr geliebt hatte, und glaubte, sie würde nie einen anderen Mann ansehen können, und schon gar keinen riesigen Tollpatsch wie ihn.

Er küsste den Boden unter ihren Füßen und wollte sein Leben lang in ihrer Nähe sein, um dieselbe Luft zu atmen wie sie, doch das durfte er ihr nicht gestehen, denn damit würde er sie nur verscheuchen. Stattdessen schwor er sich, auf sie achtzugeben und ihr in jeder Weise zu helfen.

Es war verblüffend, wie viel sich fand, das erledigt werden musste, und allmählich stellte er fest, dass er zum Leben dieser Familie dazugehörte. Er nahm von Maureen kein Geld mehr an und griff dabei zu einer Notlüge. Sein Englisch (das er schon vorher fließend sprach) habe sich durch sie verbessert. Außerdem sei ihr Vater ein unschätzbarer Wissensquell und Lehrer der Lokalgeschichte, und er hätte ihm für sein Wissen und all die ausgeliehenen Bücher eigentlich ein Vermögen zahlen müssen. Maureens Mutter Peggy war vernarrt in ihn, und ihrem Vater

George gefiel es, wie interessiert Andrzej all die Geschichten über die Vergangenheit von Orkney in sich aufnahm.

Andrzejs Begeisterung für seine neue Heimat hatte viel mit seiner Liebe zu Maureen zu tun, und je mehr er über die bewegte Geschichte der Inseln erfuhr, die ihm ans Herz gewachsen waren, desto näher fühlte er sich ihr.

Nachdem George ihm von Skara Brae erzählt hatte, fuhr er mit Maureen dorthin, um den Ort zu sehen, wo schon Menschen gelebt, gelacht und geliebt hatten, lange bevor in Ägypten die Pyramiden gebaut wurden.

Maureen war als Schulkind einmal dort gewesen und hatte die gut erhaltene Steinzeitsiedlung besichtigt. Sie war 1850 entdeckt worden, nachdem ein starker Sturm den oberen Teil einer Sanddüne weggerissen und die darunterliegenden Wohnbauten mit ihren Steinbetten und Steinschränken freigelegt hatte.

Andrzejs Begeisterung für diese Stätte und ihre einstigen Bewohner bewirkte bei ihr einen frischen Blick darauf, und sie bestaunte deren Findigkeit.

Sie besichtigten auch den Ring of Brodgar, einen großen Kreis aufrecht stehender Steine, und der Zauber und die Zeitlosigkeit des Ortes brachten ihn fast so weit, ihr seine Liebe zu gestehen.

Er fotografierte sie dort, weil sie, in Sonnenschein gebadet, so schön aussah. Er fand sie atemberaubend, kniff aber im letzten Moment, aus Angst zu verderben, was sie bereits hatten, und so vergingen zehn Jahre, in denen Andrzej sich immer mehr in sie verliebte und nie den Mut aufbrachte, ihr das zu sagen.

Und nun fuhren sie von Duncans Beerdigung zurück nach Hause.

Während Maureen neben ihm auf dem Beifahrersitz saß, pries sie wieder einmal den Tag, an dem Andrzej in ihr Leben getreten war und sie sich angefreundet hatten. Sie stützte sich immer mehr auf ihn. Er war ihr Fels in der Brandung, doch sie ahnte nicht, dass er sie liebte.

Sie fröstelte ein wenig, weil sie nach dem anstrengenden Tag müde war.

»Ist dir kalt?«, fragte er. »Soll ich die Heizung anmachen?«

»Nicht nötig. Vielleicht darf ich mir einfach deinen Pullover überziehen?« Sie hatte auf der Rückbank seinen riesigen Wollpullover bemerkt.

»Lieber nicht«, sagte er stirnrunzelnd. »Dieses alte Ding. Besser, ich schalte die Heizung ein.«

Er wollte nicht, dass Maureen einen seiner müffelnden alten Pullis anzog. Wahrscheinlich stank der nach Motoröl und Spachtelmasse und sicher auch nach Schweiß, wenn er ehrlich war. Das kam nicht infrage.

Maureen fühlte sich zurückgewiesen. Sie hatte auf ein Anzeichen gehofft, dass er an ihr interessiert war. Er benahm sich immer anständig, manchmal fast schon distanziert, sodass ihr nie der Gedanke gekommen war, er könnte romantische Gefühle für sie hegen.

Ihre Gefühle für Andrzej hatten sich ganz langsam entwickelt, und eines Tages war ihr klar geworden, dass sie ihn nicht mehr nur mochte, sondern liebte. Aber um ihre Freundschaft nicht zu stören, schwieg sie darüber.

Während es im Auto wärmer wurde, überfiel sie eine große Müdigkeit. Sie machte die Augen zu und schlief sofort ein. Andrzej drehte den Kopf zu ihr. In den vergangenen Monaten war ihm aufgefallen, dass sie noch müder wirkte als sonst, und das beunruhigte ihn. Er fuhr langsamer und behielt die Geschwindigkeit bei, damit sie ruhig weiterschlief. Schließlich hielt er vor ihrem Haus.

Maureen wachte auf und stöhnte.

Sie sah seinen besorgten Blick und versuchte herunterzuspielen, wie ausgelaugt sie sich fühlte. »Entschuldige, dass ich eingeschlafen bin. Und dabei habe ich noch nicht mal ein Glas getrunken. Ich bin eine ziemliche Langweilerin, hm?«

»Bleib sitzen, Maureen. Ich helfe dir beim Aussteigen«, sagte er freundlich und bestimmt.

»Ich komme schon klar. Keine Sorge, ich schaffe das.«

Doch beim Aussteigen taumelte sie und wäre gestürzt, wenn Andrzej nicht neben der Tür gestanden und sie abgefangen hätte.

Er hob sie in die Arme und trug sie, als wäre sie leicht wie ein Vogel. »*Sch-sch*«, machte er, als sie kraftlos verlangte, er solle sie runterlassen.

Nachdem er sie durch die stets unverschlossene Tür ins Haus getragen hatte, setzte er sie auf das Sofa in dem großen hellen Raum, den er mit ihr zusammen renoviert hatte und der jetzt ihr Lieblingsplatz war.

Er hatte ein großes Fenster eingebaut, durch das man aufs Meer blickte, neue Eichendielen verlegt und für die Büchersammlung ihres Vaters Regale gebaut. »Ich mache dir einen Tee«, rief er aus der Küche. »Mit Zucker und Honig.« Als er mit dem dampfenden Becher ins Zimmer kam, war sie schon wieder eingeschlafen. Vorsichtig deckte er sie mit einer weichen Wolldecke zu und betrachtete sie einen Moment lang. Dann ging er auf Zehenspitzen hinaus.

*

Wie immer, wenn ihn etwas bedrückte, wandte sich Andrzej an Freya um Rat, und am nächsten Tag stand er bei ihr vor der Tür.

»*Du* bist es, und du hast schönes Wetter mitgebracht. Komm rein. Was kann ich für dich tun an diesem herrlichen Tag? Evie ist für mich einkaufen gefahren. Wir brauchen ein paar Kleinigkeiten, und danach geht sie Kate und die Kinder besuchen.«

»Tja«, sagte Andrzej. »Ich könnte sofort mit ihrem Cottage

anfangen, wenn ihr meine Vorschläge gefallen. Mein Team und ich bringen es wieder so in Schuss, wie sie es in Erinnerung hat. Das wird nicht lange dauern, und dann will sie nicht mehr nach London zurück.«

Er schwieg für einen Moment. »Freya, ich muss über etwas Ernstes mit dir sprechen.«

Freya begegnete seinem Blick. »In Ordnung. Lass mich eine Kanne Kaffee aufsetzen. Deinem Blick nach zu urteilen, werde ich mehr als eine Tasse brauchen. Ich mache ihn extra stark und süß, dass der Löffel darin stehen bleibt.«

Andrzej saß auf dem Sofa in dem hellen, luftigen Sonnenzimmer, das er für Freya gebaut hatte, und trank einen Schluck von dem starken süßen Kaffee.

Er seufzte. »Es geht um Maureen. Ich glaube, sie mutet sich zu viel zu. Sie hat keine Energie mehr und ist dünner geworden. Vielleicht mache ich mir zu viele Gedanken, und ich will auch nichts Falsches sagen. Meinst du, du könntest sie besuchen und selber sehen, nur damit ich beruhigt sein kann?«

Eigentlich wollte Freya die beiden schon seit Jahren mit den Köpfen zusammenstoßen. Es war für jeden offensichtlich, dass er Maureen liebte und sie das erwiderte, doch keiner machte den ersten Schritt.

»Ich schau heute Nachmittag mal bei ihr vorbei. Ich bin froh, dass sie jetzt in Teilzeit arbeitet und das Geld nicht mehr so knapp ist. Ich werde sagen, ich bräuchte ihr Rezept für das Karamell-Shortbread. Aber unter uns gesagt, ihre Backkünste sind hoffnungslos.«

Sosehr er Maureen liebte, er musste Freya recht geben. An ihren Scones konnte man sich die Zähne ausbeißen, und ihren Früchtekuchen, von dem sie ihm manchmal etwas nach Hause mitgab, wollten nicht mal die Spatzen fressen. Vermutlich merkten sie, dass sie sich schon nach dem ersten Krümel nicht mehr in die Lüfte heben könnten.

»Kopf hoch, Andrzej. Sicher ist mit ihr alles in Ordnung, und es gibt keinen Grund, sich Sorgen zu machen.« Sie tätschelte beruhigend seinen Arm. »Vielleicht braucht sie nur mal eine Auszeit.«

23

Orkney, 1990

Auf die gellenden Schreie hin drehten alle den Kopf und sahen einen schamroten Duncan und seine zappelnde vierjährige Tochter am Rand des Schwimmbeckens.

Der desaströse Ausflug zum Strand von Hrossey lag neun Monate zurück, und nach Duncans Ansicht war es an der Zeit, Evie das Schwimmen beizubringen, doch sie weigerte sich, ins Becken zu steigen, und egal, ob er geduldig auf sie einredete, mit Belohnungen lockte oder sie anherrschte, sie ließ sich nicht dazu bewegen.

Evie blieb unnachgiebig, und das war's.

Andere Schwimmer versuchten, sie zu überreden, sagten, es mache großen Spaß, und ein Mädchen bot an, hinterher mit ihr zusammen zu bibbern, wenn sie wenigstens einen Zeh ins Wasser streckte. Auch das Versprechen, einen Pie und einen Kokosriegel mit ihr zu teilen, nützte nichts. Evie schüttelte nur den Kopf.

»Können wir bitte nach Hause, Daddy? Ich hab Angst. Ich mag das nicht.« Sie war so aufgeregt, dass sie kaum atmen konnte. Duncan kannte die Anzeichen und rannte mit ihr in den Umkleideraum, um den Inhalator aus der Tasche zu holen.

»Es tut mir leid, Teenie. Reg dich nicht auf. Atme tief die Medizin ein, und vielleicht können wir es ein andermal probieren.«

»Darauf würde ich nicht wetten, Daddy«, erwiderte sie ernst.

Auf dem Weg nach draußen begegneten sie einer freundlichen Frau, mit der Duncan früher zur Schule gegangen war, und die sagte ihm, dass es samstagmorgens spezielle Schwimmkurse für Mütter und Kleinkinder gebe, an denen Evie teilnehmen könne, doch Evie wollte nichts davon hören.

»Ich will nicht schwimmen lernen«, jammerte sie. »Bitte bring mich nicht dahin. Es ist schrecklich und laut und stinkt wie zu Hause, wenn Mum geputzt hat.«

Später kaufte Duncan ihr heiße, fettige Pommes frites mit Salz und Essig und zwei eingelegten Zwiebeln, und Evie lebte auf.

Sie setzten sich auf eine Bank am Pier, weit genug vom Wasser entfernt, damit sie keine Angst bekam, und sahen zu, wie die Fähre nach Shapinsay hinüberfuhr. Dabei wurde Duncan bewusst, dass ihm vor der Heimfahrt graute.

Seit ihrer Rückkehr von Hrossey herrschte im Haus eine eisige Atmosphäre. Cara und Liv blieben mürrisch vereint in der einen Ecke und Duncan und seine Teenie zunehmend unglücklich in der anderen.

Die bittere Ironie war, dass Liv diesmal nichts Falsches getan hatte und trotzdem beschuldigt wurde. Was sie betraf, waren die Versuche, ihren Vater glücklich zu machen, indem sie sich ihrer hassenswerten Schwester zuwandte, nach hinten losgegangen. Sie fühlte sich von ihm abgelehnt. Warum sich also Mühe geben?

Duncan hatte versucht, mit Liv zu reden, war aber wie jedes Mal auf eine Mauer gestoßen. »Ich weiß, du glaubst mir nicht, aber das ist mir egal«, sagte sie nur. Es spielte für sie keine Rolle mehr, was er oder andere über sie dachten.

Wie sollte Duncan ahnen, dass Liv sich seit Evies Geburt in den Schlaf weinte, weil sie sich wünschte, er möge sie genauso liebevoll anblicken wie seine jüngere Tochter? Doch nach dem Vorfall auf Hrossey hatte Liv sich verhärtet und beschlossen, nie wieder zuzulassen, dass jemand solche Gefühle in ihr auslöste, schon gar nicht ihr Vater.

Außerdem schwor sie sich, sich eines Tages an allen zu rächen.

In den folgenden Tagen und Wochen blieb es bei der frostigen Atmosphäre zu Hause, und Duncan litt an starken Brust- und Magenschmerzen, sodass selbst Cara von ihrem hohen Ross heruntersteig und ihn drängte, sich untersuchen zu lassen.

Sein Hausarzt erklärte ihm mit ernster Miene, er stehe unter großem Stress, sein Blutdruck sei extrem hoch und er liefe Gefahr, einen Herzinfarkt zu erleiden. Außerdem habe sich bei ihm ein Magengeschwür entwickelt.

Cara bekam einen Riesenschrecken und redete wieder mit ihm. Für Duncan war das keine ungetrübte Freude. Es bedrückte ihn, wie rührend dankbar er ihr für den Waffenstillstand war. Ihr Zusammenleben lief weiter wie zuvor, und dennoch war stets eine leise Anspannung spürbar.

Dann erwischte Cara ihre Liv eines Samstagmorgens, als sie Evie drohte, ihr die Haare mit der stumpfen Schere abzuschneiden, die Cara beim Strickzeug in der Schublade unter dem Orkneystuhl aufbewahrte.

Duncan half zu der Zeit auf einer Nachbarfarm aus, und Cara hatte unnötigerweise beschlossen, Bettzeug und Handtücher zu waschen. Sie hängte draußen die Wäsche auf die Leine und hörte Gepolter aus dem Haus. In dem Moment fielen die ersten Tropfen. Die weißen Laken blähten sich im Wind wie Segel und waren schwer zu fassen, doch es gelang ihr, sie von der Leine zu nehmen, bevor der Regen herunterprasselte. Drinnen hörte sie Geschrei und Weinen aus dem oberen Stock. Sie rannte die Treppe hoch und in Evies Zimmer und sah ihre jüngere Tochter mit schreckgeweiteten Augen in einer Ecke kauern.

Liv tat das lachend ab und sagte, das gehöre zu ihrem Spiel. Doch Cara konnte die Lüge nicht schlucken.

»Du machst deiner Schwester Angst. Ich habe gehört, wie du gedroht hast, ihr die Haare abzuschneiden. Gib mir die Schere. Sofort.«

»Das war doch nur Spaß«, behauptete Liv gekränkt. »Sie stellt sich an wie ein Baby, und die Schere ist sowieso zu stumpf. Ich weiß nicht, warum du dich grundlos aufregst.«

Cara riss der Geduldsfaden. Sie hatte Liv immer verteidigt, teils, weil Duncan seine Teenie abgöttisch liebte, und teils, weil sie sich immerzu schuldig fühlte aufgrund des einen Moments in ihrer Schwangerschaft, als sie mit Liv in ihrem Bauch sterben wollte.

Sie bestrafte sich außerdem, weil sie für die neugeborene Liv damals keine Muttergefühle entwickeln konnte, und wenn sie ehrlich zu sich war, musste sie sich eingestehen, dass sie vor ihrer älteren Tochter Angst hatte.

Sie riss ihr die Schere aus der Hand, packte sie bei den Schultern und schüttelte sie.

»Warum tust du mir das ständig an?«, schrie sie. »Was sollen die Leute denken, wenn sie mitbekommen, wie du dich verhältst? Alle würden über mich reden. Deinetwegen stehe ich wie eine schlechte Mutter da. Entschuldige dich bei deiner Schwester, und lass dich nie wieder bei so etwas erwischen.«

Cara war verzweifelt. So hatte sie sich ihr Leben nicht vorgestellt. Ihre sorgsam gehütete Illusion von der makellosen Familie zerplatzte angesichts von Livs Verhalten. Sie fühlte sich mehr und mehr erdrückt von der Liebe ihres Mannes, und seine schlechte Gesundheit frustrierte sie. Und jetzt wurde sie von Liv auch noch ausgelacht.

»Du bist echt anstrengend, Mutter. Du willst, dass uns alle für eine superglückliche Familie halten. Was für ein Witz!«

Das war zu viel für Cara und brachte das Fass zum Überlaufen. Sie versetzte Liv eine schallende Ohrfeige.

Ihr war, als halle sie nach.

Cara schlug sich die Hände vor den Mund.

»Oh Gott, Liv. Es tut mir leid. Das hätte ich nicht tun dürfen. Bitte sag das keinem.«

Liv war ausnahmsweise einmal sprachlos. Sie konnte kaum glauben, dass ihre Mutter sie geschlagen hatte. Die sollte eigentlich ihre glühendste Verteidigerin sein, und nun wandte sie sich auch gegen sie.

Keine von beiden achtete auf Evie, die sich in ihrer Ecke ganz klein gemacht hatte. Sie gab ein Wimmern von sich und rang plötzlich nach Luft.

»Evie. Ist schon gut. Wo ist dein Inhalator?«

Ihre Mutter trat einen Schritt auf sie zu, und Evie zuckte vor ihr zurück.

Zitternd zog sie den Inhalator aus der Hosentasche, und Cara half ihr, einen tiefen Zug zu nehmen. Sobald die Medizin wirkte, wurde Evie ruhiger.

Liv ging ins Bad und klatschte sich kaltes Wasser ins Gesicht. Ihre Wange war von dem Schlag gerötet und brannte.

Sie blickte in den Spiegel und rang die Tränen nieder. Sie musste sich ein dickeres Fell zulegen und schwor sich, in dieser Familie nichts mehr an sich heranzulassen. Und mit ihren zwölf Jahren dachte sie schon, dass sie die Situation zu ihrem Vorteil nutzen könnte, wenn sie ihre Karten richtig ausspielte.

Wieder unten in der Küche, goss Cara ihr nervös ein Glas Milch ein, stellte ihr einen Teller mit den guten Schokoladenkeksen hin und flehte sie erneut an.

»Erzähl es nicht deinem Dad. Er wäre furchtbar wütend auf mich, und du weißt, der Arzt hat gesagt, er darf sich nicht aufregen, sonst bekommt er einen Herzinfarkt. Wir wollen doch nicht, dass das passiert, nicht wahr?«

Sie ist unglaublich, dachte Liv. *Meinen Dad so zu benutzen. Und als ob mich überhaupt kümmert, was mit ihm passiert.*

Laut sagte sie: »Nur damit ich das richtig verstehe: Ich soll Dad also nicht erzählen, dass du mich so fest geschlagen hast, dass ich dachte, mir fällt ein Zahn aus, und dass du seiner geliebten Prinzessin Angst gemacht hast und sie deswegen fast einen ihrer lebensgefährlichen Asthmaanfälle bekommen hätte. Ist das so ungefähr richtig?«

Cara wirkte nervös und unsicher. »Nun, Evie ist einverstanden, ihm nichts zu sagen, stimmt's, Schätzchen? Du willst nicht, dass dein Daddy sich aufregt und im Krankenhaus landet.«

Evie nickte. Cara hatte ihr tatsächlich Angst eingejagt und behauptet, er würde vor Ärger tot umfallen.

Was Evie anging, hatte Cara also nichts zu befürchten, doch Liv war eine ganz andere Nummer. Die ließ sich schließlich dazu herab, auf das jämmerliche Flehen ihrer Mutter einzugehen.

»Na gut. Ich werde den Mund halten. Aber was kriege ich dafür?«

»Was soll das heißen?«, fragte Cara.

»Sorg dafür, dass es sich für mich lohnt. Andernfalls erzähle ich jedem, einschließlich der Polizei, dass du gewalttätig geworden bist, und dann kannst du dich hier nirgendwo mehr sehen lassen.«

Liv ging zur Anrichte und leerte Caras Portemonnaie in ihre Hand. Sie nahm sich auch die zwanzig Pfund, die als Notgroschen unter der Obstschale lagen.

»Das reicht für den Anfang«, sagte sie und steckte sich das Geld in die Hosentasche. Dabei lächelte sie listig wie ein Iltis. So kam es, dass Cara sich Livs Schweigen erkaufte.

Sie schob ihr jede Woche ein Extrataschengeld zu und kaufte die teuren schwarzen Lackstiefel, die Liv sich seit Monaten wünschte. Sie erlaubte ihr auch, abends und am Wochenende später nach Hause zu kommen.

Sie hütete sich, Duncan von dem Extrataschengeld zu erzählen, denn dann würde er ausrasten.

Sie wusste, sie hatte den feigen Ausweg gewählt, und wollte auch nicht weiter darüber nachdenken, dass sie sich von einer Zwölfjährigen manipulieren ließ.

Liv würde von nun an glauben, dass sie sich alles erlauben

konnte und dass ihre Mutter sie aus der Klemme holen und ihr Geld geben würde, um den Schein eines glücklichen Familienlebens zu wahren.

So teilten sie ein schändliches kleines Geheimnis.

24

London, 2015

Wenn Evie auf die nackten Wände ihres Apartments blickte, wurde ihr bewusst, dass es eher ein Gefängnis als ein Zuhause war und dass sie sich darin versteckt und vor der Welt abgeschottet hatte. Vielleicht war Jeremy genau das, was sie brauchte, um wieder hinauszugehen und zu leben.

Sophia war der einzige Mensch, dem sie sich anvertrauen konnte. Sie rief sie an, um ihr das Neuste von Jeremy zu berichten, nämlich dass er in einem nagelneuen Sportwagen vor dem Büro aufgekreuzt war und sie mitgenommen hatte.

»Jeremy, der Zungenaal!«, rief Sophia aus. »Wieso hat er sein hässliches Haupt erhoben? Bitte sag mir, dass du keinen Sex mit ihm hattest!«

Evie schwieg.

»Oh Gott. Du hattest? Wie war es? War es grauenhaft? Erzähl mir alles!«

»Ich will nicht darüber reden«, sagte Evie bestimmt. Sie konnte unmöglich die geschmacklosen Details ausbreiten. Ihre Freundin wäre entsetzt und würde ihn anzeigen.

»Na gut. Du und deine Geheimnisse.«

»Jedenfalls ist er gestern Morgen total verkatert bei mir aufgekreuzt, hat in meine Toilette gereihert und ist dann gegangen.«

»Ach du meine Güte, dann war es nicht genauso wie in *Stolz und Vorurteil?*«

»Also, es war wirklich schräg. Als er gestern ging, hat er sich in einem fort entschuldigt, und da hat er mir leidgetan. Er sah so niedergeschmettert aus wie ein kleiner Junge. Ich glaube, im Grunde ist er ein ganz anständiger Kerl.«

»Du hast ein viel zu weiches Herz, Evie. Ich finde nach wie vor, er ist nichts für dich. Aber ich muss jetzt Schluss machen. Wir müssen uns mal wieder ausgiebig treffen. Es gibt so viel, was ich dir erzählen will, und du hast offenbar auch einiges zu berichten.«

»Entschuldige, Sophia, ich habe dich gar nicht gefragt, wie es dir und deiner Familie geht.«

»Mir geht's gut. Und den anderen auch. Ich erzähl dir alles, wenn wir uns sehen. Wie wär's mit Samstag? Lust auf Lunch? Ich lade dich ein. Ich schreib dir, wann und wo.«

Evie hielt die Verabredung mit Sophia nicht ein.

Am Samstagmorgen erschien Jeremy mit einem riesigen, duftenden Blumenstrauß vor ihrer Tür.

»Ich wollte dir zeigen, wie leid es mir tut, und dich fragen, ob wir noch mal neu anfangen können. Ich habe ein Wochenende für uns beide geplant. Ich will dich verwöhnen. Wir können in meinem Wagen zu einem hübschen Pub aufs Land fahren und zu Mittag essen, und für heute Abend habe ich Tickets für *Les Misérables*. Noch dazu richtig gute Plätze. Die haben ein Vermögen gekostet, aber du bist es mir wert, Evie.«

»Oh, Jeremy, es tut mir leid, ich habe Sophia versprochen, heute mit ihr essen zu gehen.«

»Natürlich, verstehe. Du darfst sie nicht enttäuschen. Keine Sorge, ich blase alles ab und verbringe das Wochenende allein.«

Er schaute so geknickt, dass Evie hastig einschritt. »Nein. Du hast dir große Mühe gemacht. Sie wird das verstehen. Wir können uns ein andermal austauschen. Ich gebe ihr Bescheid.«

Sie schrieb Sophia, sie schaffe es doch nicht zum gemeinsamen Lunch, und bekam keine Antwort. Anscheinend war sie ihr böse.

Stattdessen verbrachte sie den ganzen Samstag und Sonntag mit Jeremy. Er war wie ausgewechselt und hatte nichts mehr von dem betrunkenen, anmaßenden, bedrohlichen Kerl von vor einer Woche. Vielmehr war er ganz Gentleman, setzte sie nach dem Theater vor ihrer Wohnung ab, gab ihr einen Kuss auf die Stirn und hielt ihr die Wagentür auf, sagte, wir sehen uns morgen, und dass er ihr dann seine Wohnung zeigen wolle.

Nach einem köstlichen Sonntagsbrunch in Chelsea fuhren sie zu seiner Wohnung, einer Junggesellenbude in Chrom und Glas mit Aussicht über die Themse.

Es wirkte wie ein ungemachtes Hotelzimmer und nicht wie ein Zuhause, in dem jemand lebte. Alles war eingestaubt und ungepflegt, auf den Sofatischen sah Evie klebrige Ränder von Gläsern. Es gab weder Bücher noch Zeitschriften, und Jeremy hatte nichts im Kühlschrank außer einer halb verzehrten Mahlzeit von einem Imbiss und einer vertrockneten Zitrone.

»Ich hab nicht viel da, wie du siehst«, sagte er entschuldigend. »Was hier fehlt, ist die Hand einer Frau.«

Er sah Evie hoffnungsvoll an. »Hast du Lust, essen zu gehen? Um die Ecke gibt es ein nettes italienisches Restaurant, und ich habe für uns einen Tisch bestellt. Ich will dich entschädigen. Es tut mir leid, dass ich so ein Idiot war.«

»Du brauchst dich nicht immer wieder zu entschuldigen. Es ist okay.«

Er sah sie dankbar an, bemühte sich aber unverdrossen weiter, sie zu beeindrucken.

»Möchtest du ein Glas Wein trinken, bevor wir gehen? Ich habe eine schöne Flasche gekauft. Eigentlich trinke ich keinen Wein. Ich bin mehr für Gin oder Bier zu haben, aber ich hoffe, er ist okay. Der Verkäufer sagte, das ist ein guter.« Er zeigte ihr stolz einen ganz ordentlichen Chardonnay, den Evie tatsächlich mochte, und goss ihr mit großem Gebaren ein Glas ein.

Das Essen war gut, und Jeremy gab betont viel Trinkgeld, und als sie hinausgingen, bat er Evie, bei ihm zu übernachten. »Wir müssen nichts machen. Du kannst im Gästezimmer bleiben. Ich habe für dich eine Zahnbürste gekauft, und du kannst ein T-Shirt von mir als Nachthemd anziehen.« Er hatte an alles gedacht. Und er war wirklich nett und rücksichtsvoll. Trotz seines Verhaltens in der vorigen Woche war Evie von ihm angetan.

Gegen drei Uhr kroch er zu ihr ins Bett und schmiegte sich zaghaft von hinten an sie. Evie spürte das im Halbschlaf und ließ es zu. Allerdings spürte sie dann deutlich seinen Ständer, den er an ihren Oberschenkel drückte.

Eins kam zum anderen. Es war nicht unangenehm. Er war diesmal viel sanfter und ließ sich Zeit, doch sie fand es auch diesmal nicht umwerfend.

Und wie von Sophia befürchtet, war Evie sechs Monate später, ohne es zu merken, in eine Beziehung hineingerutscht.

25

Orkney, 1994

Duncan und Cara waren am Abend zu einer Geburtstagsfeier eingeladen. Der ganze Tag war von nervöser Hektik überschattet gewesen, da Cara sich aufwendig vorbereitete und es ihr schwerfiel, sich für ein Kleid zu entscheiden. Sie ging selten mal vor die Tür, aber alle Bekannten würden an der Party teilnehmen, und sie wollte nicht außen vor bleiben und ihnen Gelegenheit geben, über sie zu reden.

Die Party war einer jener besonderen Anlässe, bei denen die Frauen in großer Aufmachung erschienen, sorgfältig geschminkt und frisiert. Manche bestellten sich sogar ein neues Kleid.

Cara wollte also absolut perfekt aussehen und regte sich immer mehr auf, weil die Farbe ihres neuen Kleides ein wenig anders sei als im Katalog abgebildet und sie nun »nichts zum Anziehen« hätte.

Duncans Verbitterung wuchs in ungeahnte Höhen. Normalerweise hätte er sich auf die Lippen gebissen und den Mund gehalten, doch diesmal war es zu arg.

»Um Himmels willen, Cara. Genau deshalb will ich nie mit dir ausgehen! All die Aufregung und der Ärger, und wie du mich und die Mädchen anschreist – das ist die Sache nicht wert. Vergessen wir's einfach und bleiben zu Hause.«

»Soll das ein Witz sein?«, kreischte Cara. »Ich war extra beim Friseur und habe mir ein neues Kleid gekauft.«

»Du sagst doch, die Farbe ist furchtbar. Aber wir gehen sowieso nur wegen der Balfours hin. Die kümmert es nicht, wie wir aussehen, Hauptsache, wir feiern mit ihnen ihre Silberhochzeit.«

»Ha, sie wollen uns dabeihaben, damit sie mit ihrem Sohn angeben können, weil er in Glasgow studiert. Ich gebe ihnen zehn Sekunden, dann werden sie davon anfangen.«

Einer fing den Blick des anderen auf, und sie grinsten. Das war ein einvernehmlicher Moment, wie er in ihrem Ehekrieg selten vorkam, doch er führte zum Waffenstillstand.

Duncan spürte, dass sich sein Magen entspannte. So selten es mal friedlich zwischen ihnen war, er hielt sich daran fest und sagte sich, dass alles gut werden würde. Wenn die Mädchen erst mal älter waren, würde Cara sich weniger gestresst fühlen. Am Ende würde sich das Durchhalten lohnen.

Er fühlte sich mies, weil er laut geworden war. Er sollte sich besser zügeln und beruhigend auf sie einwirken. Dann würde alles gut werden.

Cara war hager und grau geworden und sah viel älter aus als achtundvierzig. Sie sorgte sich von früh bis spät und putzte ständig ihr makellos sauberes Haus. Sie kochte nicht mehr täglich große Mahlzeiten, weil dadurch die Küche schmutzig würde. Stattdessen nutzte sie ausgiebig das Mikrowellengerät oder bestellte Essen aus einem Restaurant. Und sie aßen mit Plastikbesteck von Papptellern, damit kein Abwasch in der Küche stand.

Eine Stunde bevor das Taxi kommen und sie zu dem Hotel bringen sollte, war Cara ausgehfertig und trommelte mit den Fingern auf der Tischplatte. Die Farbe des Kleides war ein trübes Apricot, in dem sie selbst völlig farblos wirkte. Auch ein Supermodel hätte darin schlecht ausgesehen, doch Duncan versicherte ihr, sie sähe hinreißend aus.

Beim schrillen Klingeln des Telefons zuckte Cara zusammen. »Wenn das meine Mutter ist, dann bin ich nicht da.«

Das war ihre übliche Reaktion. Meistens war es tatsächlich Sheila, da dieser Tage kaum mal jemand bei ihnen anrief. Cara hatte ihre Familie auf Hrossey schon lange nicht mehr besucht, und die alte Frau fragte sie jedes Mal, wann sie endlich mal wieder käme.

Cara hatte einfach keine Lust mehr auf all den Ärger, die Planung und das Durcheinander bei einer Reise. Sie war nicht mal bereit zu fliegen, obwohl das nur zwanzig Minuten dauerte und fast so entspannt war, wie mit dem Taxi nach Stromness zu fahren.

Diesmal rief nicht ihre Mutter an, sondern die Babysitterin Jeanette. Duncan seufzte schwer und legte auf. »Es tut mir leid, Cara. Jeanette schafft es nicht. Sie wurde gebeten, eine Abendschicht im Restaurant zu übernehmen, weil sie zu wenig Personal haben, und sie will die Kollegen nicht im Stich lassen, und …«

Cara fiel ihm ins Wort. »Es kümmert mich einen Dreck, wie das blöde Restaurant klarkommt und wie mies ihre Personalplanung ist.« Sie wurde lauter. »Und jetzt? Ich bin aufgebrezelt und kann hier nicht weg, so sieht's aus.« Sie schäumte vor Wut. »Ich hab dir von Anfang an gesagt, wir hätten Liv bitten sollen, das Babysitten zu übernehmen, und jetzt ist es dafür zu spät, weil sie sich mit einer Freundin zum Übernachten verabredet hat. Sie schreibt nächste Woche eine Biologiearbeit, und alle Mädchen büffeln dafür.«

»Cara, wir hätten Liv auf keinen Fall darum gebeten, und du weißt, warum. Ich traue ihr nach wie vor nicht zu, dass sie richtig auf Teenie aufpasst.« *Liv und für eine Prüfung lernen? Dass ich nicht lache!,* dachte er insgeheim.

»Du und deine kostbare Teenie. Ich habe dir schon tausend Mal gesagt, du erdrückst sie mit deiner Liebe.«

Duncan biss sich auf die Lippen und versuchte, die Falle zu umgehen. »Hör zu. Vielleicht können Livs Freundinnen bei uns lernen und übernachten.«

Cara rollte die Augen. »Und wo sollen wir die unterbringen?

Das Haus ist winzig und eng und außerdem die reinste Müllhalde. Hier würde ich nicht mal Schweine halten, geschweige denn junge Mädchen übernachten lassen. Was sollen die von mir denken?«

»Cara, das Haus ist ein Palast, und drei Schlafzimmer sind mehr als genug für uns. Ich habe dir angeboten umzuziehen, aber das willst du nicht, und …«

Er stockte abrupt, weil seine Stimme schwankte und er sich dumm vorkam, wenn er als erwachsener Mann den Tränen nahe war. Er räusperte sich und schüttelte den Kopf.

Ich muss mich zusammenreißen, dachte er.

Nach einem tiefen Atemzug kündigte er an, hinaufzugehen und Liv zu fragen, ob sie auf Teenie aufpassen würde. »Dann können wir ausgehen und hoffentlich einen schönen Abend haben.«

Es machte ihn tatsächlich nervös, seine sechzehnjährige Tochter zu bitten, auf die kleine Schwester aufzupassen, und er schämte sich dafür. Er klopfte an die Tür mit dem Schild *Zutritt verboten.* Unter dem Aufdruck stand: *Damit bist du gemeint, Evie Muir.* Das hatte Liv geschrieben, als Evie noch ein Kleinkind war und nicht lesen konnte.

Liv streckte den Kopf durch den Türspalt. Sie war eigentlich hübsch, schminkte sich aber zu stark und zog immer ein mürrisches Gesicht. »Was willst du?«, fauchte sie.

»Liv, unser Babysitter hat uns im letzten Moment abgesagt. Könntest du vielleicht umdisponieren und auf Teenie aufpassen? Deine Mutter steht unten herausgeputzt wie ein Zirkuspferd und wird sich furchtbar aufregen, wenn sie ihr neues Kleid nicht vorführen kann.«

»Das Kleid ist sowieso widerlich, und in der Farbe sieht sie trist aus. Das habe ich ihr gesagt.«

Ja, bestimmt hast du das, dachte Duncan.

Liv kniff die Augen zusammen. »Wie viel wollt ihr mir zahlen?«

»Nun, Jeanette bekommt von uns vier Pfund pro Stunde.«

Liv lachte schrill. »Mach das Dreifache draus, dann überlege ich's mir.«

Er hatte gute Lust zu sagen, sie könne ihn mal kreuzweise. Doch sie hatte ihn in der Hand.

»In Ordnung, abgemacht. Aber benimm dich. Nutz das nicht aus, um hier Party zu machen und unseren Barschrank zu plündern. Zwei, drei Mädchen dürfen kommen und mit dir lernen, wenn du willst, und sogar hier übernachten.«

»Die werden ihre Pläne jetzt nicht mehr ändern«, erwiderte sie verächtlich. »Und hier ist es sowieso zu eng. Wo sollen die denn alle schlafen?«

Nicht zum ersten Mal dachte er, dass sie klang wie ihre Mutter.

»Hör zu, das Taxi wird bald hier sein. Achte gut auf deine Schwester. Sie ist im Wohnzimmer und sieht fern. Sie wird dir keine Umstände machen. Sie hat zum Tee etwas gegessen, und ich hatte für Jeanette Pizza bestellt, die um acht geliefert wird. Die kannst du natürlich haben. Sieh nur zu, dass Teenie nicht zu lange aufbleibt. Morgen ist zwar Samstag, aber sie braucht ihren Schlaf.«

»Ich bin keine Idiotin, Dad. Mit dem Quälgeist komme ich schon klar. Solange sie nicht verlangt, dass ich ihr Gutenachtgeschichten vorlese. Da ziehe ich die Grenze. Was für eine Pizza hast du eigentlich bestellt?«

»Peperoni mit extra Käse.«

»Die große?«

»Ja.«

»Na, meinetwegen.«

Es war, als verhandele er mit einem Geiselnehmer, als bräuchte er ein Megafon und Verstärkung, aber wenigstens würde Cara zufrieden sein.

War sie nicht. Sie regte sich von Neuem auf.

»Bei all den Unwägbarkeiten weiß ich nicht, ob ich noch in der Stimmung bin auszugehen.«

»Und wenn ich dich über die Schulter hieven und hintragen muss, Cara, wir gehen zu der Party, ob du willst oder nicht. Ich habe mich in den alten Anzug gezwängt, und der Schlips schnürt mir fast die Luft ab, aber wir werden uns verdammt noch mal amüsieren.«

»Gut.«

Ihr Tonfall sagte jedoch etwas ganz anders. Wie bekam sie es hin, damit das genaue Gegenteil auszudrücken? Das würde ein lustiger Abend werden.

Duncan hatte nicht nur eine säuerliche Cara am Hals, sondern bezweifelte auch ernsthaft, ob er Teenie bei Liv lassen sollte.

Seine ältere Tochter war reif für ihr Alter und dünn wie eine Bohnenstange. Sie trug hautenge schwarze Jeans, die gerade ihre schmalen Hüften bedeckten, enge schwarze T-Shirts und eine abgeschabte Lederjacke. Sie hatte sich die Haare blauschwarz gefärbt und so geschnitten, dass sie aussah wie Chrissie Hynde von den Pretenders. Er fand, mit der langen Ponyfrisur sah sie aus wie eine zerzauste Krähe. Livs Augen wirkten wie zwei Spinnen, die in Mascara und Eyeliner gefallen waren, denn sie schminkte sich nie richtig ab, sondern übermalte die Reste jeden Tag neu.

Er wusste nicht über alles Bescheid, was seine Tochter trieb, konnte sich aber einiges denken. Es gab Gerüchte, wonach sie sich mit einer rauen Clique umgab – ab und zu schnappte er etwas auf, wenn er in den Pub ging, und kannte mehrere Leute, die Liv ein paar Diebstähle zuschrieben.

Als er einmal mit Cara darüber reden wollte, verbot sie ihm, Liv auf ihr Verhalten anzusprechen. Sie schob ihrer Tochter noch immer Schweigegeld zu, verweigerte sich aber dem Gedanken, dass Liv ein Problem war und sie ihr Verhalten ständig entschuldigte.

Liv gab ständig an, sie würde bei einer Freundin Hausaufgaben machen und dort übernachten. Cara war klar, dass das gelogen war, aber sie wollte nicht wahrhaben, dass ihre Tochter sich jeden Abend betrank und dann wahrscheinlich Sex hatte, statt fleißig für ihre Prüfungen zu lernen.

Duncan sagte sich, er sollte Liv sein Vertrauen beweisen, indem er ihr die Aufgabe übertrug, dann würde sie sich entsprechend Mühe geben und verantwortungsvoll handeln. Außerdem würden sie nicht allzu spät nach Hause kommen, und Teenie würde sowieso früh schlafen gehen.

Nach einigem Hin und Her, weil Cara zuerst ihre Handtasche vergaß und dann noch mal ins Haus musste, um ihre Stola zu holen für den Fall, dass es in dem Saal kalt werden sollte, saßen sie endlich im Taxi.

Unterwegs fing sie an, sich über das Geschenk für die Balfours zu ärgern. Duncan hatte einen silbernen Fotorahmen vorgeschlagen, und jetzt fand Cara das zu kleinlich und meinte, sie hätten ein paar silberne Weinbecher dazukaufen sollen.

Diese Sorge nährte sie während der ganzen Fahrt.

Schließlich trafen sie in dem Hotelsaal ein und wurden von einer Schar fröhlicher Leute empfangen, die ihnen Getränke und Essen anboten und Geschichten austauschten. Duncan hatte kurz darauf einen Krug Bier in der einen und ein buttriges Pastetchen in der anderen Hand und plauderte mit jedem.

Sogar Cara schien den Abend zu genießen und unterhielt sich mit Frauen, die sie eine Ewigkeit nicht gesehen hatte. »Wie macht sich deine kleine Evie?«, fragte eine. »Sie ist ein aufgewecktes Ding. Wir sehen sie oft mit ihrem Dad.«

Alle vermieden es, über Liv zu reden. Die hatte bereits einen Ruf als Unruhestifterin. Väter verboten ihren Töchtern, sich mit ihr abzugeben, und Mütter warnten ihre Söhne, sich mit dem gemeinen Mädchen einzulassen, das sich höchstwahrscheinlich bald in anderen Umständen wiederfinden würde.

Später am Abend überredete Duncan seine Frau, mit ihm zu

Yesterday zu tanzen, einem ihrer liebsten Beatles-Songs. Während er sie eng in den Armen hielt, dachte er daran zurück, wie sehr sie früher ihre Zweisamkeit genossen hatten.

Er liebte seine Frau noch immer, aber im Lauf der Jahre hatte sie sich von ihm entfernt. Heute Abend kam es ihm vor wie in alten Zeiten. Vielleicht gab es doch noch Hoffnung für sie beide.

Kurz nach Mitternacht stiegen sie in ein Taxi. Cara hatte ein paar Gläser getrunken und ließ sich fröhlich darüber aus, wie hochnäsig die Baldfours waren. Trotzdem sei es nett gewesen, mal rauszukommen, und sie sollten das wirklich häufiger tun.

Duncan wollte gerade vorschlagen, am nächsten Wochenende essen zu gehen, doch das Taxi bog gerade in ihre Straße ein, und da hörten sie schon die Bässe lauter Musik.

»Verflucht noch eins …«, brummte Duncan, als das Taxi vor der Tür hielt. Das Haus war hell erleuchtet und voller betrunkener Teenager. Sogar im Garten tummelten sie sich. Duncan sprang aus dem Wagen und stürmte an zwei Jungen vorbei, die auf den Rasen kotzten. Das Wohnzimmer war verraucht. Ein paar junge Kerle prügelten sich sternhagelvoll, und er hörte lautes Klirren und Poltern.

Duncan war außer sich.

Er rannte die Treppe hinauf in Evies Zimmer und fand auf ihrem Bett ein betrunkenes Pärchen beim Fummeln. Teenie war nirgends zu sehen.

»Raus hier«, brüllte er, und ihm wurde heiß vor Angst. Wo steckte sie nur?

»Teenie, wo bist du, mein Schatz?«

»Dad«, piepste eine schwache Stimme.

Er suchte hektisch und fand Evie zusammengekrümmt unter dem Bett, wo sie schwer atmend weinte.

»Ist schon gut, Teenie, ich bin ja da. Beruhige dich. Wo ist dein Inhalator?«

»Ich hab ihn unten im Wohnzimmer gelassen«, sagte sie kleinlaut und verängstigt. »Ich hatte Angst, ihn zu holen, und den anderen kann ich nicht finden.«

»Keine Sorge, ich habe immer einen in der Brusttasche, wie du weißt.«

Er gab ihn ihr, und sie inhalierte dankbar.

»Geht es jetzt besser?«

Sie nickte.

»Gut. Ich gehe runter und werfe die Arschlöcher raus.«

Teenie lächelte, als sie das gemeine Wort aus seinem Mund hörte, doch sie war noch sehr verstört und zitterte.

Duncan brüllte die betrunkenen, bekifften Teenager an, sie sollten sich verziehen und er hoffe, sie würden von ihren Eltern eine ordentliche Abreibung bekommen.

Der Zustand der Räume machte ihn fassungslos. Es sah aus, als wäre eine Horde Paviane durchs Haus gezogen. Der Sofatisch hatte Brandflecke von Zigaretten, und jemand hatte Rotwein über seinen Sessel verschüttet. Liv war nicht auffindbar.

Er ging wieder nach oben. Inzwischen hatte der Inhalator sein Wunderwerk vollbracht, und er blieb bei Evie, bis sie eingeschlafen war. Während er im Dunkeln dasaß, wurde er immer wütender.

Das war der Tropfen, der das Fass zum Überlaufen brachte. Sie mussten wegen Liv etwas unternehmen.

Müde ging er die Treppe hinunter. Er hatte Sodbrennen von den fünf Gläsern Bier und seinem Zorn.

Cara räumte in der Küche leere Dosen und Flaschen weg.

»Bevor du etwas sagst, Duncan, Liv hat erklärt, dass das nicht ihre Schuld ist. Ein paar Rowdys aus Glasgow, die hier Ferien machen, sind einfach reingeplatzt, und Liv konnte nichts gegen sie ausrichten. Die haben sie bedroht, Duncan. Sie hatte Todesangst. Ich habe ihr gesagt, sie soll schlafen gehen. Sie sah furchtbar müde aus.«

»Bist du blind, Cara?«, tobte er. »Wenn Liv so große Angst gehabt hat, hätte sie uns anrufen können. Ich wäre sofort nach Hause gefahren und hätte das Problem beseitigt. Sie ist nicht müde, sie ist sternhagelvoll. Die haben unsere Schnäpse getrunken.«

Er schaute sich in der demolierten Küche um.

»Sieh dir das nur an. Sie hat offenbar keinen Respekt vor uns. Ich will, dass sie hier verschwindet. Sie kann sich einen Hoteljob mit Unterkunft besorgen oder von mir aus zur Hölle fahren. Ich bin fertig mit ihr.«

»Du darfst dich nicht von deinem Kind abwenden, Duncan. Das darfst du nicht tun. Was würden die Leute sagen? Wie kann ich mich dann noch irgendwo blicken lassen?«

»Cara. Teenie hat verängstigt unter dem Bett gelegen. Sie bekam schlecht Luft und hatte ihren Inhalator nicht bei sich. Sie hätte einen Asthmaanfall kriegen können. Sie hätte sterben können.«

»Sei nicht albern. Du und deine kostbare Teenie. Wie immer geht es dir nur um sie. Nun, du wirst Liv auf keinen Fall rauswerfen. Wenn sie geht, gehe ich auch. Aber das wäre dir gerade recht, was? Dann wärst du endlich mit deiner Teenie allein.«

Sie brach in Tränen aus, und wieder einmal fühlte sich Duncan schuldig und hilflos, verbittert und zutiefst frustriert.

Herr im Himmel, dachte er verzweifelt. *Ich wünsche mir nur ein bisschen Frieden.*

26

Orkney, 2024

Freya hielt Wort und besuchte Maureen am Nachmittag in ihrem Haus am Meer in Finstown, das auf halbem Weg zwischen Kirkwall und Stromness an der Bay of Firth lag.

Die Sonne schien ins Zimmer und brachte die Holzdielen und Möbel zum Leuchten. Sie schien auch auf Maureen, die unter ihrer selbst gestrickten bunten Decke auf dem Sofa döste.

Freya lächelte. Maureens Backkünste ließen viel zu wünschen übrig, doch sie machte die schönsten Wolldecken. Ihr Lächeln verblasste, als sie die verschatteten Augen und die eingefallenen Wangen sah. Bei der Beerdigung hatte sie offenbar mit viel Make-up ihren fahlen Hautton überdeckt. Andrzej hatte recht. Sie sah wirklich krank aus.

Maureen stöhnte, und dann schnappte sie überrascht nach Luft, als sie Freya bemerkte.

»Oh, du hast mich erschreckt. Ich bin wohl für einen Moment eingenickt. Möchtest du eine Tasse Tee?«

Ihrem verschwommenen Blick nach muss sie viel länger geschlafen haben, dachte Freya.

»Ja, aber lass mich das Wasser aufsetzen«, sagte sie und ging in die Küche. In der Spüle stapelte sich schmutziges Geschirr, und ein Haufen nasser Wäsche stand zum Aufhängen da. Sie runzelte die Stirn. Maureen hielt normalerweise penibel Ordnung. Es sah ihr nicht ähnlich, Aufgaben vor sich herzuschieben.

Freya stellte zwei dampfende Becher mit Tee auf den Tisch.

»Du siehst ein bisschen müde aus, Liebes«, begann sie behutsam. »Wie geht es dir?«

»Oh, prächtig«, sagte Maureen. »Bin ein bisschen schlapp nach dem gestrigen Tag, aber ich fühle mich gut. Da wartet noch Hausarbeit auf mich, die ich gleich mal angehen werde.«

»Und du bist schrecklich dünn«, stellte Freya fest.

Maureen lächelte gezwungen. »Findest du? Na ja, ich musste ein paar Pfund abspecken.«

Freya zögerte, unsicher, wie sie fortfahren sollte. Sie schaute Maureen an und sah ihr zögerndes Lächeln und das Flackern von Angst in ihren Augen. Was war hier wirklich los?

»Ich bin nicht die Einzige, die sich Sorgen macht«, sagte Freya. »Andrzej auch. Er hat sich deswegen an mich gewandt.«

Maureen schaute gerührt. »Er ist um mich besorgt?«

Freya nickte. »Das ist er.«

»Ich möchte ihm keinen Kummer machen«, sagte Maureen mit schwankender Stimme.

Freya setzte sich zu ihr auf das Sofa und nahm ihre Hand. »Was ist los? Du kannst es mir sagen. Du weißt, dass ich darüber kein Wort verlieren würde.«

Maureen zögerte, und eine Träne lief ihr über die Wange. »Ich habe Angst, Freya. Und ich muss mit jemandem darüber sprechen. Ich habe einen Knoten gefunden, du weißt schon, in meiner Brust.«

Freya drückte ihre Hand. »Das geht vielen Frauen so, und oft stellt er sich als harmlos heraus.«

»Aber er ist schon gewachsen.«

»Wann hast du ihn zum ersten Mal bemerkt?«

»Vor Weihnachten.«

Freya war entsetzt. Das war Monate her, und Maureen arbeitete in einem Praxiszentrum. Sie wusste ganz genau, wie wichtig es war, sich sofort untersuchen zu lassen.

»Bitte sei mir nicht böse«, flüsterte Maureen. »Ich hatte gehofft, er geht von allein weg. Ich wollte mir nicht vorstellen, dass es …« Sie stockte, dann fügte sie kraftlos hinzu: »Nicht nach allem, was meine Eltern und besonders mein Rory durchgemacht haben.«

»Ach, Maureen, du Ärmste. Ich kann nicht glauben, dass du die Angst so lange mit dir herumgeschleppt hast. Sicher ist der Knoten harmlos, aber wir sollten uns Gewissheit verschaffen. Besser, man weiß es genau, meinst du nicht?«

Maureen nickte, schaute aber so elend und ängstlich, dass es Freya in der Seele wehtat. In dem Moment fasste sie einen Entschluss: Sie würde ihr Versprechen brechen, denn Maureen musste erfahren, was Andrzej für sie empfand.

»Normalerweise achte ich darauf, mich nicht in fremde Angelegenheiten einzumischen, aber ich werde dir jetzt etwas sagen, das ich schon längst hätte sagen sollen. Der gute Andrzej ist seit zehn Jahren in dich verliebt, seit er hierhergezogen ist. Er betet dich an, Maureen, und sein Gesicht hellt sich auf, sobald du hereinkommst. Das weißt du doch sicher?«

Maureen sah sie verblüfft an und schüttelte den Kopf. »Nein, du irrst dich. Er ist nur ein Freund. Ich glaube, er hat bloß Mitleid mit mir. Er kann unmöglich in mich verliebt sein. Das ist Unsinn.«

»Er hat dir das nie gesagt, weil er denkt, dass du David noch liebst, und weil er eure Freundschaft nicht riskieren will.«

Maureen sah sie mit großen Augen an und bekam auf einmal Farbe in die Wangen. »Ist das wirklich wahr, Freya? Natürlich werde ich David immer lieben, aber kurz vor seinem Tod hat er zu mir gesagt, dass ich versuchen sollte, mit einem anderen glücklich zu werden. Er war wirklich ein toller Mann.«

»Und das ist Andrzej auch. Sag mir die Wahrheit, Maureen. Hätte er bei dir Chancen?«

Maureen keuchte auf und lachte entzückt. Wie gut sich das anfühlte. Sie hatte seit Monaten nicht mehr gelacht.

Kein Wunder, dass Andrzej so besorgt war. Sie war ein Häufchen Elend gewesen. Gewöhnlich brachte er sie zum Kichern oder löste schallendes Gelächter aus. Sie dachte daran, wie er ihr Familienleben bereichert hatte. Er war ein überaus freundlicher und rücksichtsvoller Mann. Sie wusste nicht, was sie ohne ihn täte.

Durch einen Tränenschleier sah sie Freya glücklich an. »Ich liebe ihn seit Jahren. Ich wollte nicht verderben, was wir miteinander haben. Ich habe ehrlich nicht geahnt, dass er dasselbe für mich empfindet. Ich dachte, er kommt vor allem zu uns, um meinen Vater zu besuchen und sich seine Geschichten über Orkney anzuhören.«

»Du musst es ihm um Gottes willen sagen, Maureen. Er wird sich freuen. Er wird vor Freude in die Luft springen!«

Maureen machte plötzlich ein trauriges Gesicht. »Aber ich kann ihm das jetzt unmöglich sagen, Freya. Nicht bevor ich weiß, ob ich ernsthaft krank bin oder nicht.« Sie konnte das Wort »Krebs« nicht aussprechen, aber es drückte auf die Stimmung.

Draußen zogen Wolken vor die Sonne und verdunkelten das schöne Zimmer.

»Du darfst es ihm nicht verraten, Freya. Versprich es mir.«

Schweren Herzens gab Freya ihr Wort, aber unter der Bedingung, dass Maureen gleich am nächsten Morgen einen Untersuchungstermin ausmachen und ihr von dem Ergebnis berichten würde. Maureen versprach ihr das, schaute aber so erschrocken, dass Freya sagte, sie würde sie begleiten.

Wenn Maureen tatsächlich krank ist, dachte sie, *wird sie Andrzejs starke Arme brauchen, und er wäre am Boden zerstört, wenn er erfährt, dass sie ihn außen vor gelassen hat.*

*

Evie ging auf Kates Haustür zu, unsicher, was für ein Empfang sie erwartete.

Sie würden zum ersten Mal miteinander allein sein. Bei der Beerdigung hatte Kate ihr kondoliert, aber es hatte sich keine Gelegenheit ergeben, um miteinander zu sprechen, und die Begegnung mit ihr am Strand, umgeben von den anderen Schwimmerinnen, war furchtbar unangenehm gewesen.

Evie hatte Spielzeug für die Kinder und eine Flasche Wein und Schokolade für Kate mitgebracht und hoffte auf einen guten Neuanfang.

Kate öffnete die Tür mit einem Korb voller Wäsche. Das löste zumindest das Problem, ob sie einander umarmen sollten oder nicht.

»Evie! Das ist eine Überraschung.«

»Wenn es gerade ungünstig ist, kann ich ein andermal wiederkommen.«

Kate zog kaum merklich eine Braue hoch, zumindest kam es Evie so vor.

»Na, jetzt bist du schon mal hier. Komm rein, aber achte nicht auf das Durcheinander. Man kann entweder zwei Kinder oder ein ordentliches Haus haben – mit Ausnahme deiner Mutter.«

»Wir konnten keinen Keks essen, ohne dass sie mit dem Handstaubsauger unter unseren Füßen herumfuhrwerkte«, sagte Evie und sah Kate bei der Erinnerung halbherzig lächeln. »Hier sieht es schön aus, Kate. Das ist ein echtes Zuhause.«

Das Haus war hell und warm und roch nach selbst gekochtem Essen und feuchtem Hund.

Eine dicke Tigerkatze lag zusammengerollt auf einem Teppich vor dem lodernden Kaminfeuer, und zwei kleine Mädchen spielten zufrieden plappernd mit einer großen Arche Noah aus Holz, die lauter Dinosaurier, Barbiepuppen und Plastikaffen beherbergte. Sobald sie Evie sahen, verstummten sie.

»Mädchen, kommt und sagt Hallo. Das ist eine alte Freundin

von mir und eurem Daddy. Sie heißt Evie. Wir sind früher zusammen zur Schule gegangen. Evie, das sind Louise und Claire.«

Die Mädchen kicherten, waren aber zu schüchtern, um etwas zu sagen.

Louise, die ältere, hatte dunkle Haare und einen Pony, der entzückend schief war, und ihr fehlten die oberen beiden Schneidezähne. Sie hatte rote Pausbacken und große braune Augen. Claire war zwei Jahre jünger, hatte einen blonden Lockenschopf und lange dünne Beine wie ein Fohlen.

Evie grüßte die beiden und stand dann verlegen da.

Es gab so viel, was sie Kate sagen wollte, wusste aber nicht, wie sie am besten anfangen sollte.

»Ich habe den Mädchen eine Kleinigkeit mitgebracht.«

Sie gab ihnen die Spielzeuge und Kate den Wein und die Schokolade.

Kate bedankte sich, aber so, wie man einem Fremden dankte, der einem die Tür aufhielt.

Evie setzte sich auf das weiche Sofa, aber ohne sich anzulehnen, und dann herrschte unbehagliches Schweigen. Ihr fiel ein, dass sie den Mantel noch anhatte, sie konnte aber nicht einschätzen, wie lange sie bleiben würde.

Die Sonne lugte zwischen Wolken hervor, und Kate schickte ihre Mädchen sofort nach draußen zum Spielen. Dann wandte sie sich Evie zu. »Ich will ehrlich sein, ich bin hin- und hergerissen. Da wir gestern erst deinen Vater beerdigt haben, möchte ich dich nicht aufregen. Aber meinst du nicht, du bist mir ein paar Erklärungen schuldig?«

Evie wurde klar, dass es ein Fehler gewesen war, Kate tagsüber zu besuchen. Sie hätte warten sollen bis zum Abend, wenn Edwyn auch zu Hause war. Er würde die Wogen glätten.

Gerade als sie überlegte, aufzustehen und sich zu verabschieden, rannten zwei Jack Russell Terrier ins Wohnzimmer und forderten Beachtung, indem sie auf ihren Schoß sprangen.

»Eric! Ernie! Runter vom Sofa! Wie oft habe ich euch das schon gesagt?«

Sie gehorchten sofort, aber nicht ohne einen vorwurfsvollen Blick zu Kate, und trotteten zum Kamin, wobei sie um die Katze einen großen Bogen machten.

Evie war tief gerührt, weil Kate ihre Terrier nach Duncans Hunden genannt hatte.

»Sind das Weibchen oder Männchen?«

»Na, was meinst du denn? Selbstverständlich Weibchen. Wir wollten die Tradition fortführen. Dein Dad hat gelacht, als ich es ihm erzählte. Er hat sich darüber gefreut. Er hatte nicht mehr viel zu lachen, der arme Kerl.«

Zum ersten Mal seit ihrer Ankunft sah sie Evie in die Augen.

»Er war ein guter Mensch. Wir haben versucht, ihm zu helfen, aber er hat es nicht zugelassen. Vielleicht hätte ich hartnäckiger sein sollen, aber ich hatte die Kinder, und Edwyn macht im Krankenhaus öfter Überstunden. Glaub nicht, wir hätten uns nicht bemüht.«

»Das war nicht eure Verantwortung, Kate. Ich bin diejenige, die weggegangen und nicht wiedergekommen ist. Ich werde mir das nie verzeihen. Wäre ich wenigstens am Ende für ihn da gewesen. Zu denken, dass er ganz allein war, ist unerträglich.« Ihre Stimme kippte, und sie kämpfte gegen Tränen an. »Es tut mir ungeheuer leid, Kate. Du ahnst nicht, wie oft ich zum Telefon greifen und mit dir reden wollte. Ich hatte schreckliches Heimweh. Du hast mir sehr gefehlt.«

Das brachte das Eis ein wenig zum Schmelzen.

»Dein Dad war nicht ganz allein. Edwyn war da. Und er ist nicht mehr aufgewacht. Er hatte ein friedliches Ende. Das tröstet dich vielleicht.«

Evie holte tief Luft, und dann sprudelten die Worte aus ihr heraus. »Ich war schrecklich nervös wegen meines Besuchs hier. Wenn du mir die Tür vor der Nase zugeschlagen hättest, nie wieder mit mir reden würdest, ich könnte dir keinen Vorwurf daraus machen. Ich wollte schon bei der Beerdigung mit dir sprechen, aber das war nicht der richtige Moment dafür. Da waren zu viele Leute, und Liv hatte eine Szene gemacht, und …«

Kate hob eine Hand. »Halt mal kurz die Luft an. Zieh endlich deinen Mantel aus. Ich koche uns einen Kaffee, und dann können wir über alles reden. Du wirst mit uns essen. Du brauchst ein bisschen Fleisch auf den Rippen. Den Mädchen gebe ich gleich schon etwas, und auf dem Herd köchelt ein Gulasch für Edwyn und mich. Der reicht dicke für drei. Er müsste gegen sieben nach Hause kommen. Aber du weißt, wie er ist. Total pflichtbewusst. Das nutzen die in der Klinik kräftig aus.«

»So war er schon immer«, sagte Evie, während Kate den Kaffee und selbst gebackene Kekse auf den Tisch stellte.

»Also«, begann Kate. »Ich muss das sagen, und du musst das hören, Evie. Du hast nicht nur deine Familie verlassen, sondern auch mich und Edwyn. Wir wussten überhaupt nicht, was los war. Wir dachten uns, du willst mal für eine Weile raus, aber wir haben damit gerechnet, dass du nach ein paar Tagen zurückkommst. Es war furchtbar, was mit Brodie passiert ist, und nicht verwunderlich, dass du untröstlich warst. Aber dann kamst du nicht wieder, und wir waren außer uns vor Sorge.« Sie seufzte und fuhr fort. »Du hast uns wirklich gekränkt, Evie. Ich verstehe nicht, warum du uns nicht mal geschrieben hast. Wir haben dich in den Social Media gesucht, aber du warst nirgends zu finden, nicht mal auf Facebook. Schließlich mussten wir aufgeben.«

Evie dachte an all die Male, die sie zum Telefon gegriffen hatte, um ihre Freunde anzurufen oder eine Nachricht zu schreiben, und an die angefangenen Briefe, bei denen sie nie die richtigen Worte fand. Die landeten immer zerknüllt im Papierkorb. Und Freya hatte nie aufgehört, zu fragen, ob sie Kate und Edwyn die Adresse geben dürfe. Evie war oft in Versuchung gewesen, aber jedes Mal davor zurückgeschreckt und von Scham und

Schuldgefühlen überschwemmt worden, sobald sie daran dachte, dass sie ihnen dann erklären müsste, warum sie abgehauen war.

Also dann lieber gar keinen Kontakt, hatte sie sich gesagt, und man würde sie sowieso bald vergessen haben. Doch anscheinend hatte sie unterschätzt, wie sehr ihr Verschwinden den anderen zugesetzt hatte.

Und nun, zwanzig Jahre später, wurden ihr all die Fragen gestellt, vor denen sie sich gefürchtet hatte. Sie entschuldigte sich immer wieder, konnte sich aber nicht überwinden, Kate den wahren Grund ihrer Flucht zu nennen.

»Es tut mir schrecklich leid, Kate, mehr als du ahnst, und ich werde dir erzählen, was damals passiert ist, versprochen. Ich bin noch dabei, meinen Mut zusammenzunehmen. Du, Edwyn und Freya, ihr sollt es gemeinsam von mir hören. Ich bin nicht in der Lage, die Geschichte mehr als einmal zu erzählen. Und ich hoffe inständig, dass ihr mich hinterher nicht zu sehr verabscheut.«

»Herrgott, Evie, du machst mir ja Angst«, sagte Kate halb ernst, halb scherzhaft.

»Tut mir leid. Das wollte ich nicht. Aber können wir jetzt über was anderes reden? Ich möchte wissen, wie es euch geht. Es freut mich, dass ihr zusammen seid, und eure Mädchen sind entzückend.«

Louise und Claire spielten im Garten Nachlaufen. Ihr Lachen war ständig zu hören.

»Sie sind brav und kommen gut miteinander aus. Wir haben großes Glück. Ich denke, Edwyn hätte gern noch einen Jungen bekommen, aber ich habe den Laden dichtgemacht. Ich finde, zwei Mädchen sind für uns genau richtig.«

Evie dachte an ihre Eltern und dass sie bei der Geburt ihrer zweiten Tochter vielleicht genauso empfunden hatten. *Wir haben die beiden so unglücklich gemacht*, dachte sie. Kate stand auf und bereitete den Mädchen die kleine Mahlzeit zum Nachmittagstee zu.

Evie war völlig klar, dass sie allen die Wahrheit sagen und

gestehen musste, was sie getan hatte, obwohl ihr das womöglich niemand verzeihen würde.

Ihr Handy summte. Sie schaute aufs Display. Eine Nachricht von einer unbekannten Nummer: *Gib mir das verfickte Haus, oder es wird dir leidtun. Liv*

Plötzlich brach ihr der Schweiß aus, und sie bekam Sodbrennen. *Oh Gott,* dachte sie, *ich muss mich übergeben.* »Kate, wo ist das Bad?«, konnte sie gerade noch krächzen.

Kate zeigte in den Flur. »Erste Tür links. Oje, du siehst schrecklich aus. Ist dir nicht gut?«

Evie rannte und schaffte es gerade noch rechtzeitig, in die Toilette zu spucken und nicht auf den Boden. Sie würgte, bis nur noch Galle kam, dann kniete sie blind vor Tränen auf dem Boden und tat sich selber leid.

Kate stand vor der Tür. »Alles okay so weit, Liebes?«

»Es tut mir furchtbar leid«, krächzte Evie. »Ich werde mir den Mund ausspülen und dann gehen.«

»Quatsch! Du bleibst schön hier. Ich hole die Mädchen rein, damit sie essen. Geh du nach oben ins Bad und stell dich unter die Dusche. Da liegen saubere Handtücher, und ich leihe dir ein Sweatshirt und eine Jogginghose. Edwyn soll dich untersuchen, wenn er nach Hause kommt. Am besten, ich ruf ihn an und sage, er soll nicht so spät kommen.«

Evie öffnete die Tür. »Ach, Kate, ich habe es nicht verdient, dass du so nett zu mir bist.«

Kate seufzte. »Trotz allem bin ich noch immer deine Freundin und mache mir Sorgen um dich.« Sie verschwand, um die Mädchen ins Haus zu rufen, und Evie stieg auf wackligen Beinen die Treppe hoch.

Das Haus war behaglich, überall gerundete Kanten und helle Farben. Es war unordentlich und ein bisschen abgewohnt. Die Katze Joan Crawford und die Hunde Eric und Ernie hatten den Teppichen und Möbeln zugesetzt, aber das machte es nur umso heimeliger. Frisch geduscht ging Evie nach unten. Sie hatte Kates rosa Sweatanzug an, der ihr vier Nummern zu groß, aber weich und bequem war und nach Rasenschnitt und Seife roch.

Die Mädchen saßen in der Küche und aßen Fischstäbchen, Bohnen und pochierte Eier. Evie erinnerte sich, dass Kates Mutter ihnen das früher vorgesetzt hatte, wenn sie zu dritt ihre Hausaufgaben machten.

Louise sah sie an und sagte ernst: »Meine Mami sagt, du hast einen wehen Bauch. Du darfst meine Wärmflasche haben, wenn du willst, und meine Kuscheldecke. Granny hat eine für mich und eine für Claire gestrickt. Sie liegt auf meinem Bett.«

Evie konnte nicht sprechen. Sie war gerührt, wie nett Louise zu ihr war, obwohl sie sich gar nicht kannten. Ihre kleine Schwester fütterte Eric und Ernie unter dem Tisch mit Fischstäbchen und glaubte, das bemerke niemand.

»Mammy, hast du Daddy von den Goldfischen erzählt?«, fragte Louise mit vollem Mund.

»Nein, mein Schatz. Ich dachte, das möchtest du selbst tun, wenn er heute nach Hause kommt. Aber vielleicht würde Evie die Geschichte gern hören.«

»Ja, natürlich«, sagte Evie.

»Sie ist ein kleines bisschen traurig, weil die Goldfische, die wir in der Klasse hatten, gestorben sind. Das war schade, aber wir haben da gerade die Wikinger durchgenommen und dachten alle, es wäre eine gute Idee, Ant und Dec, so hießen sie, ein Wikingerbegräbnis zu geben.«

»Tatsächlich«, sagte Evie, unsicher, worauf das hinauslaufen könnte.

»Ishbels Daddy hat ein kleines Boot gebaut, und ihre Mammy hat ein rot-weißes Segel dazu gemacht, und wir haben Anthony und Dec in Toilettenpapier gewickelt und in das Boot gelegt.«

»Okay.« Evie kaute auf der Unterlippe und versuchte, ernst zu bleiben.

Louise erzählte ernst weiter. »Dann sind wir zum Strand gegangen, und die Lehrerin hat das Boot angezündet, und so stiegen sie nach Havanna auf.«

Kate und Evie konnten sich das Lachen nur mühsam verkneifen.

»Ich glaube, es ist Walhalla, Louise«, sagte Kate sanft. »Das ist der Wikingerhimmel.«

Claire meldete sich zu Wort. »Machen wir das auch mal für Eric und Ernie, Mammy?«

»Nein, Schätzchen. Wikingerbegräbnisse machen wir nur für Goldfische, nicht für Hunde.«

Evie und Kate grinsten einander an, und es war fast wie früher. *Was für ein Glück, dass Louise und Claire sich so gut vertragen,* dachte Evie. *Ich habe nie so mit Liv gespielt wie die beiden heute. Kein einziges Mal.*

Während sie in Kates Sweatanzug dasaß und mit ihren Töchtern plauderte, war ihr bewusst, dass diese Idylle bald vorbei sein würde. Denn keiner würde mehr mit ihr reden, sobald Liv ihr Geheimnis ausposaunt hatte.

27

Orkney, 2004

Evie war gerade achtzehn geworden. Liv war vor Jahren zu Hause ausgezogen und hatte mal bei dem, mal bei jenem auf dem Sofa übernachtet, bis sie sich selbst etwas mieten konnte. Ab und zu kreuzte sie zu Hause auf und bat ihre Mutter um Geld oder ein warmes Essen, geriet unvermeidlich mit ihrem Vater in Streit und zog in Ungnade wieder ab.

Ohne sie war es im Haus ruhiger und weniger stressig, aber leider waren sie nicht glücklicher. Evie hatte gelernt, um das Elend ihrer Eltern herumzuschleichen, versuchte, ihre Mutter zu besänftigen, ihrer gehässigen Kritik an Duncan die Spitze zu nehmen und ihn von seiner müden Traurigkeit zu befreien. Inzwischen war sie Expertin darin, die beiden von Streitpunkten abzulenken, aber das war auslaugend. Um ihre Mutter zufriedenzustellen, putzte sie das Haus, jätete das Unkraut im Garten und hielt ihr Zimmer so sauber und aufgeräumt wie eine Nonne ihre Klosterzelle.

Was ihren Vater am meisten freute, waren ihre schulischen Erfolge. Evie lernte fleißig und bekam nur gute Noten. Dazu hatte sie ein künstlerisches Talent entwickelt, malte viele Porträts von Eric und Ernie und schöne Seevögel. Für ihren Sechs-Jahres-Abschluss strengte sie sich ganz besonders an und legte eine Bewerbungsmappe für die Aufnahme an der Kunsthochschule an.

Wegen der angespannten Atmosphäre zu Hause verbrachte sie

nach der Schule und am Wochenende mehr Zeit mit Kate und Edwyn.

Die drei waren unzertrennlich und freuten sich auf einen gemeinsamen Sommer. Evie nahm sich vor, drüben in Hoy die spektakuläre Landschaft zu malen, und wollte auch ihre Verwandten auf Hrossey besuchen. Die fragten immer wieder, ob sie nicht ein paar Wochen bei ihnen verbringen wolle.

Da wusste sie noch nicht, dass sich all diese Pläne zerschlagen würden, denn kurz darauf verliebte sie sich zum ersten Mal.

Eines Vormittags jätete sie hinter dem Haus das Unkraut, als ihr Vater in der Tür erschien und nach ihr rief. »Komm rein, Evie, Liebes, wir fahren in die Stadt. Ich brauche deine Hilfe.«

»Klar, Dad, aber ich sehe schlimm aus. Gibst du mir fünf Minuten, damit ich mich waschen und umziehen kann?«

Duncan wusste, dass die fünf Minuten eine halbe Stunde dauerten. »Ich möchte lieber sofort los, Evie, wenn es dir nichts ausmacht.«

Sie hatte die lauten Stimmen gehört. Ihre Eltern hatten sich wieder gestritten. Nach einem Blick in das starre, niedergeschlagene Gesicht ihres Vaters ließ sie die Hacke fallen, wischte sich die Hände an ihrer schmutzigen Jeans ab und sagte lächelnd. »Ich bin so weit.«

Sie kannte die Ursache für die Aufregung. Hugh, einer seiner alten Schulfreunde, würde mit seinem neunzehnjährigen Sohn Brodie auf die Insel kommen, um den Sommer hier zu verbringen. Evie hatte die Familie vor Jahren kennengelernt, als sie in der Nähe für zwei Wochen ein Cottage gemietet hatten. Damals war sie acht gewesen und Brodie neun.

Sie erinnerte sich nur an weniges. Hugh war da noch mit seiner Ex-Frau zusammen gewesen, einer Wasserstoffblondine mit mürrischem Gesicht, und kurze Zeit später hatten sie sich getrennt. Seitdem waren Hugh und Brodie nicht mehr auf den Orkneyinseln gewesen.

Aber statt sich über das Wiedersehen zu freuen, hatte Cara einen Nervenzusammenbruch. Evie hatte einen höllischen Streit mit angehört, bei dem ihre Mutter herumkreischte, weil Duncan Hugh und Brodie für den Abend zum Essen eingeladen hatte.

»Er fand immer, dass ich für dich nicht gut genug bin«, schrie Cara. »Ich will nicht, dass er ins Haus kommt und denkt, ich hätte den Haushalt nicht im Griff.« Sie jammerte, dass das viel zu kurzfristig sei, obwohl Duncan ihr schon zwei Wochen zuvor von der Einladung erzählt hatte.

Das Haus wurde von oben bis unten fieberhaft geputzt, obwohl es sauber war. Evies Mutter weigerte sich, ihre Hilfe anzunehmen, und setzte ihre Leidensmiene auf, bei der Duncan mit den Zähnen knirschte und Evie sich in den Garten verzog.

Cara war seit fünf Uhr früh auf den Beinen, kochte und schimpfte und steigerte sich in eine irrationale Angst hinein. Am Ende sprach Duncan ein Machtwort, was für ihn ganz untypisch war, und sagte das Essen ab. Stattdessen würde er mit Hugh und Brodie auf ein Bier und einen Pie in den Pub gehen.

Das angemietete Cottage war von Kirkwall aus zu Fuß erreichbar, und von Duncans Haus fuhr man mit dem Auto nur zehn Minuten dorthin. Er wollte Evie dabeihaben, weil er für die beiden Vorräte einkaufen und im Cottage nachsehen wollte, ob alles in Ordnung war. Außerdem brauchte er sie, damit sie ihn aufmunterte.

Während der Fahrt gab Evie ihr Bestes. »Du freust dich bestimmt, Hugh wiederzusehen, Dad!«, sagte sie begeistert. »Ihr kennt euch schon so lange und habt euch eine Ewigkeit nicht gesehen.«

Er nickte. »Hugh ist ein guter Mann, das steht fest.«

»Mach dir wegen heute Abend keine Sorgen«, fügte sie hinzu. »Mum wird sich beruhigen. Das wird schon. Du kannst dich mit Hugh im Pub unterhalten, und ich und Brodie gehen mit.«

Duncan lächelte sie an. »Was würde ich nur ohne dich tun?«

Evie war wie immer zwiegespalten. Sie war froh, ihm helfen zu können, doch das brachte den Ballast der Verantwortung mit sich.

Er sah sie liebevoll an. »Ist schon gut, Evie. Das ist nur meine Schuld. Ich sollte deiner Mutter solch eine Belastung nicht aufbürden. Ich wollte nur mal einen netten, normalen Abend haben, mit Freunden etwas essen und trinken, kein aufwendiges Essen. Aber das ist ihr nicht beizubringen. Sie scheint zu glauben, dass sie immer etwas Großes leisten muss und dafür beurteilt wird.«

Evie wünschte, ihre Mutter wäre nicht so überempfindlich und ihr Vater würde ihr die Stirn bieten, anstatt sich wie Fußabtreter behandeln zu lassen.

»Aber sicher hast du recht. Es wird großartig, Hugh und Brodie wiederzusehen. Vielleicht hast du Lust, ihm hier einiges zu zeigen. Er wird nicht die ganze Zeit mit uns alten Knackern verbringen wollen.«

Nachdem sie im Supermarkt eingekauft hatten, fuhren sie zu dem Cottage. Der Schlüssel steckte im Schloss, und natürlich war nicht abgeschlossen. Das Haus war sauber, einfach eingerichtet und günstig gelegen, um von dort aus Besichtigungstouren zu unternehmen.

Evie hatte von zu Hause Handtücher und Decken mitgebracht für den Fall, dass nicht genügend vorhanden waren, und fing an, die Einkäufe auszupacken und den Kühlschrank zu füllen.

Sie war fast fertig, als draußen ein Auto vorfuhr. Sie hörte laute Begrüßungsrufe und schaute durchs Fenster. Ihr Vater schüttelte Hugh die Hand. Sosehr er sich freute, seinen alten Freund wiederzusehen, sie waren beide nicht der Typ für Umarmungen, nicht mal für die männlichen. Ihnen genügte ein forscher Händedruck. Sie ging zu ihnen hinaus.

Hugh lächelte sie an. »Das kann unmöglich die kleine Evie

sein! Du siehst so erwachsen und so hübsch aus.« Brodie kam mit den Koffern den Weg herauf und grinste Evie an.

Erst gestern hatten sie und Kate sich unterhalten, wie der ideale Mann für sie sein müsste. Groß, aber nicht zu groß, hatten sie entschieden. Gut gebaut, aber nicht zu muskulös. Feuerrotes Haar und makellose Haut waren ein Muss. Braune Augen und gut geschnittene Wangen wären ein Bonus. Und er musste ein freundliches, breites Lächeln haben. Tja, Brodie hatte all das und noch mehr.

Evie bekam eine trockene Kehle und brachte kein Wort heraus. Sie hatte schon gehört, dass andere beim Lächeln eines Mannes weiche Knie bekamen, und das als Übertreibung abgetan. Doch jetzt stand sie selbst kurz davor, sich irgendwo festhalten zu müssen.

Brodie hatte offensichtlich etwas total Charmantes und umwerfend Intelligentes gesagt und wartete nun auf ihre Erwiderung. Evie war völlig durcheinander und konnte nichts hören, weil ihr Puls in den Ohren klopfte und rauschte.

Oh verdammt. Er wird mich für eine dumme Nuss halten, und ich habe meine ältesten Klamotten und Gummistiefel an, an denen Kuhscheiße klebt, und meine Haare sind zerzaust. Sogar die Wollmütze hab ich auf. Wieso hat Dad mir nicht gesagt, wie toll Brodie aussieht? Wenn Kate ihn sieht … Aber ich hab ihn zuerst gesehen. Das muss zählen.

Sie gab sich einen Ruck und versuchte, sich zu konzentrieren. Brodie lächelte wieder. »Keinen Stress, Evie, aber soweit ich weiß, gibt es hier ein paar gute Pubs mit Livemusik, besonders jetzt während des Festivals. Mein Vater hat schon Tickets gekauft für ein anspruchsvolles Konzert in der Kathedrale. Aber ich höre mir lieber ein paar Bands an und trinke ein Bier dabei. Es wäre schön, deine Freunde kennenzulernen. Und natürlich deine Schwester Liv. Obwohl sie sich früher kaum mit mir abgegeben hat, wie ich mich erinnere.« Er lachte, und dabei sah er noch umwerfender aus.

Evie kriegte gerade noch die Kurve, um zu antworten. Sie kannte sich mit Pubs und Bands nicht aus, da sie viel malte und als Streberin ihre Hausaufgaben machte und mit Kate und Edwyn spazieren ging. Aber auf keinen Fall sollte Brodie denken, sie hätte keine Erfahrung und würde die lokale Musikszene nicht kennen.

»Ja natürlich, absolut. Das geht klar. Kein Problem. Ich bin dabei.«

Duncan schaute die beiden liebevoll an und äußerte klar seine Erwartung.

»Evie ist zwar achtzehn, aber sie geht nicht in Pubs. Sie ist zu sehr mit Lernen beschäftigt.«

Brodie sah skeptisch zwischen den Vätern hin und her. »Ja, klar. Und bestimmt habt ihr beide als Teenager nie was getrunken. Keine Sorge. Ich werde auf sie aufpassen, als wäre sie meine kleine Schwester.«

Evie wollte ganz bestimmt nicht, dass er sie als kleine Schwester betrachtete. Das wäre das Letzte. Die Sache lief überhaupt nicht gut, doch als Brodie sie wieder ansah und grinste, gab er ihr das Gefühl, für ihn das einzige Mädchen auf der Welt zu sein, und das ließ sie hoffen.

Duncan wandte sich zum Gehen. »Also gut, wir lassen euch jetzt allein, damit ihr euch einrichten könnt. Habt ihr Lust, heute Abend ein Bier trinken zu gehen und im Pub zu Abend zu essen? Ich hatte euch eigentlich zu uns nach Hause einladen wollen, aber Cara fühlt sich nicht gut. Es tut ihr sehr leid. Wir können uns in ein paar Tagen noch treffen.«

»Klar. Kein Problem. Grüß sie von mir, und sag ihr, sie solle sich schonen. Ich hoffe, sie hat sich unseretwegen keine Umstände gemacht, Duncan. Das möchten wir nicht.«

»Ganz und gar nicht«, log er. »Hör zu, Evie und ich kommen gegen halb sechs vorbei, und dann schlendern wir in die Stadt, und wir beide können später nach Hause wanken.«

Evie bat ihren Vater, sie bei Kate abzusetzen. Dort war Brodie das große Gesprächsthema. Dann überlegten sie eingehend, in welchen Pubs und Clubs Evie mit ihm abhängen könnte. Kate bestand darauf, sich mit Edwyn anzuschließen, um Brodie unter die Lupe zu nehmen. Und natürlich gab es eine lange, engagierte Diskussion, was Evie anziehen sollte.

»Nichts Nuttiges. Du willst schließlich nicht verzweifelt wirken«, sagte Kate entschieden.

»So was besitze ich gar nicht. Genauso wenig wie du. Meinst du, ich kann in Jeans und T-Shirt gehen?«

»Zieh das grüne an. Die Farbe steht dir. Aber wasch dir den Schlamm von der Backe und mach was mit deinen Haaren. Nimm nur wenig Lippenstift, für den Fall, dass er dich küsst.«

»Meinst du, das tut er? Ach, hoffentlich blamiere ich mich nicht, Kate. Aber denk dran: Ich habe ihn zuerst gesehen. Also Finger weg!« Und das meinte sie ernst.

Während die Väter am Abend im Pub über die alten Zeiten redeten, unterhielten sich Evie und Brodie über alles Mögliche und stellten fest, dass sie dieselben Filme mochten und über dieselben Witze lachen konnten. Er wollte alles über ihr Leben auf der Insel wissen und hörte ihr aufmerksam zu.

Brodie hatte gerade eine Flasche Bier getrunken, und Evie hätte sich gern ein Glas Cider bestellt, wusste aber, dass ihr Vater das missbilligte. Als sie den Pub verließen und den Heimweg antraten, ließen Evie und Brodie sich ein Stück zurückfallen und schlenderten nebeneinanderher.

»Schade, dass sich deine Mutter nicht gut fühlte«, sagte er. »Hoffentlich geht es ihr schon besser.«

Es war schön, im Dunkeln neben ihm herzugehen. Und weil er nett und aufrichtig interessiert war, öffnete sich Evie viel weiter, als sie es normalerweise bei jemandem getan hätte, den sie kaum kannte.

»Sie ist eigentlich nicht krank«, gestand sie. »Sie ist nur überempfindlich und hat sich in nervöse Ängste reingesteigert, weil ihr zum Abendessen kommen solltet. Sie macht aus allem ein Drama. Wer mir leidtut, ist mein Vater.«

»Das kenne ich«, sagte Brodie ein bisschen traurig.

Evie sah ihn mitfühlend an. »Ich hab gehört, dass sich deine Eltern getrennt haben.«

»Das ist schon eine Weile her, gleich nach unserem letzten Orkney-Urlaub, aber das war wirklich hart, besonders für meinen Vater.«

»Das tut mir leid.«

»Muss es nicht. Sie waren nicht glücklich miteinander. Als wir damals hier waren, hat sich meine Mutter über das Wetter beschwert und die Abgeschiedenheit und ihm in den Ohren gelegen, dass sie an die Costa del Sol wolle. Sie wollte lieber dort durch die Bars und Nachtclubs ziehen. Kurz danach hat sie uns verlassen. Später habe ich herausgefunden, dass sie ihm untreu war. Mit einem aalglatten Kerl mit einer schicken Wohnung in Marbella.«

»Siehst du sie manchmal noch?«

»Nein.« Er klang hart. »Sie wollte nicht, dass ich ihr Leben in Spanien einenge. Trotzdem hat sie sich um das Sorgerecht gestritten. Der Anwalt hat ein Vermögen gekostet. Schließlich hat mein Vater das große Haus in Morningside verkauft, hat ihr die Hälfte des Erlöses abgetreten und die Wohnung in Leith gekauft, in der wir jetzt leben.«

»Das muss hart gewesen sein.«

»Ja. Es tut weh, wenn einen die eigene Mutter nicht bei sich haben will.«

Evie berührte sacht seine Hand. Dabei fiel ihr ein, wie er mit neun Jahren gewesen war: ein bisschen pummelig und schrecklich schüchtern. Es schmerzte sie, zu denken, dass seine Mutter ihn im Stich gelassen hatte.

»Aber wir kommen gut allein klar, und ich habe damals schnell kapiert, dass die Trennung richtig war.«

Evie fühlte sich sehr wohl mit ihm. Sie wusste, er würde sie verstehen, wenn sie sich ihm anvertraute.

»Ich habe das noch niemandem erzählt«, begann sie langsam, »aber ich denke das auch über meine Eltern. Manchmal wünschte ich, sie würden miteinander Schluss machen. Ich glaube ehrlich, sie wären dann glücklicher. Oder zumindest mein Vater, obwohl er sie noch liebt. Meine Mutter tut ihm einfach nicht gut, und sie schafft es nicht, mal zufrieden zu sein.«

Brodie nickte. »Und du versuchst alles, damit es friedlich zugeht, hm?«

»Genau. Ich mache mir Sorgen, was aus ihm wird, wenn ich zu Hause ausgezogen bin und zur Uni gehe. Wie er dann ohne mich klarkommt.«

»Darum geht es auch bei unserem Urlaub«, sagte Brodie. »Ich weiß, er wird mich vermissen, wenn ich studiere, und sein Traum ist, eher in Rente zu gehen und sich auf Orkney niederzulassen. Ich hab vor, mit ihm ein paar Orte auszukundschaften, wo er vielleicht leben möchte.«

»Ein paar Kumpel wollten mich eigentlich nach Thailand mitnehmen«, fügte er dann hinzu. »Stattdessen habe ich als Überraschung für ihn die Fähre gebucht und bis Ende August das Cottage gemietet.«

»Wie aufmerksam«, sagte Evie. »Was für eine liebevolle Geste!«

»Ich bin froh, dass ich das getan habe.« Er griff nach ihrer Hand und drückte sie.

Während der nächsten zwei Wochen verbrachte Evie die meiste Zeit mit Brodie. Sie erzählte ihm mehr von ihrem stressigen Familienleben. Das kam ihr zwar vor wie ein Verrat an ihren Eltern, aber sie fand es ungeheuer erleichternd, alles einmal auszusprechen. Nur Liv hatte sie noch nicht erwähnt. Das fiel ihr noch schwer.

Nicht mal Kate und Edwyn hatte sie erzählt, wie es wirklich gewesen war, mit Liv aufzuwachsen, und was sich zurzeit zu Hause abspielte, aber sie wollte, dass Brodie alles über sie wusste.

28

Orkney, 2004

Evie verlebte eine herrliche Zeit mit Brodie. Ihren ersten zarten, aber entschlossenen Kuss, bei dem sie dahingeschmolzen war, würde sie nie vergessen.

Am nächsten sonnigen Tag rief er Evie an und schlug vor, nach Inganess zum Strand zu fahren.

»Ich will allen erzählen können, dass ich hier im Meer geschwommen bin, und bei Inganess liegt das alte Wrack, das man leicht erreichen kann. Wir könnten Picknick machen und Spaß haben, und das Beste von allem: Ich kriege dich im Bikini zu sehen.«

Das war Evies schlimmster Albtraum. Sie hatte noch immer furchtbare Angst vor dem Wasser. Duncan hatte es immer wieder geduldig versucht, aber sie hatte sich geweigert, das Schwimmbad noch einmal zu betreten, und nichts würde sie dazu bringen, auch nur bis zu den Knöcheln ins Meer zu gehen. Doch das wollte sie Brodie nicht eingestehen. Sie befanden sich noch in der Phase, wo man seine Schwächen versteckt.

»Ich bin nicht sonderlich scharf auf den Strand«, sagte sie. »Man hat den Sand überall, und das Wasser ist eisig.«

»Ich werde dich warm halten«, erwiderte er. »Und es reicht, wenn wir ein bisschen herumplanschen.«

Schon der Gedanke jagte ihr Angst ein. Selbst wenn Brodie sie an die Hand nähme. Sie musste sich eine bessere Ausrede einfallen lassen. »Tja, ich habe gar keinen Bikini«, sagte sie einfallslos.

»Kannst du dir keinen von Liv ausleihen? Merkwürdig übrigens, dass ich ihr noch nicht über den Weg gelaufen bin.«

»Sie kommt nur selten nach Hause. Sie wohnt jetzt in Stromness und hat von ihren Sachen kaum was hiergelassen. Mir würde wahrscheinlich sowieso nichts von ihr passen, und sie würde mich umbringen, wenn ich mir einfach etwas ausleihe.«

»Sei nicht albern. Schwestern tauschen doch immer ihre Klamotten aus. Geh, und nimm dir ein Teil, und kannst du auch zwei Handtücher und etwas zu knabbern einpacken? Wenn wir dort sind, können wir uns noch anderes zu essen besorgen. Na komm, Evie, das wird schön. Wir müssen das tolle Wetter ausnutzen. Wie ich Orkney kenne, schneit es morgen womöglich.«

Evie legte auf, und trotz allen Unbehagens ging sie in das Zimmer ihrer Schwester. Obwohl Liv schon lange fort war, traute sich keiner, ihre zurückgelassenen Sachen auszuräumen. Dass Evie in das größere Zimmer ziehen konnte, hatte nie zur Diskussion gestanden.

In Livs Kommode fanden sich ungewöhnlich viele schwarze T-Shirts, und unter ihren Stringtangas lagen verdächtig aussehende Päckchen, deren Inhalt wie Hamsterfutter aussah. Und ganz hinten in der Schublade fand sich ein winziger schwarzer Bikini.

Evie achtete darauf, alles so zu hinterlassen, wie sie es vorgefunden hatte, und ging in ihr Zimmer, um sich umzuziehen. Im Spiegel sah sie, dass der Bikini nur das Allernötigste bedeckte und über den Brüsten spannte, aber sie zog ein weites T-Shirt und Shorts darüber, damit das nicht auffiel.

Ehe sie es sich anders überlegen konnte, stand Brodie auf der Matte, und sie machten sich auf den Weg. Am Strand waren viele Familien, die das herrliche Wetter nutzten, und viele kleine Kinder rannten ins Wasser und kreischten vor Vergnügen.

Brodie und Evie schlugen mit ihren Handtüchern und zwei

Kissen ihr Lager auf. Es war so heiß, dass er sich sofort auszog und Evie überredete, ihr weites T-Shirt abzulegen. Er hatte nicht geahnt, dass sie eine sensationelle Figur hatte.

Evie dachte von ihm dasselbe. Er war von oben bis unten perfekt. Wie von Michelangelo geschaffen. Sie hatten schon ausgiebig miteinander geknutscht und gefummelt, und das war wunderschön gewesen, aber weil sie fanden, dass das mit ihnen etwas Besonderes war, gingen sie die Dinge langsam an.

Bei Evies Anblick sah sich Brodie in einem Maße erregt, wie nur ein neunzehnjähriger Junge es erlebt, wenn er seinen Schwarm sieht. Da gab es nur eine Lösung. Er musste ins Wasser.

»Ich muss mich dringend abkühlen«, sagte er. »Kommst du mit rein?«

»Vielleicht später.« Evie rang sich ein Lächeln ab. »Ich will ein bisschen lesen und mich sonnen.« Sie war sich nicht sicher, wie lange sie ihm noch etwas vormachen konnte.

Sie erinnerte sich noch lebhaft daran, wie sie als Kleinkind fast ertrunken wäre und die Wellen über ihrem Kopf zusammenschlugen, als sie verzweifelt nach Luft schnappte. Außerdem an die fehlgeschlagenen Versuche ihres Vaters, ihr das Schwimmen beizubringen, bei denen sich ihre Angst jedes Mal gesteigert hatte.

Sie sah andere Pärchen lachend ins Wasser oder zurück auf den Strand rennen und wünschte sich, sie wäre tapferer. Doch der Gedanke, hineinzugehen, raubte ihr alle Kraft.

»Ach, komm schon«, sagte Brodie. »Wir laufen um die Wette. Da sind kleine Kinder im Wasser, es kann so schlimm nicht sein.« Er konnte nicht verstehen, warum seine sonst so heitere, anhängliche Evie auf einmal so in sich gekehrt war. Sie wirkte gequält und gestresst.

»Lass mich einfach«, verlangte sie und klang schroffer als beabsichtigt.

»Meinetwegen.« Brodie rannte ins Wasser und hoffte, ihr zu zeigen, dass es nicht so kalt war, wie sie glaubte, doch er sprang sofort zurück.

Scheiße, Mann, das Wasser ist arschkalt, dachte er. *Die kleinen Kinder sind anscheinend abgehärtet. Aber wenigstens ist mein Problem behoben. Er kann höchstens noch walnussgroß sein.*

Er winkte Evie zu und rief: »Es ist eisig, aber man gewöhnt sich dran. Komm doch auch rein.«

Sie schüttelte den Kopf. Er rannte zu ihr zurück und nahm sie in die Arme, aber sie stieß ihn weg. »Lass das. Du bist ganz nass und kalt.«

»Was ist denn los mit dir? Ich mach doch nur Spaß«, brummte er und legte sich neben sie.

Als er den Strand entlangschaute, fiel ihm eine dunkelhaarige, schlanke Frau mit schwarz geschminkten Augen auf, die knappe Denimshorts und ein bauchfreies Top trug. Sie war keine konventionelle Schönheit, aber er konnte den Blick nicht von ihr lassen. Sie hatte einen selbstbewussten Gang, als wüsste sie genau, wie attraktiv und begehrenswert sie war.

Lächelnd kam sie auf ihn zu. »Hallo. Hast du gerade nach Evie gerufen? Du weißt, dass sie meine kleine Schwester ist? Sind wir uns schon mal begegnet? Ich bin Liv.«

Evie sah das bestürzt mit an. Das war absolut nicht gut.

»Liv? Ich habe mich schon gefragt, wann ich dich mal sehe. Ich bin Brodie. Es ist eine Ewigkeit her. Ich nehm dir nicht übel, dass du dich nicht erinnerst.«

»Brodie! Meine Güte, wie groß du geworden bist. Ich habe gehört, dass du wieder hier bist und mit Evie abhängst, aber ich bin nur noch selten hier.« Sie musterte ihn von oben bis unten. »Aber schade, dass ich dich erst jetzt treffe.«

Liv warf einen Blick auf ihre Schwester und sah, dass sie ihren Bikini trug, was schlimm genug war, aber es machte sie vor allem wütend, dass Evie darin besser aussah als sie. Liv kniff die Augen zusammen. Dafür würde sie sich später genüsslich rächen. Doch erst mal blieb sie supernett. Evie fand ihre oscarreife Vorstellung unglaublich.

»Wie war das Wasser, Brodie? Du warst ganz allein drin.«

»Ich wollte Evie überreden mitzugehen«, sagte er.

Liv schaute betroffen. »Oh nein, das hast du vergessen«, sagte sie in widerlich mitfühlendem Ton. »Die arme Evie kann nicht schwimmen.« Evies Wangen glühten vor Scham.

»Nicht schwimmen?«, wiederholte Brodie. »Das hast du mir gar nicht erzählt, Evie. Ich dachte, hier kann das jeder. Schließlich ist hier ringsherum Meer.«

»Nicht [illegible] Schwesterlein.« Liv zog einen Schmollmund.

Wie immer fühlte sich Evie von ihr eingeschüchtert und saß wie versteinert da.

»Du hättest was sagen sollen, Evie«, meinte Brodie. »Ich hätte dir das Schwimmen beigebracht, kann ich immer noch tun. Wir können sofort damit anfangen.«

Liv blickte von einem zum anderen und zündete sich eine Zigarette an. »Viel Glück damit, Brodie. Ich gehe jetzt besser. Hab ein heißes Date in der Stadt. Nach unserem letzten Mal konnte ich tagelang kaum laufen«, fügte sie zwinkernd hinzu. »Evie, ich hoffe, du gehst noch ins Wasser. Vor allem in dem hübschen Bikini.«

Brodie schaute durch eine Wolke aus Patschuli und Zigarettenrauch hinter ihr her.

»Deine Schwester ist echt cool, Evie. Komm, lass uns ins Wasser gehen. Ich bringe dir das Schwimmen bei. Da braucht man vor nichts Angst zu haben. Glaub mir.«

»Tut mir leid. Nein. Ich kann das nicht. Aber geh du nur.«

»Ohne dich macht das keinen Spaß. Ich will dich bei mir haben und mit dir angeben. Du siehst nämlich absolut umwerfend aus, Evie.«

»Ich bin doch kein Paar Turnschuhe oder eine neue Uhr.« Sie wurde allmählich laut. »Ich will nicht, dass du mit mir angibst. Weißt du was? Ich gehe jetzt. Ich wusste, dass das eine blöde Idee war. Ich hasse den Strand.«

Ihre Augen brannten von aufsteigenden Tränen. Sie fühlte sich tief gedemütigt.

Brodie lenkte ein. »Okay. Es ist nur schade, dass der schöne Tag verdorben ist, aber wir können nach Hause fahren, wenn du das willst.«

Sie nickte.

»Deine Schwester ist wohl unterwegs zu einem tollen Abend in der Stadt«, sagte er beim Zusammenpacken. »Sie scheint ziemlich erfahren zu sein.«

Das wird ja immer schlimmer, dachte Evie. Sie wusste, dass Brodie schon ein oder zwei Freundinnen gehabt hatte. Er hatte es zwar nicht gesagt, aber sie war überzeugt, dass er mit ihnen geschlafen hatte.

Seit sie mit Brodie ging, hatte sie endlos mit Kate erörtert, wie der Sex mit ihm wohl wäre, doch sie konnten auf kein persönliches Erleben zurückgreifen. Sie hatten ein bisschen mit Jungs herumgemacht, aber mehr auch nicht.

Sie kicherten und bezeichneten sich als Spätentwickler, aber tatsächlich wünschten sie sich, dass ihr erstes Mal etwas Besonderes wäre. Mit einem gut aussehenden Typen, vorzugsweise in einem schicken Hotel bei Champagner nach einem Schaumbad. Doch nun hatte sie Brodie, der unverhohlen ihre sexuell erfahrene Schwester bewunderte.

»Sie ist nicht die Einzige, die mit vielen Typen zusammen war.« Das platzte aus ihr heraus, ehe sie es verhindern konnte. Brodie sah sie verblüfft an.

»Sieh an«, sagte er. »Du steckst voller Überraschungen.«

Evie hätte das gern zurückgenommen und gesagt, dass sie noch nie mit jemandem geschlafen hatte und sich wünschte, er wäre ihr Erster. Doch da sie ihm in seinen Augen schon den Tag verdorben hatte, hielt sie den Mund.

Er nahm sie in die Arme und sagte: »Hör zu. Das mit dem Strand tut mir leid. Aber das wird ein herrlich lauer Abend, und wir könnten doch zusammen ausgehen. Irgendwohin, wo es schön ist.«

Evie lächelte ihn zaghaft an. »Das wäre toll. Ich werde mich ein bisschen schick machen.«

Er grinste. »Du kannst im Bikini bleiben, wenn du willst. Das wird garantiert keinen stören.«

Sie gingen in ein Hafenrestaurant in Stromness, wo man draußen sitzen konnte. Die Terrasse war gut besetzt mit Leuten, die den langen Sommerabend genossen. Evie und Brodie bestellten sich die Fischplatte für zwei und eine Flasche Weißwein und fühlten sich sehr erwachsen und niveauvoll.

Brodie war froh, weil Evie nach ihrer schlechten Laune am Strand wieder ganz die Alte war. Sie lachten und scherzten während des Essens und tauschten sich über ihre Zukunftspläne aus. Als ihre Teller leer waren, schien das der richtige Moment zu sein, sie mit seinem Plan zu überraschen. Er nahm ihre Hand.

»Evie, ich habe hier ein Hotelzimmer für uns gebucht. Ich habe es mir schon angesehen, es ist wirklich schön. Wir wollen beide, dass das für uns etwas Besonderes wird, und das wird es. Versprochen.«

Evie erstarrte. Sie sah in sein erwartungsvolles Gesicht. »Ich dachte, wir wären uns einig, es langsam anzugehen.«

»Als ich dich in dem Bikini gesehen habe – wie umwerfend du aussiehst –, tja, ich weiß, wir wollten uns Zeit lassen, aber ich glaube nicht, dass ich noch warten kann.« Er schaute zugleich hoffnungsvoll, begierig und ein bisschen beschämt.

Evie bekam einen Schrecken. Er erwartete eindeutig, dass sie heute Abend mit ihm schlief. Und sie hatte ihm den falschen

Eindruck vermittelt, sie sei bereits erfahren. Wieso hatte sie ihm nicht einfach gesagt, dass sie noch Jungfrau war?

»Ich dachte, du freust dich.« Er schaute sie enttäuscht an.

»Wir dürfen das nicht. Mein Vater wird sich fragen, wo ich bin.«

»Unsere Väter sind bei dem Konzert, und ich habe ihnen gesagt, dass wir zu einer Band gehen und wahrscheinlich bei Freunden übernachten. Siehst du, sie wissen, dass wir zusammen sind. Heimlichtuerei ist gar nicht nötig.«

»Ich finde nur, du hast mich damit überfallen«, sagte sie.

Brodie war gekränkt. »Ich fliege bald wieder aufs Festland, und wollte dir zeigen, wie wichtig du mir bist. Ich meine es ernst mit dir. Ich möchte, dass wir richtig zusammen sind.«

Evie rutschte tiefer in ihren Stuhl und schwieg.

»Bitte, sag doch etwas. Ich weiß nicht, was ich falsch gemacht habe.« Evie sah zwar, dass er sich immer mehr ärgerte, doch sie fand nicht die richtigen Worte, um ihm die Wahrheit zu sagen. Sie hatte sich in eine Ecke manövriert.

»Weißt du was?«, platzte er heraus. »Ich habe das Gefühl, du vertraust mir nicht. Wieso hast du nicht gesagt, dass du nicht schwimmen kannst, anstatt schlechte Laune zu verbreiten? Das kapiere ich nicht.«

»Keine Ahnung.« Evie starrte auf ihren Teller. Er griff nach ihrer Hand, und sie zog sie weg.

»Und jetzt zeigst du mir die kalte Schulter.« Brodies Ton wurde flehend. »Bitte tu das nicht, Evie.«

Sie fuhr ihn an. »Hör auf. Du benimmst dich wie eine Klette. Das ist mir zu viel.«

Brodie erlebte einen grauenhaften Flashback, denn seine Mutter hatte genau dasselbe zu ihm gesagt, kurz bevor sie die Familie verließ. Er fühlte sich damals im Stich gelassen und abgewertet, und jetzt passierte ihm das wieder.

»Und du benimmst dich wie ein dummes kleines Mädchen,

weißt du«, erwiderte er kalt. »Du bist unreif. Du solltest mal erwachsen werden.« Er hätte kaum etwas Schlimmeres zu ihr sagen können.

»Das muss ich mir nicht anhören. Jetzt ist Schluss«, sagte Evie fest. Sie schob ihren Stuhl zurück und floh aus dem Restaurant.

»Klar«, rief Brodie. »Hau einfach ab. Ohne mir Gelegenheit zu geben, das zu erklären.« So wütend er darüber war, es brach ihm das Herz. Wie hatte er das derart vermasseln können?

Er stand auf und ging nach drinnen an die Bar, um zu bezahlen. *Ich muss das Zimmer stornieren, wenn das noch geht,* dachte er unglücklich.

Jemand tippte ihm auf die Schulter, sodass er sich umdrehte. Vor ihm stand Liv und sah ihn mitfühlend an. »Du siehst aus wie ein Mann, der einen Drink braucht.«

Er war froh, sie zu sehen. Sie war am Strand nett und freundlich gewesen. Vielleicht würde sie ihm erklären können, warum Evie sich so seltsam benahm.

Eine Stunde später war Brodie schwindlig. Liv hatte mehrere doppelte Bacardis und dann Tequilas bestellt und hatte ihm verständnisvoll zugehört, während er sich seinen Kummer wegen Evie von der Seele redete.

»Mach dir ihretwegen keinen Kopf«, sagte Liv. »Sie hat schon immer ihre Spielchen getrieben. Sie geilt die Typen auf und lässt sie dann erst mal abblitzen.«

»Wirklich?« Das verwirrte ihn noch mehr. Das sah der Evie, die er kannte, gar nicht ähnlich.

Liv nickte. »Glaub mir. Sie ist nicht, wie sie scheint. Aber ich will dich kennenlernen. Erzähl mir doch, was du studieren willst.«

Sie fragte ihn nach seinen Plänen für das Architekturstudium und was er später damit anfangen wollte. Sie schmeichelte ihm, indem sie ihn für sein Vorhaben bewunderte, in Flüchtlingslagern zu helfen, und sagte, sie habe so etwas auch schon immer tun wollen.

Brodie ging an die Bar, um nachzubestellen, und konnte kaum noch gerade laufen. Er hatte einen schönen Abend mit Liv, die ihm klar gemacht hatte, dass Evie ihn nur zappeln ließ.

Evie kann mich mal, dachte er betrunken, doch es tat ihm weh. Er hatte wirklich geglaubt, sie liebe ihn so sehr wie er sie.

Als er bestellte, schlug ihm der Barkeeper freundlich vor, ein großes Glas Wasser zu trinken und für heute Schluss zu machen. »Ich rufe Ihnen ein Taxi«, sagte er.

Brodie taumelte zurück zu Liv.

Die lächelte ihn an.

»Ich habe eine bessere Idee. Du hast hier ein Zimmer gebucht? Wie wär's, wenn wir das nutzen? Du kannst ein bisschen Spaß gebrauchen.«

29

London, 2016

Ein weiteres Jahr verging, und Evie war mit Jeremy in eine stumpfsinnige, vorhersehbare Routine gedriftet. Unter der Woche sahen sie einander selten. Er behauptete, seine Arbeit nähme seine gesamte Zeit in Anspruch. Aber freitagabends holte er sie vor dem Büro ab, und sie verbrachten das Wochenende in seiner Wohnung.

In ihrer Mittagspause am Freitag ging sie einkaufen, kämpfte sich hektisch durch die Kundenscharen und hetzte ins Büro zurück, mit schweren Tüten voller Lebensmittel und Wein, denn sie kochte das ganze Wochenende für Jeremy und sich.

Sobald sie bei ihm eintrafen, packte Evie die Einkäufe aus, und Jeremy ging sofort zum Barschrank, sagte, er brauche jetzt ein ordentliches Schlückchen, und goss sich einen großen Gin Tonic ein.

Sie verschwand dann in die Küche und bereitete die simplen Dinge zu, die Jeremy gerne aß. Zu Anfang hatte sie sich angestrengt und Gerichte mit Fisch oder Meeresfrüchten auf den Tisch gebracht, die sie als Kind gemocht hatte, und sich auch an einem Risotto versucht. Doch Jeremy war gar nicht beeindruckt gewesen, und daher lohnte sich in ihren Augen die Mühe nicht. Er war viel glücklicher mit Würstchen und Kartoffelbrei und einem schweren Nierenfettkuchen zum Nachtisch. Er ließ sich allenfalls mal auf ein Chicken tikka masala vom Imbiss ein.

In jenen ersten Monaten, als Jeremy noch meinte, sich um

sie bemühen zu müssen, lud er sie samstags zum Lunch in einen Pub ein oder ging mit ihr an der Themse spazieren. Er hielt ihre Hand, redete über seine Zukunftspläne und dass er sich selbstständig machen wolle. Er prahlte endlos mit »Freunden«, die ihn anbettelten, in ihr Start-up zu investieren, und dass er bald ein Vermögen machen werde.

Damals überraschte er sie noch ab und an mit Pralinen oder Blumen, die gewöhnlich aus dem Tankstellenshop stammten. *Der gute Wille zählt*, sagte sich Evie dann.

Doch die Tage der romantischen Gesten waren lange vorbei. Inzwischen schaute er sich an den Samstagabenden Rugby- und Cricketspiele im Fernsehen an, trank Dosenbier und aß, was Evie eingekauft hatte, meistens ein Fertiggericht oder Pizza.

Sie räumte anschließend auf, und dann kam das übliche Samstagabendprogramm eines Pärchens mit zwei Stunden im Pub um die Ecke bei einer Weißweinschorle für Evie und zwei doppelten Gin Tonic für Jeremy, gefolgt von einem Curry.

Er blieb gern lange auf und spielte Computerspiele, bei denen auf Zombies oder Aliens geschossen wurde. Evie fand, er sei zu alt, um bis in die Nacht vor dem Bildschirm zu hocken. Doch andererseits war er dadurch, wenn er ins Bett kam und sie weckte, viel zu betrunken und müde, um Sex zu wollen. Das hatte sich damit erledigt.

Sonntagmorgens räumte sie die Überbleibsel vom Abend weg, trug den Müll raus, stellte dem schnarchenden Jeremy ein großes Glas Wasser mit zwei Paracetamol hin und machte sich auf den Heimweg.

Bei schönem Wetter ging sie ein Stück zu Fuß an der Themse entlang. Eines Sonntags wurde ihr bewusst, dass dies die einzige Zeit war, in der sie mal die Schultern sinken ließ und entspannt durchatmete.

In der Firma war sie inzwischen sehr unglücklich. Es hatte eine weitere Entlassungsrunde gegeben. Die Stimmung war im Keller, und Evie kannte jeden ihrer Arbeitsschritte in- und auswendig. Zum Glück verdiente sie relativ gut, doch ihre Miete war erhöht worden, und sie überwies nach wie vor Geld an Liv. Außerdem bezahlte sie die Lebensmittel fürs Wochenende und die Getränke, die Jeremy in sich hineinkippte. Am Monatsende war auf ihrem Konto wenig übrig. Oft fragte sie sich, wie es so weit gekommen war. Zuerst hatte Jeremy ihr leidgetan, und sie war froh gewesen, jemanden in ihrem Leben zu haben, und jetzt fühlte sie sich in seiner Gegenwart unsicher und ängstlich und hatte Geldsorgen.

Im Laufe der Monate untergrub Jeremy beständig ihr Selbstbewusstsein, indem er ihr Äußeres und ihren Modegeschmack kritisierte, obwohl er verlangte, dass sie sich unvorteilhaft kleidete.

Wenn sie sich etwas Neues kaufte, was selten vorkam, bestand er darauf, sie zu begleiten, und legte bei jedem Kleidungsstück, das ihr auch nur im Entferntesten schmeichelte, sein Veto ein. Das Kleid war dann angeblich zu jugendlich für sie oder sie sähe darin lächerlich aus oder gar nuttig, und es sei ihm peinlich, mit ihr gesehen zu werden.

Sie akzeptierte das kleinlaut. Sophia wäre darüber erbost gewesen, aber natürlich erzählte Evie ihr nichts davon. Sie fühlte sich jämmerlich und schämte sich.

Jeremy beklagte sich immerzu über die Darlehensrate für seine Wohnung und wie teuer der Unterhalt seines Wagens und die Anzüge seien, die er in seinem verantwortungsvollen Job brauche. Er lag ihr in den Ohren, sie solle ihre Wohnung kündigen und bei ihm einziehen.

»Evie, es ist lächerlich, dass du Miete und Nebenkosten für deine Wohnung zahlst, obwohl du dich nur wochentags da aufhältst. Überleg mal, wie viel Geld du sparen könntest, wenn du bei mir einziehst. Das wäre für uns beide nur von Vorteil.«

Irgendwann hatte er sie so weit, und Evie gab ihr Apartment auf.

Jeremy rieb sich tatsächlich die Hände und grinste triumphierend, als sie ihre Schlüssel abgab. Er sagte, da er die Darlehensraten zahlte, sollten sie sich die übrigen Kosten teilen.

Er räumte ihr mehr Platz in den Schränken im Schlafzimmer und Bad frei, aber Evies Habseligkeiten nahmen wenig Raum ein. Sie vermisste ihre karge Klosterzelle, und für den Weg zur Arbeit musste sie eine halbe Stunde früher aufstehen und mit zwei Bussen fahren. Doch wenigstens lag Jeremy ihr nicht mehr in den Ohren, und ihr blieb mehr Geld übrig.

Er überzeugte sie, dass er sich mit Finanzen weit besser auskannte als sie und daher ein gemeinsames Bankkonto für sie beide von Vorteil sei. Er könne sich dann um alles kümmern. Er war entsetzt, als er sah, wie viel Geld sie nach Hause überwies, und nach einem heftigen Streit drängte er sie erfolgreich, die Überweisungen an Liv zu halbieren.

Evie willigte nur ein, weil sie genug gespart hatte und davon das Schweigegeld an ihre Schwester aufstocken konnte. Doch es raubte ihr den Schlaf, wenn sie daran dachte, dass es eines Tages zur Neige ging. Jeremy kaufte ihr ein neues Handy, als »Überraschung« für sie und richtete es ein, sodass er ihr Passwort kannte, und die detaillierte Rechnung ging an ihn.

»Jetzt kann ich sehen, wie viel Zeit und Geld du für Twitter und Instagram vergeudest, wenn du eigentlich arbeiten solltest«, sagte er mit einem gekünstelten Lachen, doch das war nur ein weiteres Mittel, um Evies Leben zu kontrollieren.

Evie hatte keine Freunde außer Sophia, aber Jeremy hatte gar keine. Er traf sich nie mit Kollegen aus der Firma. Das gehöre sich nicht für ihn, denn er sei ihr Boss, erklärte er Evie. Er erzählte auch nie etwas über die Kameraden in der drittklassigen Schule, die sein Vater für ihn ausgesucht hatte, oder über seine früheren Kommilitonen an der Uni.

So war seine ganze Energie und Aufmerksamkeit auf Evie gerichtet, und sie fühlte sich mehr und mehr eingeengt. Sie war in

Versuchung, Sophia anzurufen und ihr Herz auszuschütten, über die langweilige Arbeit im Büro, wo sie unterfordert war, und über Jeremy, der ihr das Gefühl gab, wertlos zu sein. Doch ihr war klar, was ihre nüchtern denkende Freundin dazu sagen würde: *Verlass ihn einfach, und such dir einen anderen Job.*

Inzwischen telefonierten sie wieder einmal in der Woche. Evie hatte nicht viel zu erzählen, hörte aber liebend gern die Neuigkeiten über Sophias Familie und ihre jüngsten Dating-Katastrophen.

Bei einem dieser Gespräche lud Sophia sie zu einem Spa-Wochenende ein. Sie hatte von einem dankbaren Kunden in der Werbeagentur einen Gutschein bekommen.

»Na komm, Evie, das wird superschön. Wir tragen kuschlige weiße Bademäntel und trinken Sekt zum Frühstück, während wir uns die Nägel machen lassen. Wir bekommen himmlische Massagen und Gesichtsbehandlungen, und das kostet uns keinen Penny.«

Evie hatte große Lust dazu, wusste aber, dass ihr das nicht möglich war. »Das ist nett von dir, Sophia, aber ich glaube nicht, dass ich ein ganzes Wochenende von zu Hause wegkann.«

Sophia war frustriert und gekränkt, weil ihr Geschenk abgelehnt wurde. Sie hatte sich vorgenommen, mit ihrer Freundin ernsthaft über deren Job und Beziehung zu reden und herauszufinden, was da los war. Sie reagierte scharf. »Was du tatsächlich damit sagen willst, ist, dass Jeremy etwas dagegen hat. Gott bewahre, dass du ausnahmsweise mal Spaß hast. Na komm, Evie. Du musst aufhören, dich wie ein Fußabtreter behandeln zu lassen. Komm mit mir, und genieße ein schönes Wochenende.«

Evie war durchaus klar, dass Sophia recht hatte. Jeremy würde wütend sein. Es war schlimm genug gewesen, als sie sich noch wegen der Mietwohnung und der Überweisungen an Liv stritten. Sie hatte nicht die Kraft, um solche Auseinandersetzungen noch einmal durchzustehen.

Sophia sagte, sie solle sich melden, wenn sie es sich anders überlegte, aber sie wussten beide, dass das nicht passieren würde.

30

Orkney, 2024

Evie stand mit Freya in der Küche und sah ihr zu, wie sie ihre berühmten Fruit Scones backte. In der Zeit hatte sie einen weiteren Anruf von Jeremy ignoriert und dann eine seiner Textnachrichten bekommen, die immer drohender klangen. *Du strapazierst ernsthaft meine Geduld. Du weißt, es war nur deine Schuld, dass ich den Job und die Wohnung verloren habe. Wenn du nicht sofort zurückrufst, werde ich dich aufspüren und nach Hause schleifen.*

Sie schob die Gedanken an ihn beiseite und konzentrierte sich auf Freya. »Mein Gebäck wird nie so gut wie deins. Ich weiß noch, wie ich mit Kate und Edwyn nach der Schule zu dir gekommen bin und du mit uns endlos über den Schultag geredet und dabei deine herrlichen Scones und Kuchen fabriziert hast. Bei dir sah das so leicht aus. Meine Backkünste sind noch armseliger als die von Maureen.«

»Gott segne sie, aber keiner kann schlechter backen als sie. Das ist fast schon eine Fähigkeit. Aber da du gerade unsere Kate erwähnst – steht es inzwischen besser zwischen euch?«

»Wir haben reinen Tisch gemacht. Trotzdem verhält sie sich noch ein bisschen kühl. Ich nehme ihr das aber nicht übel.«

»Nun ja«, sagte Freya. »Sie ist eine Nette, nimmt sich aber alles zu Herzen, und sie hat dich wirklich vermisst. Wir alle.«

Sie schreckten zusammen, weil es an der Tür klopfte.

»Wer kann das sein?«, fragte Freya. »Da erlaubt sich jemand einen Scherz mit mir. Niemand, der mich kennt, klopft bei mir.«

Evie stockte das Blut in den Adern. Das konnte nur Jeremy sein. Er hatte gedroht, sie aufzuspüren, und jetzt hatte er es geschafft.

»Ich gehe nachsehen.« Freya zog sich die Schürze aus.

»Nein!«, rief Evie, sodass Freya sie überrascht ansah. »Lass mich das tun.«

Der Gedanke, Jeremy könnte sein grauenhaftes Benehmen bei Freya an den Tag legen, war ihr unerträglich. Mit zitternden Händen ging sie an die Tür, holte tief Luft und öffnete.

»Überraschung!«

Evie war sprachlos, denn Sophia stand vor ihr.

Die war die gewohnt lässig schöne Erscheinung mit kurzen Haaren und makellosem Make-up und trug einen gut geschnittenen grünen Mantel, um den die Prinzessin von Wales sie beneidet hätte.

»Was machst du denn hier?«, keuchte Evie.

»Ich habe den Spätflug genommen, und im *Foveran* hieß es, dass ich dich hier finde. Ich musste einfach herkommen und dich sehen. Ich hab mir schreckliche Sorgen gemacht. Du hattest versprochen, dich zu melden und zu sagen, was passiert ist, und dann habe ich über eine Woche nichts von dir gehört. Und Jeremy hatte die Frechheit, mich anzurufen und zu fragen, wo du bist. Natürlich habe ich ihm das nicht auf die Nase gebunden, aber er könnte es erraten. Ich wollte hier sein für den Fall, dass er aufkreuzt.«

Evie umarmte sie. »Es tut mir total leid, Sophia, ich hätte anrufen sollen. Und ich freue mich schrecklich, dich zu sehen.« Sie winkte sie herein. »Freya, das ist Sophia, meine Freundin aus London.«

Freya wischte sich die bemehlten Hände an der Schürze ab. Ihr schossen allerhand Fragen in den Kopf, aber zuerst sollte sie dafür sorgen, dass Sophia sich bei ihr wohlfühlte. »Komm doch rein. Du hast bestimmt einen Bärenhunger. Ich mache uns Tee.

Oder möchtest du lieber etwas Stärkeres? Ich denke, wir könnten alle ein Schlückchen vertragen.«

»Das klingt fantastisch, Freya«, sagte Sophia. »Schön, dich kennenzulernen. Evie hat von ihren Freunden oder ihrem Leben hier nicht viel erzählt.«

»Ja, das glaub ich sofort«, erwiderte Freya trocken und verschwand in die Küche.

Mit besorgter Miene setzte Sophia sich neben Evie und nahm ihre Hand.

»Im Hotel wurde mir gesagt, was mit deinem Vater passiert ist. Das tut mir sehr leid für dich. Der Taxifahrer, der mich hergebracht hat, kannte ihn und hat während der ganzen Fahrt erzählt, was für ein netter Mensch er war. Wie kommst du klar, du Ärmste?«

Evie traute ihrer Stimme nicht und machte keinen Versuch zu reden, aber Freya kam in dem Moment mit drei Gläsern und einer ungeöffneten Flasche Highland Park herein. »Du kommst genau richtig. Evie braucht im Augenblick ihre Freunde um sich.«

»Hat sie dir von ihrem Leben in London erzählt?«, fragte Sophia.

»Nein.«

»Dann solltest du mal zu Besuch kommen«, sagte Sophia. »Wir zeigen dir alle Sehenswürdigkeiten.«

Freya lächelte schmallippig. »Das ist nett von dir, aber ich habe schon fast alles gesehen, was London zu bieten hat, und bin hier sehr glücklich. Und natürlich gibt es hier immer ein Bett für dich, sodass du Evie jederzeit besuchen kannst.«

Sophia runzelte die Stirn. »Aber ich bin gekommen, um Evie nach Hause zu begleiten.« Sie drehte sich zu ihrer Freundin. »Ich dachte, du könntest für eine Weile zu mir ziehen. Du hast eine schlimme Zeit hinter dir, und ich kann mich um dich kümmern. Ich habe schon Flüge herausgesucht. Wir könnten übermorgen zurückfliegen, wenn dir das passt?«

Freya stellte ihr Glas hin. »Augenblick mal. Ich denke, Evie tut es ganz offensichtlich gut, hier zu leben. Sie hat wieder Farbe auf den Wangen.«

»Ja, sicher, sie brauchte einen Urlaub. Aber sie lebt seit zwanzig Jahren in London.«

»Hier ist ihr Zuhause«, erwiderte Freya bestimmt, und Evie sah, wie ihre besten Freundinnen einander abschätzten.

»Bitte, hört auf!«, sagte sie. »Ich weiß, ihr wollt nur das Beste für mich, aber ich kann so eine große Entscheidung nicht jetzt treffen.«

Sophia und Freya drehten sich gleichzeitig zu ihr hin, mit derselben verblüfften Miene.

»Wir wollen nur helfen«, sagten sie wie aus einem Mund, und dann wechselten sie einen Blick und lachten.

»Waffenstillstand?«, bot Sophia an.

Freya nickte. »Darauf trinken wir.«

Sophia lächelte. »Übrigens mag ich dein Kleid, und der Schmuck, den du trägst, ist spektakulär.«

Das war genau die richtige Bemerkung, um sich bei Freya beliebt zu machen.

*

Es hatte während der Nacht geregnet. Sophia wachte in ihrem Hotelzimmer auf und blickte in einen strahlenden Morgen, wo alles frisch gewaschen glänzte. Der Geruch von Gras und Meer war berauschend, und sie atmete tief ein.

Das war paradiesisch. Was konnte Evie nur so lange von hier ferngehalten haben? Sie war besorgt und rief Freya an. Die sagte, dass Evie noch schliefe, sie aber später vorbeikommen dürfe. »Ich will sie nicht allein lassen, aber du solltest den schönen Vormittag nutzen.«

»Ich habe mich schon entschlossen, länger zu bleiben«, sagte

Sophia. »Ich habe das Zimmer jetzt für eine Woche, und die Leute im Hotel waren so nett, mir einen Mietwagen zu besorgen. Ich werde einen Ausflug machen und die Gegend erkunden, aber nicht zu weit. Schick mir eine Nachricht, wenn Evie aufgestanden ist und mich sehen will.«

Nach einem Hotelfrühstück mit frischen Orkney-Eiern und Buttertoast mit Räucherlachs fuhr Sophia nach Kirkwall, um sich die Stadt anzusehen. Eine Stunde lang streifte sie durch die Läden mit lokalen Produkten, Kunsthandwerk und Andenken. Die Kleidung, besonders die handgestrickte, war klassisch geschnitten und dabei praktisch und bequem, und Sophia war klar, dass sich ihre Kreditkartenrechnung immens erhöhen würde.

Schließlich zog es sie zu der roten Sandsteinkathedrale St Magnus im Zentrum der Stadt. Drinnen war es kühl und still. Das große runde Buntglasfenster sorgte für weiches Licht, und alles wirkte friedlich.

»Wie schön«, hauchte Sophia. »Wie kunstvoll.« Als sie durch das Portal nach draußen trat und die Treppe hinunterging, schaute sie nach, ob sie einen Anruf von Freya verpasst hatte, und stieß mit einem Mann zusammen, dem attraktivsten, den sie je gesehen hatte.

»Verzeihung. Ich habe nicht aufgepasst. Ich war gerade in der Kathedrale. Ist sie nicht großartig? Von innen wirkt sie noch größer als von außen. Wie die Raum-Zeit-Maschine von *Doctor Who*«, plapperte sie.

Oh Gott, dachte sie. *Ich rede lauter Unsinn. Er wird mich für eine oberflächliche Touristin halten.*

Er grinste. »Sie ist wirklich beeindruckend. Keine Sorge, nichts passiert.«

Bei seinem Lächeln bekam sie ein Kribbeln im Bauch. Das war ihr seit dem zweiten Schuljahr nicht mehr passiert, als sie für Joseph Kennedy geschwärmt hatte. Und genau wie der vierzehnjährige Joseph hatte er einen absolut verführerischen irischen Akzent.

»Ich heiße Finn. Nett, dich kennenzulernen.«

»Ich heiße Sophia. Ich bin zum ersten Mal hier. Es ist zauberhaft, und das Wetter ist toll. So schön hatte ich mir das nicht vorgestellt. Ich dachte, es wäre kalt und düster und windig, stattdessen ist es spektakulär, die Läden sind fantastisch, das Essen ist wunderbar, und alle sind supernett.« *Wieso kann ich nicht aufhören zu plappern? Er will das alles gar nicht wissen,* dachte sie.

»Du bist sicher nicht allein hier, oder?«, fragte Finn.

»Ich besuche meine Freundin Evie.«

Finns Augen leuchteten auf und machten ihn noch anziehender. »Ich bin auf dem Hinflug einer Evie begegnet. Es ging ihr nicht gut, als wir landeten. Sie hatte einen Asthmaanfall. Ich habe sie am Krankenhaus abgesetzt, wo sie ihren Vater besuchen wollte. Aber dann hörte ich, dass er gestorben ist. Freut mich, dass du für sie da bist. Das ist eine traurige Sache.«

»Ja, das ist meine Evie. Sie hat eine schwere Zeit hinter sich. Tatsächlich besuche ich sie nachher.«

»Dann erzähl ihr, dass ich mich nach ihr erkundigt habe, und Sophia, ich weiß ja nicht, wie lange du hierbleibst, aber wenn du jemanden brauchst, der dich herumführt, es wäre mir eine Ehre. Ich arbeite hier im Auftrag der Gesellschaft für Vogelschutz und muss morgen rüber nach Hoy. Ich zeige dir gern die Seeadlerjungen, und wir könnten sogar zum Old Man of Hoy wandern, wenn sich das Wetter hält. Das ist ein schöner Spaziergang. Ich könnte einen Picknickkorb mitbringen oder wir gehen im *Be'nethill* einen Happen essen.«

Sophia bekam nur halb mit, was er sagte, weil sie fasziniert auf sein Lächeln starrte, doch dann sagte sie: »Das klingt wunderbar, aber ich bin hier, um mich um Evie zu kümmern, und kann noch nicht absehen, ob mir für so etwas Zeit bleibt.«

»In Ordnung. Aber ich geb dir meine Nummer, und wenn du Lust hast, mehr von den Inseln zu sehen, ruf mich an. Hier ist alles sehr besonders. Ich meine, wie soll man sich nicht in eine

Gegend verlieben, in der ein Dorf Twatt heißt, also ›Volltrottel‹?«

Sophia prustete vor Lachen. »Wirklich? Oh mein Gott, das ist super. Hoffentlich gibt es ein Schild, vor dem ich ein Selfie machen kann.«

»Selbstverständlich«, sagte er ernst. »Das wird sogar offiziell gefordert, wenn man zum ersten Mal da hinkommt. Also vergiss nicht, dass ich dir gern alles zeige. Wenn sich noch wer anbietet, soll er sich hintanstellen.«

»Oh, du bittest mich also um ein Date.« Sophia zog eine Braue hoch.

Ausnahmsweise fühlte sich Finn ein bisschen verlegen. Er war hingerissen von ihr. Sie war atemberaubend schön, und er war fasziniert von ihr. Natürlich flirtete er schamlos, was er bei jeder lebendigen Frau tat, doch diesmal war es anders.

Er wollte sie wirklich näher kennenlernen und wäre enttäuscht, wenn sie nicht anrief. Das war eine neue Erfahrung für ihn, und er war sich nicht ganz sicher, ob es ihm behagte, mal derjenige zu sein, der neben dem Telefon wartete.

»Versprichst du, dich zu melden?«, platzte er heraus.

Sophia antwortete lächelnd, sie werde darüber nachdenken.

31

Orkney, 2004

Als Brodie am nächsten Morgen wach wurde, strahlte die Sonne durch das Fenster herein. Ihm war übel, sein Mund war trocken wie der Boden in einem Wellensittichkäfig, ihm tat alles weh, und er hatte dröhnende Kopfschmerzen.

Wo war er eigentlich? Er stützte sich auf den Ellbogen und stellte fest, dass er in dem gebuchten Hotelzimmer lag und einen höllischen Kater hatte. Er konnte sich kaum an den Abend erinnern. Wusste nur noch, dass er mit Liv eimerweise Bacardi getrunken und eine Flasche Tequila geleert hatte. Und danach? Filmriss.

Der Streit mit Evie fiel ihm wieder ein. Er schaute aufs Handy, aber das war tot. Dann wurde es schlimmer.

Neben ihm im Bett lag Liv. Das drehte ihm den Magen um. Er hatte doch nicht … sie hatten doch nicht … Ihm kamen Bilder in den Kopf. Wie Liv ihn gegen die Wand drängte und ihn küsste … sich den BH auszog … seine Hände auf ihren Brüsten … Bei dem Gedanken zuckte er zurück. Sie schlief noch tief und fest.

Er stand auf, behutsam, um sie nicht zu wecken, warf sich seine Klamotten über und ging leise hinaus. Zurück im gemieteten Cottage, lud er als Erstes sein Handy auf. Endlich meldete es den Eingang einer Nachricht. Evie hatte ihm gestern Abend noch geschrieben. *Es tut mir ehrlich leid. Ich hätte nicht einfach gehen sollen. Ich will nicht mit dir streiten. Wir sehen uns morgen. Wie immer?*

Er antwortete sofort und fühlte sich mies. Hätte er das nur

gelesen, bevor er sich die Kante gegeben hatte. *Ich habe die Nachricht gerade erst gekriegt. Mein Akku war leer. Ich bin es, der sich entschuldigen muss. Ich war egoistisch. Sorry. Hoffe, du kannst mir verzeihen. Ich möchte dich sehen, aber heute geht es nicht. Bis bald. Xxxx*

Er konnte Evie jetzt nicht gegenübertreten. Er hatte das Gefühl, sie würde ihm anmerken, dass er die Nacht mit Liv verbracht hatte. Das war ein Riesenschlamassel.

Erst zwei Tage später sah er Evie wieder. Sie trafen sich am Strand bei Evies Haus, und es war furchtbar peinlich.

Jeder erklärte sein Verhalten, entschuldigte sich mehrmals, sagte, er sei im Unrecht gewesen, und versprach, nie wieder zu streiten. Falls Brodie schuldbewusster aussah, als sie erwartet hätte, so fiel Evie das nicht auf. Sie war nur ungeheuer erleichtert, dass sie wieder zusammen waren.

»Ich habe viel nachgedacht«, sagte sie. »Ich muss ehrlich zu dir sein. Ich hätte dir gleich sagen sollen, dass ich furchtbare Angst vor dem Wasser habe. Als kleines Kind wäre ich fast mal im Meer ertrunken, und das holt mich immer wieder ein. Ich weiß nicht, wieso ich das nicht zugeben wollte. Wahrscheinlich habe ich mich geschämt, weil das so lächerlich ist.«

»Das ist nicht lächerlich, Evie. Das muss grauenvoll gewesen sein. Ich wünschte nur, du hättest mir das gesagt. Ich hätte es verstanden. Ich kann nicht fassen, dass ich so wütend geworden bin, nur weil du nicht ins Wasser mitkommen wolltest. Ich komme mir vor wie ein totales Arschloch. Was ist damals passiert? Kannst du darüber reden, oder ist das immer noch zu schwer?«

»Mein Vater und die Familie meiner Mutter geben Liv die Schuld. Sie sagen, sie hätte versucht, mich unter Wasser zu halten, aber ich glaube das eigentlich nicht. Ich weiß zwar, dass sie mich hasst, aber nicht mal sie würde mir so was antun.«

Brodie war entsetzt. Liv war hinterhältig, und er hatte sich von ihr einwickeln lassen.

»Das tut mir sehr leid, Evie.«

»Ist schon gut. Es war mein Fehler, ich habe mich idiotisch benommen.« Sie holte tief Luft. »Ich muss dir noch was anderes sagen, und das fällt mir nicht leicht. Ich habe dich angelogen. Ich habe noch nie mit jemandem geschlafen, aber ich war durcheinander und wollte nicht, dass du denkst, ich hätte weniger Erfahrung als Liv. Du schienst sie total zu bewundern. Und natürlich möchte ich mein erstes Mal mit dir erleben.«

Also auch da hat Liv gelogen, dachte er. *Sie hat es dargestellt, als hätte Evie sich herumgeschlafen. Lieber Himmel, wie konnte ich so furchtbar blöd sein und mich mit jemandem einlassen, der so manipulativ ist?*

Laut sagte er: »Danke für deine Ehrlichkeit. Hör zu. Wie wär's, wenn wir uns keinen Druck mehr machen und einfach unser Zusammensein genießen? Heute Abend gibt es in Stromness ein Konzert. Die Band ist wirklich gut, und ich habe ein paar Typen von dem Pub dort kennengelernt. Ein genialer Haufen. Frag doch Kate und Edwyn, ob sie mitgehen. Wir können uns zusammen einen schönen Abend machen.«

Es wurde sogar ein fantastischer Abend mit erstklassiger Musik, witzigen Gesprächen und schallendem Gelächter.

Evie hatte noch nie so schön und so glücklich ausgesehen. Kate konnte nicht anders, sie war ein bisschen neidisch. Ihre Freundin sah blendend aus und war mit dem attraktivsten Jungen zusammen, den sie je gesehen hatte, während sie selbst mit Edwyn dastand.

Doch dann passierte etwas Sonderbares. Der sonst so schüchterne Edwyn entpuppte sich plötzlich als glänzender Gesellschafter, mit dem man wirklich Spaß haben konnte. Es mochte von dem großen Glas Cider kommen, das sie sehr schnell getrunken hatte, doch Kate betrachtete ihren alten Freund plötzlich mit neuen Augen.

Ich kann doch unmöglich auf Edwyn stehen, dachte sie. *Er ist mein Kumpel.* Es wäre lächerlich, und er wollte sowieso immer nur mit

Evie gehen. Er hat zwar nie etwas gesagt, aber er ist eindeutig in sie verknallt.

Sie sah zu Evie, die mit Brodie tanzte, schlank und hinreißend mit ihren glänzenden blonden Haaren, den grünen Augen und dem Julia-Roberts-Lächeln. Ihre Freundin war von Natur aus bildschön.

Kate zog eine Grimasse bei dem Gedanken, dass sie zwei nervenaufreibende Stunden gebraucht hatte, um sich für den Abend zurechtzumachen. Außerdem hatte sie das Bad mit Enthaarungscreme verstänkert, um ihren Oberlippenbart loszuwerden.

Während ihrer Prüfungsvorbereitungen hatte sie jede Menge ungesundes Stressfutter in sich hineingestopft und ein paar Pfunde zugelegt. Sie hatte ihren Kleiderschrank durchprobieren müssen, um etwas zu finden, das ihr noch passte. So war sie bei einer weiten Bluse und einem alten Rock gelandet, der am Bauch knalleng saß. Sie fühlte sich fett, verschwitzt, unsicher und von Evie überstrahlt.

Edwyn lächelte sie an. »Tanzt du mit mir?«

»Das willst du doch gar nicht. Los, geh schon rüber zu den anderen. Die werfen dir schon die ganze Zeit heiße Blicke zu. Ich will dir nicht im Weg stehen.«

»Sei nicht albern. Du bist viel hübscher als die, und bei dir muss ich mir keine Gedanken machen, wie ich eine Unterhaltung anfangen oder dich beeindrucken soll. Du bist einfach Kate, meine alberne, lustige, sagenhafte Freundin.«

»Jep, so bin ich. Also gut, aber lass deine albernen Moves. Damit siehst du aus wie eine Zitterspinne am Fliegenpapier.«

Er schaute zur Tanzfläche hinüber, wo Brodie und Evie ineinander versunken auf der Stelle tanzten.

»Ich hoffe nur, er ist gut für sie. Sie verdient den Besten.«

Kate wurde mutlos. Er stand eben doch auf Evie. Sie war nur die zweite Wahl.

⋆

Brodie sah Evie an und dachte, welches Glück er hatte und dass er es beinahe zerstört hätte. Während die Band eine Pause einlegte, stellte er sich an der Bar an und erschrak, als ihm jemand in den Hintern kniff. In dem Glauben, es sei Evie, drehte er sich um. Ihm verging das Lächeln, denn es war Liv, und sie sah ihn höhnisch an.

»Hast du mich vermisst? Es war nicht sehr gentlemanlike, mich im Hotelzimmer zurückzulassen.« Sie zog einen Schmollmund.

»Liv. Du hier?«, stotterte er. »Ich hätte nicht gedacht, dass du auf diese Band stehst.«

»Auf diese Clowns? Willst du mich verscheißern? Die sind der letzte Mist, und der Leadsänger ist im Bett ein Langweiler. Aber ich hab gehört, dass du hier sein wirst, und dachte, es wäre wahnsinnig schön, dich wiederzusehen. Außerdem schuldest du mir eine Erklärung und meiner Schwester auch.«

Er zog sie nach draußen. »Liv. Es tut mir leid. Ich war betrunken und habe einen schrecklichen Fehler gemacht, und Evie würde mir das nie verzeihen, wenn sie es erfährt. Ich flehe dich an, bitte sag ihr nichts.«

Liv kniff die Augen zusammen. »Ein schrecklicher Fehler. Das bin ich also für dich?«, fragte sie ungläubig.

»Ich hab doch gesagt, es tut mir leid. Ehrlich. Aber zwischen Evie und mir, das ist wahre Liebe. Bitte mach uns das nicht kaputt.«

Er ließ sie stehen und ging wieder in das Lokal. Liv war fassungslos und verblüfft, wie sehr sie Brodies Zurückweisung aufwühlte. Sie hatte ihn sich nur geangelt, um Evie wehzutun. Doch er hatte etwas an sich, das ihr unter die Haut ging. Da war mehr im Spiel als ihr gekränktes Ego. Sie fühlte sich niedergeschmettert und tief gekränkt. Wütend wischte sie sich die Tränen aus den Augen.

Wieder einmal war es ihre verhasste Schwester, die geliebt und verwöhnt und beschützt wurde. Sie dagegen wurde abgewiesen und missverstanden. Liv schwor, sich an beiden zu rächen, und Rache würde am besten kalt serviert.

32

Orkney, 2004

Nach einem herrlichen Sommer mussten sich Evie und Brodie voneinander verabschieden. Sie hatten sich versprochen, ständig in Kontakt zu bleiben, und zählten die Tage bis zu den Herbstferien, wenn er wieder auf die Insel kommen würde.

Evie vermisste ihn mehr, als sie für möglich gehalten hätte, und vertiefte sich ins Lernen. Sie sah Liv höchst selten, zum Glück, und zu Hause fungierte sie weiterhin als Puffer und bremste ihre Mutter, die ihrem Mann ständig zusetzte.

Sobald Cara zu schimpfen anfing, dass Duncan alles schmutzig und unordentlich mache, lenkte Evie sie schnell ab mit irgendeinem Klatsch über die Nachbarn und räumte die Tasse weg, die an der Spüle stand und nach Caras Meinung das Haus wie eine Müllhalde aussehen ließ.

Außerdem nahm Evie Fahrstunden, denn Duncan hatte ihr einen gebrauchten gelben VW-Käfer gekauft, den sie wie ein Baby behandelte. Sie polierte ihn auf Hochglanz, ließ sich Wimpern für die Scheinwerfer liefern und steckte eine Blüte in die kleine Vase am Armaturenbrett. Sie nannte das Auto Florence, worüber Duncan nur den Kopf schüttelte, doch insgeheim fand er das niedlich.

Er wollte mit ihr das Fahren üben, aber das erste Mal verlief katastrophal, und Duncan brüllte sie an, sie solle langsamer fahren. Sie brach in Tränen aus und ging zu Fuß nach Hause, während er sich schwor, nie wieder zu ihr ins Auto zu steigen. Doch als sie geübter wurde und sicherer hinter dem Lenkrad saß, unternahmen sie lange Fahrten hinunter nach South Ronaldsay oder hinauf nach Birsay.

Bei diesen Gelegenheiten erzählte er ihr von seiner Kindheit und der Großmutter, die Evie nicht mehr kennengelernt hatte, aber auch von seinem Eheleben vor der Geburt der beiden Mädchen. Und so entstand zwischen Vater und Tochter eine noch tiefere Verbundenheit. Evie war bald so weit, die Fahrprüfung abzulegen, und wollte sie unbedingt bestehen, damit sie Brodie am nächsten Tag von der Fähre abholen und ihn mit Florence überraschen konnte.

Ihr Vater saß auf dem Beifahrersitz, um sie stolz zum Prüfungszentrum zu begleiten.

»Ich weiß noch, wie deine Mum die Prüfung gemacht hat«, sagte er. »Es gab so wenig Verkehr an dem Tag, dass der Prüfer sie fragte, was sie tun würde, wenn ihr an einer Kreuzung ein anderes Fahrzeug begegnete. Sie antwortete, sie würde das Fenster herunterkurbeln und den Fahrer fragen, wohin er wolle und ob es etwas Neues gäbe.«

Evie lachte. »Ich kann mir gar nicht vorstellen, dass sie so lustig sein konnte.«

»Deine Mutter war ziemlich unkonventionell. Ich hab dir ja mal erzählt, wie sie mir am Yesnaby den Antrag gemacht hat.« Er kicherte bei der Erinnerung.

Evie konnte nicht glauben, dass ihre stressgeplagte Mutter einmal jung und verliebt gewesen war und Fahrlehrern freche Antworten gegeben hatte.

»Ich wünschte, du hättest sie damals erlebt, Evie. Sie war wirklich toll. So lebendig, und sie war glücklich. Das weiß ich genau.«

Er sah traurig aus.

»Ja, natürlich war sie glücklich. Sie hatte dich kennengelernt. Erzähl mir noch mal von der Hochzeit. Ich verstehe nicht, wieso ihr kaum Fotos gemacht habt.«

Duncan lachte und sagte, sie hätten dafür keine Zeit gehabt, weil sie in einem fort Spaß hatten. Er schaute sie an, zögerte kurz und fragte dann: »Wie steht's bei dir, Teenie? Mit dir und Brodie. Ist das was Ernstes?«

Evie hatte ihre Eroberung bewusst heruntergespielt, aber es war klar, dass beide Väter vor Freude platzen würden, wenn sie und Brodie endgültig ein Paar würden, allerdings erst nach dem Examen, denn beide wollten ein Foto von der Abschlussfeier auf dem Kaminsims stehen haben.

»Wir sind gute Freunde, und ich denke, es könnte mehr daraus werden. Mal sehen, wie es läuft, wenn er wieder hier ist.«

»Ich möchte nur, dass du glücklich bist, Teenie. Mir ist klar, dass du bald wegziehst und ich dich nicht ewig behalten kann, aber ich hoffe, du kommst immer zu mir zurück und zurück nach Orkney.«

»Natürlich, Dad. Das ist mein Zuhause. Du weißt, wie sehr ich alles hier liebe.«

Duncan lachte. »Ihr jungen Leute beschwert euch doch ständig, dass es hier zu langweilig ist und ihr lieber in Aberdeen oder Dundee oder Glasgow leben wollt.«

»Das meinen wir nicht ernst. Wir wollen euch nur aufziehen«, sagte Evie grinsend. »Also, da wären wir. Wünsch mir Glück.«

»Ich warte auf dich.«

Er stieg aus, als der Fahrprüfer auf den Wagen zukam. »Du schaffst das auf Anhieb, Liebes.«

Als sie in dem Käfer wegfuhr, um die Prüfung abzulegen, wurde Duncan bewusst, dass sich nun alles sehr bald ändern würde. Im nächsten Jahr würde Evie nach Glasgow auf die Kunsthochschule gehen und Kate und Edwyn zur Uni in Edinburgh. Dann wäre er mit Liv und Cara allein, und wie er damit klarkommen könnte, wusste er wirklich nicht. Liv beachtete ihn gar nicht, außer sie brauchte Geld, und Cara war kalt und verbittert und benahm sich, als wären sie sich fremd.

Er fühlte sich im eigenen Haus wie ein unwillkommener Gast, wie jemand, der nur Schmutz hereintrug und so unwichtig war, dass man ihm nicht mal seine Abneigung zeigte. Er konnte sich nicht erinnern, wann er und seine Frau sich zuletzt richtig unterhalten hatten. Wie hatte es nur so weit kommen können?

Er hatte Cara innig geliebt und geglaubt, sie liebe ihn auch. Die Jahre, in denen sie so viele Fehlgeburten hatte, die Enttäuschung, der Schmerz und Kummer hatten sie beide verändert, und nach Livs Geburt war es nur schlimmer anstatt besser geworden.

Er war nach wie vor ratlos, was seine ältere Tochter betraf. Er hatte sie noch nie verstanden, aber er machte sich keine Sorgen um sie. In seinen Augen war sie stahlhart, und nichts und niemand würde ihren Panzer durchdringen. Sie würde anderen das Herz brechen und selber eiskalt sein.

Da war seine Teenie ganz anders. Sie war großzügig und freundlich, wollte immer das Beste in Leuten sehen, und deshalb hatte er Angst, sie könnte sich in den Falschen verlieben. *Sie soll nicht so enden wie ich und ihre Mutter,* dachte er. *Sie hat etwas Besseres verdient. Sie soll glücklich sein und geliebt werden. Vielleicht ist Brodie der Richtige. Er scheint ein guter Mann mit Aufstiegschancen zu sein, und Teenie kann es offenbar nicht erwarten, ihn wiederzusehen.*

*

Eine Stunde später stürmten Evie und Duncan durch die Tür. Liv fläzte sich auf dem Sofa und hatte sich von Cara Geld »geliehen«. Cara saugte mit wütenden Bewegungen den Teppichboden, obwohl der so sauber war, als wäre er gerade verlegt worden.

»Sie hat bestanden, gleich beim ersten Mal«, sagte Duncan stolz. Evie strahlte.

»Typisch«, ätzte Liv. »Die Prinzessin kriegt, was immer sie will, und was kriege ich? Nichts.«

Liv hatte sich nie dafür interessiert, Autofahren zu lernen. Sie brauchte nur mit den Fingern zu schnippen, dann fuhr sie irgendein zwielichtiger Kerl mit seinem Motorrad oder seinem frisierten Wagen überallhin, und trotzdem war sie sauer, dass ihre Schwester jetzt ein eigenes Auto hatte.

Duncan versuchte sich kraftlos als Friedensstifter. »Liv, ich habe dir Fahrstunden angeboten, aber du hast das Geld lieber für was anderes ausgegeben.«

»Ich nehme dich jederzeit irgendwohin mit«, sagte Evie.

»Soll das ein Witz sein?«, höhnte Liv. »Ich möchte nicht mal tot in der albernen Karre gesehen werden. Das ist einfach nur jämmerlich.«

Evie blickte zu Boden. Mit ihrer überschwänglichen Freude war es vorbei.

Auch ihre Mutter hatte ihr nicht gratuliert. Stattdessen mischte sie sich ein. »Das ist unfair, Duncan, du verwöhnst Evie. Liv sollte dieselbe Summe bekommen, die du für das Auto ausgegeben hast.«

Und was in Gottes Namen fängt sie damit an?, dachte er, schwieg aber.

Er sah Evies unglückliche Miene und sagte übertrieben fröhlich: »Stell dir vor, morgen kannst du Brodie abholen und mit ihm über die ganze Insel fahren.«

»Ah, ja, der perfekte Brodie«, sagte Liv giftig. »Hast schon mal daran gedacht, dass er vielleicht ein Blender ist, Evie?«

Evie runzelte die Stirn. »Was soll das heißen?«

»Oh, ich bin sicher, das wirst du noch früh genug rausfinden.« Liv warf ihr ein süffisantes Lächeln zu und verschwand durch die Tür.

⋆

Am Abend ging Evie hinüber zu Freya, die angeboten hatte, Brodie bei sich aufzunehmen. Sie machte gerade das Bett im Gästezimmer. »Ich liebe dein Haus, Freya, und Brodie wird es auch gefallen. Es ist so gemütlich, und du backst die besten Kuchen der Insel. Es ist total lieb von dir, dass du ihn hier übernachten lässt.«

»Unsinn. Er kann kommen und gehen, wie er Lust hat, und ich kann dafür sorgen, dass er ordentlich isst.«

Sie verbrachten einen gut gelaunten Abend, legten Gesichtsmasken auf und machten einander die Fingernägel. Dabei erörterten sie eingehend, wann Evie zum ersten Mal mit Brodie schlafen sollte.

»Wir hatten zwar beschlossen, noch zu warten, aber ich fühle mich jetzt bereit. Ich hab nur ein bisschen Angst, dass ich dann nicht weiß, was ich tun soll«, sagte Evie.

»Wenn es so weit ist, wirst du es wissen. Wie bei allem macht hier Übung den Meister. Aber du musst vorsichtig sein. Wir haben darüber gesprochen.«

»Ich habe deinen Rat beherzigt. Keine Sorge, ich nehme die Pille. Da passiert schon nichts.« Sie küsste Freya auf die Wange und verabschiedete sich.

Am nächsten Morgen stand sie früh auf, und bis es sieben war, hatte sie jedes ihrer Outfits zweimal probiert. Schließlich entschied sie sich für eine Jeans und das grüne T-Shirt, das Brodie gefiel.

Auf dem Weg nach draußen rief sie: »Dad, ich bin jetzt weg, um Brodie abzuholen.«

»Du bist viel zu früh dran, Teenie. Die Fähre kommt erst in zwei Stunden. Sie wird nicht schneller fahren, nur weil du schon im Hafen stehst.«

Aber Evie konnte es nicht abwarten und fuhr mit Florence los. Unterwegs winkte sie den Leuten zu, die über ihr löwenzahngelbes Auto lächelten.

Zuzusehen, wie die Fähre langsam auf den Hafen von Stromness zuhielt, war eine Qual. Evie trat angespannt von einem Bein aufs andere, ungeduldig wie ein Kleinkind in der Warteschlange vor Santa Claus. *Du lieber Himmel*, dachte sie. *Man könnte meinen, das Ding fährt rückwärts. Es ist in den letzten fünfzehn Minuten kein Stück näher gekommen.*

Endlich legte die Fähre an, und Brodie war der erste Passagier, der von Bord ging. Er rannte auf Evie zu und rief schon von Weitem ihren Namen, dann schloss er sie in die Arme.

»Du hast mir schrecklich gefehlt und die Insel auch. Es ist, als käme ich nach Hause. Erzähl mir alles. Wie geht es deinen Eltern? Was machen Kate und Edwyn und Eric und Ernie?«

»Alles gut. Ach, es ist so schön, dich zu sehen. Ich hab dich auch vermisst.«

»Hat Freya auch bestimmt nichts dagegen, dass ich bei ihr übernachte?«

»Sie freut sich darauf, aber mach dich darauf gefasst, dass du mindestens zehn Kilo zunimmst. Sie mästet einfach jeden.«

Er lachte. »Wie kommen wir hin? Hast du ein Taxi bestellt? Oder nehmen wir den Bus?«

»Nicht nötig. Deine Kutsche steht bereit. Ich habe gestern die Fahrprüfung bestanden, und das da ist Florence, mein ganzer Stolz.«

»Na, hallo, Florence, du Schönste! Mit deinen Wimpern könnten wir glatt die Hafenmauer streichen.«

⋆

Freya hätte nicht mehr tun können, damit Brodie sich willkommen fühlte. Er machte es sich auf ihrer weichen Couch bequem, während sie ihn bemutterte und ihn drängte, noch mehr von den Kuchen, Keksen und Scones zu essen.

Bette Davis saß schnurrend neben ihm und ließ sich den Kopf

und am Bauch kraulen. Damit stand für Freya fest, dass er ein anständiger Kerl war, denn ihre Katze besaß eine ausgezeichnete Menschenkenntnis.

Während sie getrennt gewesen waren, hatte Brodie erkannt, wie sehr er Evie liebte und wie dumm es gewesen war, sich mit Liv einzulassen. In Edinburgh hatte er sich in schlaflosen Nächten damit gequält, ob er reinen Tisch machen und Evie von der Nacht mit ihrer Schwester erzählen sollte.

Das Problem war, er konnte sich nicht sicher sein, was dann passieren würde. Dass er mit Liv geschlafen hatte, wäre für Evie Grund genug, mit ihm Schluss zu machen, und dennoch fand er, es wäre richtig, es ihr zu sagen.

Freya ließ die beiden allein und ging in die Küche, wo sie bei geschlossener Tür geräuschvoll das Geschirr abwusch und das Radio einschaltete.

Brodie war kurz davor, den Vorfall zu gestehen, als Evie flüsterte, er habe ihr mehr gefehlt, als sie für möglich gehalten hätte, und sie sagte zum ersten Mal, dass sie ihn liebe.

»Ich liebe dich auch, Evie. Ich bin glücklich mit dir und habe dich eigentlich nicht verdient.«

Wie sollte er ihr jetzt von Liv erzählen, nachdem sie ihm so zärtlich ihre Liebe gestanden und ihn so vertrauensvoll und bewundernd angesehen hatte?

»Sei nicht albern«, erwiderte sie lachend. »Du könntest jede haben, die du willst. Und du hast mich gewählt. Ich bin hier die Glückliche.«

Er stand auf und griff in seine Jackentasche. »Ich habe dir etwas mitgebracht. Ich hoffe, es gefällt dir. Mein Großvater hat das meiner Großmutter geschenkt, als sie auf Orkney lebten, und ich hänge sehr daran, aber du sollst es bekommen.«

Er gab Evie eine schmale Samtschachtel, deren Kanten abgegriffen waren. Darin lag ein feines Silberarmband mit einem hellgrünen Stein, eingefasst in einen keltischen Liebesknoten.

»Oh, Brodie«, hauchte sie. »Das ist wunderschön. Willst du mir das wirklich schenken?«

Er legte es um ihr Handgelenk. »Natürlich. Das tue ich. Es war für dich bestimmt, und es passt zu deinen Augen. Aber du musst mir versprechen, es nie abzulegen.«

»Werd ich nicht.« Sie küsste ihn leidenschaftlich. »Brodie … ich habe nachgedacht. Ich bin bereit. Mit dir zusammen zu sein. Du weißt schon, so richtig.« Sie wurde rot.

»Oh Mann«, sagte er lachend. »Wenn ich gewusst hätte, dass das Armband solche Kräfte hat, hätte ich es dir schon am ersten Abend geschenkt.«

Sie stieß ihn kichernd in die Rippen.

Er sah sie ernst an. »Bist du dir sicher? Ich möchte dir keinen Druck machen. Wirklich nicht.«

»Brodie, wenn wir es nicht bald tun, ich schwöre, dann sterbe ich. Aber ich will, dass es superschön wird.«

33

London, 2016

Evie schrieb Freya ihre neue Anschrift, ohne zu berichten, dass sie bei Jeremy eingezogen war. Sie hatte ihn bisher nicht erwähnt, denn Freya würde einen solchen Mann ablehnen, das war klar.

Oben auf Orkney schaute Freya die Londoner Postleitzahl nach und freute sich, weil Evie in eine gute Gegend gezogen war. Sie sah sie in einem verantwortungsvollen Job und einer schicken Wohnung, umgeben von vielen Freunden, mit denen es ihr gut ging.

Kein Wunder, dass sie nicht zurückkommen will, dachte sie. *Nach dem aufregenden Leben in London würde sie es hier todlangweilig finden.* Solange sie sich eine sorgenfreie, glückliche Evie vorstellte, bedrückte es sie weniger, dass sie allen ihren Kontakt verschweigen musste.

Hätte sie Einblick in Evies tatsächliches Leben gehabt, wäre sie außer sich gewesen. Evie war für Jeremy mehr eine Haushälterin, mit der er auch Sex hatte. Sie hielt alles sauber und ordentlich und füllte den Kühlschrank auf, aber es gab keine Bücher, Fotos oder Blumen, die die Wohnung behaglicher und heiterer gemacht hätten, und Evie hatte weder den Mut noch das Geld, die unpersönliche Wohnung in ein Zuhause zu verwandeln.

Die Heimfahrt vom Büro dauerte lange, sodass oft nur noch die Zeit blieb, ein Fertiggericht in der Mikrowelle zu erhitzen, und dann war Jeremy den ganzen Abend mürrisch. Anfangs verteidigte sie sich noch, doch seine ständigen Sticheleien setzten ihr zu. Es war leichter, ihm zuzustimmen und zu sagen, sie würde es beim nächsten Mal besser machen.

»Die meisten Männer würden sich das nicht gefallen lassen«, schimpfte er, und sie dachte, dass er recht hätte.

Er kam abends immer später nach Hause und hatte meistens etwas getrunken. Er war streitsüchtig und noch aufbrausender als zuvor. Wenn Evie ihn zögernd fragte, ob etwas nicht in Ordnung sei, herrschte er sie an, sie solle aufhören, an ihm herumzumeckern. »Kann ein Mann nach einem anstrengenden Arbeitstag nicht ein, zwei Gläser trinken? Ich muss runterkommen. Du hast keine Ahnung, unter welchem Druck ich stehe. Du magst ja in einer beruflichen Sackgasse stecken, aber ich leiste wichtige Arbeit.«

An diesem Abend betrachtete sie ihn zum ersten Mal mit nüchternem Blick und stellte fest, wie verwahrlost er aussah. Seine Haare waren dünn geworden und fettig, er hatte viele geplatzte Äderchen an Wangen und Nase und unter den Augen riesige Tränensäcke. Ihr fiel ein, dass Sophia mal gesagt hatte: »Wenn der einen Raum betritt, vergeht allen die gute Laune.« Ihre Freundin hatte recht gehabt, aber jetzt war es zu spät. Sie saß bei ihm fest. Schon oft hatte sie überlegt, ihn zu verlassen, doch inzwischen war sie so eingeschüchtert, dass sie die Kraft nicht aufbringen würde. Er hatte sie restlos entmutigt. Immer mehr Abende endeten mit dem Gefühl, dass ihr etwas die Brust zusammenschnürte.

Ihr Handy summte. Eine Nachricht von Freya. Sie hatte Evie überredet, ihr die Nummer zu geben, und Freya meldete sich regelmäßig, schickte ihr unscharfe Fotos und berichtete gut gelaunt den neusten Klatsch. Evie hatte sie schwören lassen, keinem anderen die Nummer zu geben, aber sie war froh, diesen Kontakt nach Hause zu haben.

Wie gefällt dir das schicke Leben in London?, schrieb Freya. *Ich weiß aus den Nachrichten, dass ihr in der Hitze schmort. Hier ist es heute herrlich. Ich hänge dir ein Foto von mir auf der Fähre nach Hrossey an. Auf dem anderen verschwommenen Bild habe ich versucht, einen Orca aufzunehmen, aber er war zu weit weg. Du hättest den Anblick geliebt, und stell dir nur vor, wie du ihn gemalt hättest! Der Delfin war schön und ausgelassen, aber auch ein bisschen furchterregend.*

Evie sehnte sich so sehr nach Orkney, dass es körperlich wehtat. Es hätte sie glücklich gemacht, mal wieder einen Orca zu sehen, und sie hatte sich immer vorgenommen, die Intelligenz und wilde Schönheit der Tiere auf einem Gemälde darzustellen.

Sie schloss die Augen und konnte die Meeresluft beinahe riechen. Doch dann erlebte sie einen Flashback jenes furchtbaren Abends, an dem ihre Schwester sie angekreischt und ihr Vater sie tief enttäuscht und wütend angesehen hatte.

»Ich verdiene es nicht, glücklich zu sein. Allenfalls einen langweiligen Job ohne Aufstiegschancen und einen Scheißkerl wie Jeremy.«

34

Orkney, 2024

Da sie nur für eine Woche auf Orkney war, beschloss Sophia, Finn doch noch anzurufen. Am nächsten Morgen nahm sie die Fähre von Houton nach Hoy, um sich mit ihm zu treffen.

Sie hatte sich von Freya einen kleinen Rucksack und ihre ältesten Wanderstiefel ausgeliehen und für den Fall, dass es regnete, Kleidung zum Wechseln eingepackt. Während der kurzen Überfahrt entdeckte sie eine Schule grinsender Delfine, die vor den Passagieren eine Show abzogen und Rückwärtssalti schlugen, und hatte mit einem älteren Paar von Hoy eine interessante, aber verwirrende Unterhaltung über Vogelbeobachtung, und die Frau lud sie ein, sie auf einen Tee zu besuchen, falls sie in ihre Nähe käme.

Finn winkte ihr lebhaft, als sie von Bord ging, und zog sie in seine Arme. *Bei dem muss ich cool bleiben,* dachte sie. *Er glaubt, er kriegt mit seinem Charme jede ins Bett. Aber bei mir muss er sich mehr anstrengen.*

Er strahlte sie an. »Ich freue mich riesig, dass du es geschafft hast. Sieh dir nur den Himmel an. Das wird ein herrlicher Tag! Als Erstes möchte ich dir das Seeadlernest zeigen, dann wandern wir zum Old Man.«

Inzwischen wusste Sophia, dass der Old Man ein berühmter Kliffpfeiler und kein betagter Einwohner war.

»Gut, dass du festes Schuhwerk anhast«, sagte er anerkennend. »Es ist zwar ein leichter Weg, aber wenn es regnet, wird er ein bisschen matschig.«

Er erzählte begeistert, wie die Seeadler auf Orkney wieder angesiedelt worden waren und dass 2018 auf Hoy die ersten Jungen schlüpften, nachdem die Art im neunzehnten Jahrhundert auf den Inseln ausgestorben war. Es sei der beste Tag in seinem Leben gewesen, als er die Küken aus den Eiern kriechen sah.

»Ich muss dich auch nach South Ronaldsay zum Isbister Cairn mitnehmen. Das ist eine Megalithanlage, wo man über sechstausend Seeadlerknochen gefunden hat. Da bin ich besonders gern.«

Er drehte den Kopf zu Sophia. »Entschuldige, ich quassele ununterbrochen. Hoffentlich habe ich dich nicht gelangweilt.«

Tatsächlich war Sophia fasziniert, und es gefiel ihr, dass er vor Begeisterung sprühte, doch sie lächelte nur rätselhaft und ließ sich nichts anmerken.

»Da sind wir«, sagte er und fuhr auf einen Rastplatz. In der Ferne war eine Felswand zu sehen.

Er holte zwei Ferngläser hervor. »Ich habe auch eines für dich eingepackt.«

Sophia schaute hindurch und stellte es scharf. »Können wir sie wirklich von hier aus sehen?«, fragte sie skeptisch.

»Wenn man weiß, wo man suchen muss. Siehst du unterhalb der Kante den Felsen, der wie der Kopf von *Shrek* aussieht? Daneben ist es.«

Sophia fand es. Das Nest war überraschend groß und unordentlich. Gerade landete ein großer Seeadler darauf, den Schnabel voller Futter für die hungrigen Jungen. Eine Gruppe aufgeregter und neugieriger Vogelbeobachter war auch stehen geblieben und scharte sich nun um sie, weil sie unbedingt mit Finn sprechen wollten.

Mit jungenhaftem Eifer erzählte er alles über Seeadler. Sophia fand das unglaublich liebenswert. Eine Stunde lang beobachteten sie, wie die großen Seeadlereltern wegflogen und zurückkamen, um die aufgerissenen Schnäbel zu stopfen.

Sophia hatte bis dahin nur eine einzige Erfahrung mit Vögeln gemacht, nämlich als eine Taube am Trafalgar Square ihr auf den Kopf geschissen hatte, als sie zum Kino hastete. Daran wurde sie definitiv nicht gern erinnert. Aber das hier war wirklich fesselnd, und sie hatte ein schlechtes Gewissen, weil sie Vogelbeobachter bisher immer als verschroben abgetan hatte. Diese jedenfalls waren freundlich und aufgeschlossen und konnten sich für die seltenen Tiere begeistern.

»Also, Sophia«, sagte Finn. »Hast du Lust auf eine kurze Wanderung? Es ist nicht allzu weit von der Straße weg, und das Wetter scheint sich zu halten.«

Sie fuhren nach Norden, und schließlich entdeckte Sophia an einem Hang einen kleinen weißen Grabstein.

»Wer ist denn dort begraben, Finn? Das liegt völlig einsam.«

»Wir können anhalten und nachsehen, aber ich muss dich warnen. Das ist eine ganz traurige Geschichte.«

Sie stiegen den Hang hinauf zu dem Grab. Es war von einem weißen Holzzaun umgeben. Auf dem Stein stand nur: *Hier liegt Betty Corrigan.*

»Das arme Mädchen ist schwanger geworden vor ungefähr zweihundertfünfzig Jahren«, erklärte er. »Sie war aber nicht verheiratet, und der Vater des Kindes ließ sie sitzen und fuhr zur See. Sie glaubte, die Schande nicht ertragen zu können, und ging ins Wasser, um sich das Leben zu nehmen. Sie wurde vor dem Ertrinken gerettet, aber danach wurde sie als noch größere Sünderin angesehen.« Er seufzte. »Ihr Leben war ruiniert, und ein paar Tage später erhängte sie sich. Niemand wollte sie auf dem Kirchhof begraben, der geweihter Boden war, und sie bekam nicht mal eine ordentliche Beerdigung. Stattdessen wurde hier für sie ein Loch ausgehoben, wo niemand hinging.«

»Das ist allerdings traurig«, sagte Sophia. »Sie hat furchtbar gelitten.«

»Oh, es wird noch schlimmer. Viel schlimmer. 1933 gruben ein paar Männer nach Torf und trafen mit ihren Spaten auf den

Sarg. Sie öffneten ihn, und da lag Betty. Weil man sie in Moorboden vergraben hatte, war sie kaum verwest. Sie hatte braune lockige Haare, die bis über die Schultern reichten, und ihre Haut war nur ein bisschen dunkler geworden. Davon abgesehen sah sie aus, als ob sie schlief. Es heißt, dass das Seil, mit dem sie sich erhängt hatte, neben ihr lag, aber zu Staub zerfiel, als es der frischen Luft ausgesetzt wurde.«

»Mein Gott, die arme Betty. War es damit zu Ende?«

»Nein. Der Sarg wurde geschlossen, aber das Grab blieb nur für zehn Jahre unberührt. Seit dem Ersten Weltkrieg befand sich auf Hoy ein Marinestützpunkt. Du hast ein paar alte Gebäude und das Museum in Lyness gesehen, wo die Fähre ankam. Leider haben sich ein paar Soldaten nicht mit Ruhm bekleckert und die arme Tote wieder ausgegraben. Sie musste für eine Monstrositätenschau herhalten, bis es eine Protestwelle gab. Dann wurde sie erneut begraben und ihr Sarg mit einer Betonplatte bedeckt. Nach dem Krieg stellte ein amerikanischer Priester ein Holzkreuz auf, und der Zaun wurde errichtet, und in den Siebzigern bekam sie endlich ein Begräbnis und einen Grabstein.«

Sophia schauderte. Finn hatte gewusst, dass sie nicht so taff war, wie sie tat, und wegen ihres Mitgefühls verliebte er sich noch mehr in sie.

»Der Grabstein ist auch etwas Besonderes. Wenn du genau hinguckst, wirst du sehen, dass er aus Kunststoff ist. Ein echter Stein würde im Moorboden versinken.«

Sophia war eine Weile still und dachte an die verzweifelte junge Frau und ihr ungeborenes Kind. So viel Schmerz und Verlust. In ihren Augen brannten Tränen. Während sie schweigend zum Auto zurückgingen, fing es an zu nieseln.

Finn sah sie beunruhigt an. »Geht es dir gut, Sophia? Ich hätte dir das nicht erzählt, wenn ich geahnt hätte, dass es dir so zu schaffen macht.«

Sie lächelte. »Nein, mir geht es gut. Ich finde es nur furchtbar, wie allein Betty war. Die Geschichte werde ich garantiert nie vergessen.«

Finn sah zum Himmel hoch. »Das tut keiner, der das Grab besucht hat. Und keine Sorge, es wird nicht lange regnen.«

»Der Regen stört mich nicht. Freya sagt, hier gibt es kein schlechtes Wetter, nur unpassende Kleidung, und sie hat mich entsprechend gut ausgestattet.«

Die restliche Fahrt über redete Finn über seine nächste Fahrt nach North Ronaldsay, wo das Weideland so spärlich war, dass die Schafe das Seegras am Strand fraßen, und es eine außergewöhnliche Vogelwelt gab.

»Du solltest mitkommen, Sophia. Das ist nur ein ganz kurzer Flug, oder wir nehmen die Fähre, wenn es dir nichts ausmacht, drei Stunden lang durchgeschaukelt zu werden.«

Er merkte, dass er wieder ununterbrochen redete, aber er wollte unbedingt, dass Sophia Freude an dem Ausflug hatte. Er fürchtete, dass eine junge Frau, die ans Großstadtleben gewöhnt war, all das todlangweilig finden könnte.

Sophia ließ sich zwar nichts anmerken, aber sie war von allem, was sie auf den Inseln gesehen hatte, restlos bezaubert, und von der Schönheit Hoys war sie besonders beeindruckt.

Bald gelangten sie zu der Stelle, wo der Wanderweg zum Old Man begann. Es war kein beschwerlicher Anstieg und der Weg gut begehbar, doch Sophia kam ins Schnaufen trotz ihrer wöchentlichen Besuche im Fitnessstudio. Als sie von dem Hügel hinabschaute, sah sie eine herrliche Sandbucht, wo hohe Wellen an den Strand schlugen und ein paar Cottages standen. Für einen Moment vergaß sie, cool zu bleiben, und keuchte ehrfurchtsvoll. »Oh, Finn, wie schön!«

Finn lächelte. »Das ist Rackwick. Ist das nicht hinreißend? Da hätte ich gern ein Häuschen. Stell dir vor, du hast jeden Morgen beim Aufwachen diese Aussicht. Komm, lass uns zum Old Man gehen, bevor es wieder regnet.«

Nach einer einstündigen Wanderung auf einem leichten Weg tauchte der Old Man vor ihnen auf. Sophia betrachtete den berühmten roten Sandsteinfelsen, während Klippenmöwen über ihnen kreisten und unten die Brandung an den Felsen krachte.

Das war ziemlich überwältigend. Ihr wurde schwindlig, und sie schwankte ein wenig. Finn fing sie ab, bevor sie stolperte.

»Ärgere dich nicht. Vielen wird schwindlig, wenn sie vor dem Old Man stehen. Ich denke, das hat damit zu tun, dass hinter uns die St John's Cliffs aufragen. Setzen wir uns doch ein Stück vom Abgrund entfernt hin.«

Er holte ein zerdrücktes süßes Brötchen aus seinem Rucksack und goss ihr einen Kaffee aus seiner rot karierten Thermosflasche ein.

»Ist dir warm genug? Willst du meine Jacke über deine ziehen?«

»Danke, aber es geht schon«, sagte Sophia.

Er ist wirklich nett und ein echter Gentleman, dachte sie. *Ich könnte mich ohne Probleme heftig in ihn verlieben. Ich muss vorsichtig sein.*

Er saß nah bei ihr auf dem kurzen weichen Gras, und ohne wie sonst seinen Charme spielen zu lassen, sagte er leise: »Ich bin froh, dass du dich heute mit mir getroffen hast, Sophia. Ich liebe diese Insel, und es ist wirklich schwer, zu erklären, wie besonders sie ist. Das muss man mit eigenen Augen sehen.« Er stand auf und zog sie hoch. »Also, jetzt müssen wir ein Selfie machen, und dann sollten wir etwas Richtiges essen. Ich bin am Verhungern.«

Während der Rückfahrt unterhielten sie sich über ihr Leben in London und Finns Buchprojekt über die Tierwelt auf den Orkneyinseln.

»Es gibt zwar schon viele Bücher zu dem Thema, aber mir sind einige sehr seltene Beobachtungen gelungen, und ich habe viele Fotos gemacht. Die möchte ich allen Leuten zeigen, vor allem Jugendlichen. Oder rede ich dummes Zeug?«

»Überhaupt nicht. Das ist eine wunderbare Idee und wird den Leuten näherbringen, wie fantastisch es hier ist. Ich entdecke das gerade selbst. Trotz allem, was die arme Evie gerade durchmachen muss, habe ich das Gefühl, hierherzugehören.« Sie schüttelte den Kopf. »Jetzt plappere *ich* wohl dummes Zeug. Ich als Großstadtpflanze rede mir ein, dass ich mir hier zu Hause fühle.«

»Überhaupt nicht. Ich bin in einer Wohnsiedlung in Cork aufgewachsen und fühle genau dasselbe. Manche Stellen erinnern mich an Irland, aber Orkney ist etwas Einzigartiges, und jeder fühlt sich hier willkommen. Sieh dir nur Andrzej an. Er ist aus Polen hergekommen, und jetzt empfindet er die Insel als seine Heimat. Er lebt wirklich gern hier.«

»Evie sagt, dass er eine gewisse Maureen liebt. Kennst du sie?«

»Hier kennt jeder jeden. Andrzej und Maureen würden ein schönes Paar abgeben.« Dann sagte er: »Hier ist ein guter Platz, um sich zu verlieben, findest du nicht auch?«

Sophia antwortete nicht, sondern wechselte rasch das Thema. »Und bei all der frischen Luft bekommt man einen Bärenhunger. Du hast gesagt, du willst mit mir essen gehen.«

»Allerdings, und ich verspreche dir die beste hausgemachte Suppe und Sandwiches aller Zeiten.«

An einer kurvenreichen Straße gab es ein Café mit einem Spielgarten für Kinder und einer Terrasse mit Tischen und Stühlen. Die Sonne war wieder hervorgekommen, und an diesem hübschen, geschützten Plätzchen war es angenehm warm. Sophia trug mehrere Schichten übereinander und zog sich zuerst ihre Jacke aus, dann den Pullover und die langärmlige Bluse und saß schließlich im T-Shirt da.

Die freundliche Kellnerin begrüßte Finn, nahm die Getränkebestellung auf und nickte anerkennend, als sie sich für die Suppe und Krabbenbrötchen entschieden.

Sophia hatte der Name des Cafés neugierig gemacht, und sie sprach die Kellnerin darauf an. »Wieso heißt das Café *Beneth'ill?*«

»Tja, es liegt am Fuß eines Hügels, also unterhalb davon, oder? Wir fanden das einleuchtend.«

Sophia lachte. »Ist es.«

Das Essen kam, und Sophia biss in das Brötchen mit den frischen Krabben. »Das schmeckt himmlisch. Kann ich noch eins haben, was meinst du?«

Finn grinste sie breit an. »Natürlich. Weißt du, Frauen wie dich sehen wir hier nicht oft.«

Nicht das schon wieder, dachte sie gereizt. *Ich wusste, es ist zu schön, um wahr zu sein.*

Sie seufzte. »Schwarze Frauen meinst du.«

Er schaute perplex. »Nein, nicht doch. Schwarze Frauen sehen wir ständig. Ich meinte, auf Hoy sehe ich selten umwerfende, bezaubernde, heitere, scharfsinnige Singlefrauen. Die guten sind alle schon vergeben.«

Erleichtert, weil er nichts Krasses, sondern etwas tief Empfundenes und sehr Schmeichelhaftes gesagt hatte, erwiderte sie neckend: »Woher willst du wissen, ob ich Single bin?«

Finn schaute erschrocken. »Ich meine, na ja, ich habe nur angenommen … da du allein hier bist … und du nie jemanden … Du bist Single, oder?«

»Und wenn ja, was dann?«

»Dann möchte ich dich viel öfter sehen, Sophia. Du bist etwas Besonderes, und ich will dich unbedingt besser kennenlernen.«

Sophia lachte. »Mit dem Spruch hast du bestimmt schon viele Herzen erobert, aber ich bin nicht zu einem Urlaubsflirt hier. Ich möchte Evie unterstützen. Und tatsächlich muss ich die Fähre kriegen, sonst sitze ich hier über Nacht fest.«

»Wäre das so schlecht?«, fragte Finn mit weicher Stimme.

»Netter Versuch, aber ich muss wirklich zurück.«

»Das weiß ich doch. Ich werde bezahlen, und dann bringe ich dich nach Lyness zur Fähre, obwohl ich liebend gern so tun würde, als wäre mein Tank plötzlich leer.«

Er grinste, und Sophia konnte nicht anders, sie musste lachen. Er war unwiderstehlich, aber natürlich würde sie ihm das nicht auf die Nase binden.

Auf der Fähre hielt sie nach Delfinen Ausschau, aber die spielten gerade woanders. Sie sah aber eine Robbe auf einem Felsen liegen. Die wirkte zufrieden und satt wie ein Teenager nach einer extragroßen Pizza und einem Jumbobecher Schokoladeneis.

Finn hatte ihr einen Kuss auf die Wange gedrückt und gesagt, er wäre in ein paar Tagen wieder auf Mainland. Ob er sie dann zum Abendessen einladen dürfe. Sie werde darüber nachdenken, hatte sie geantwortet, aber sie wusste schon, dass sie Ja sagen würde.

Als sie, noch begeistert von ihrem Tag auf Hoy, von Bord ging, sah sie eine dünne junge Frau in hautengen schwarzen Lederhosen von einem Motorrad steigen, das ein korpulenter, mittelalter Mann mit grauem Bart steuerte.

Die Frau kam zielstrebig auf Sophia zu. Sie blieb stehen, nahm ihren Helm ab, und Sophia hätte beinahe erschrocken nach Luft geschnappt. Das war keine junge Frau, sondern eine in den Vierzigern mit scharfen Gesichtszügen und zu viel schwarzem Augen-Make-up. Sie trat dicht an Sophia heran.

»Bist du die Freundin meiner Schwester Evie, die aus London hier ist?« Sie hatte eine raue Stimme und klang angriffslustig.

»Wer will das wissen?« Sophia war schon mit vielen Schulhofrowdys fertiggeworden.

»Ihre Schwester. Die bin ich nämlich. Sag ihr, dass sie vierundzwanzig Stunden Zeit hat, um von Orkney zu verschwinden, sonst erzähle ich allen, warum sie damals abgehauen ist. Ich habe bisher den Mund gehalten, aber sie hat ihren Teil der Abmachung nicht erfüllt. Ich hab gesagt, ich halte die Klappe, solange sie wegbleibt. Aber jetzt ist sie wieder da. Also ist alles offen.«

Sophia ließ sich nicht einschüchtern. »Ich weiß nicht, wovon du redest. Aber ich kann es nicht leiden, wenn jemand meine Freunde bedroht, nicht mal, wenn er mit ihnen verwandt ist.«

Liv musterte sie von oben bis unten, und Sophia graute unwillkürlich. Vor ihr stand eine gefährliche, bösartige Frau.

»Richte es der Schlampe einfach aus.«

Damit stolzierte Liv zu dem Motorrad zurück, setzte sich hinter den Fahrer und gab ihm mit einem Schlag an den Oberarm zu verstehen, dass er losfahren solle.

Tief beunruhigt von der Begegnung stieg Sophia in ihren Mietwagen.

Bei Freya angekommen, antwortete sie nicht auf ihre Frage, wie ihr der Tag auf Hoy gefallen habe. Stattdessen platzte es aus ihr heraus. »Evie, was zum Teufel ist hier los? Deine Schwester hat an der Fähre auf mich gewartet. Ich wusste nicht mal, dass du eine hast. Sie hat mit allem Möglichen gedroht. Sie gibt dir vierundzwanzig Stunden Zeit, um von hier zu verschwinden, sonst erzählt sie allen, warum du Orkney verlassen hast. Was hat das zu bedeuten?«

Evie senkte betroffen den Kopf. Sie hatte sich vorgemacht, sie hätte mehr Zeit und würde Liv vielleicht sogar herumkriegen können. Sie atmete tief durch.

»Dann werde ich euch jetzt die Wahrheit sagen, warum ich damals abgehauen bin. Freya, kannst du Kate bitten, herzukommen? Was ich zu sagen habe, sollt ihr alle drei hören.«

35

Orkney, 2004

Brodie verbrachte die meiste Zeit in Evies Haus und fuhr nur zum Schlafen zu Freya und um sich bei ihr das herzhafte Frühstück einzuverleiben, das er dann auf der Farm wieder abarbeitete.

Entschlossen, auf Evies Eltern einen guten Eindruck zu machen, half er Duncan stundenlang bei dringenden Aufgaben. Sie reparierten die Dächer der alten Scheunen, strichen die Holzwände weiß und besserten kaputte Mauern und Zäune aus.

Brodie war selbst zu den schmutzigsten Arbeiten bereit. Er fing im Morgengrauen an und fuhr erst zu Freya zurück, wenn es dunkel wurde. Duncan mochte den stillen, fleißigen jungen Mann, und obwohl letztendlich keiner gut genug war für seine Teenie, würde er sich mit einem wie Brodie abfinden können.

Nach einem besonders strapaziösen Tag, an dem sie beim Vieh auf der Weide waren und der Regen ihnen horizontal entgegenschlug, fiel Brodie mit dem Hintern in einen weichen, stinkenden Kuhfladen. Anstatt wütend zu fluchen, lachte er nur. Duncan reichte ihm eine Hand und grinste. »Du bist in Ordnung, Junge. Du bist in Ordnung.« Das war in der Tat ein großes Lob.

Brodie hatte Cara mühelos für sich eingenommen. In ihren Augen war er ein erstklassiger Schwiegersohn. Er schenkte ihr Blumen und erklärte, sie sei viel zu jung, um Evies Mutter zu sein, und sie sähe mehr aus wie ihre Schwester. Er bewunderte das ordentliche saubere Haus und die Zinnkrüge, die in gerader Reihe und mit dem Dekor nach vorn standen. Er half ihr beim Kochen, Tischabräumen, Abwaschen und achtete darauf, dass er nicht auf den Fußboden krümelte. Cara war entzückt, wie sauber und ordentlich er alles hielt.

Er sah gut aus, war gefällig und würde nach dem Abschluss an der Universität einer geregelten Arbeit als Architekt nachgehen. Er erfüllte viele von Caras Anforderungen, und mit ihm würde sie bei Leuten wie den Balfours zu Recht angeben können.

Was Brodie anging, so merkte er bald, dass sich seine harte Arbeit auszahlte und er zu einem Mitglied der Familie wurde. Allerdings hatte er Evie noch immer nicht die Sache mit Liv gebeichtet. Das war der eine große Schandfleck in seinem Leben. Er versuchte immer wieder, sich zu erinnern, was sich in der elenden Nacht tatsächlich abgespielt hatte, und machte sich dafür fertig, dass er so dumm gewesen war.

Da er Evie immer inniger liebte, konnte er sich umso weniger überwinden, ihr den Vorfall zu gestehen. Er hatte dabei zu viel zu verlieren, zumal sie jetzt offiziell ein Paar waren.

Inzwischen schliefen sie auch miteinander. Das erste Mal war zwar ein bisschen unbeholfen verlaufen und, wenn er ganz ehrlich war, auch viel zu schnell vorbei gewesen, aber nachdem sie sich miteinander sicherer fühlten, wurde ihr Liebesspiel zu einer wunderbaren Art, ihre Gefühle füreinander auszudrücken. Er war froh, dass sie gewartet hatten. Bei alldem fürchtete er Liv als tickende Zeitbombe. Sie konnte sein Glück mit Evie vernichten, wann immer sie wollte.

Gott sei Dank hatte er sie seit seiner Rückkehr kaum gesehen, außer an einem Abend, als sie gerade aus dem Haus kam und er nach seinem langen Arbeitstag auf die Tür zuging. Sie sagte nicht mal hallo, sondern blies ihm Zigarettenrauch ins Gesicht und hielt nur eine Sekunde inne, um ihn verächtlich anzusehen.

Im Pub hatte er Gerüchte über ihr Benehmen gehört, dass

sie kleine Mengen Drogen verkaufte und Diebstähle beging. Niemand würde sich trauen, das im Beisein von Big Duncan zu erwähnen, der von allen gemocht und bewundert, aber auch bemitleidet wurde, weil er mit seiner zänkischen Frau und gruseligen Tochter fertigwerden musste.

Brodie konnte nicht ahnen, dass er Livs Achillesferse war.

Liv mochte abgebrüht sein und ein dickes Fell haben, aber nicht im Hinblick auf Brodie. Irgendwie hatte er sich in ihr finsteres Herz geschlängelt. Sie hatte sich von zu Hause ferngehalten, weil sie es nicht mit ansehen konnte, wie er mit Evie und ihren Eltern glückliche Familie spielte. Nachdem sie ihm vor der Haustür begegnet war, hatte sie eine qualvolle Nacht verbracht. Sie überdeckte ihre Gefühle mit Verachtung, empfand aber eine schmerzliche Sehnsucht.

Sie hätte diejenige sein müssen, die mit Brodie lachte und mit ihm die Zukunft plante, aber wie immer war es Evie, das Goldkind, die mit Glück und Freude überschüttet wurde, während Liv von draußen zusehen musste.

Es konnte doch nur eine Frage der Zeit sein, bis er der langweiligen kleinen Maus den Laufpass gab und sich in eine richtige Frau wie sie verliebte, oder? Ursprünglich hatte sie einfach abwarten wollen, doch das änderte sich. Der Wendepunkt kam, als Liv in der Küche saß und sich mit ihrer Mutter unterhielt.

»Wann fährt Brodie wieder nach Hause?«, fragte sie leicht gelangweilt, als ob sie das eigentlich nicht interessierte.

»Das weiß ich nicht«, sagte Cara. »Aber es ist schön, ihn hier zu haben.«

»Tja, gewöhn dich bloß nicht daran«, erwiderte Liv scharf. »Er wird sich mit meiner geistlosen Schwester bald langweilen. Ehrlich gesagt versteh ich nicht, wieso er sich schon so lange mit ihr abgibt. Aber der Lack wird bald ab sein. Und das wird ihr das Herz brechen.« Sie hörte selbst den triumphierenden Klang in ihrer Stimme.

Cara schüttelte den Kopf. »Ich glaube nicht, dass du recht hast. Ich hab neulich Abend gehört, wie er sich an der Tür von ihr verabschiedet hat. Er liebt sie. Er spricht von einer gemeinsamen Zukunft. Wer weiß? Vielleicht läuten bald die Hochzeitsglocken. Du solltest dir einen Hut kaufen.«

Liv war verblüfft, wie sehr sie die Neuigkeit kränkte. Brodie liebte Evie also wirklich. Ihre Schwester hatte die Schlacht gewonnen, aber der Krieg war noch nicht vorbei, und Liv hatte einen Plan.

Sie schrieb Brodie eine Nachricht: *Wir müssen reinen Tisch machen. Bitte komm heute Abend um acht zum Strand vor unserem Haus. Ich will die Sache klären. Bin um acht da. Bitte komm.*

Seine Antwort kam prompt: *Du hast recht. Das müssen wir. Keine Sorge, ich werde da sein.*

Liv war frühzeitig dort und machte im Sand ein Feuer, wickelte sich in eine dicke Decke gegen die kalte Abendluft und trank ein Bier von dem mitgebrachten Sixpack.

Sie hörte Brodie kommen und spielte die Nette, Unbeschwerte.

»Lange nicht gesehen. Danke, dass du gekommen bist. Wir müssen wirklich reden.«

Er wirkte misstrauisch und ängstlich, sah aber so attraktiv und begehrenswert aus wie eh und je. Dass Evie, diese langweilige Zicke, ihn für immer bekommen sollte, brachte Liv in Rage. Das war zutiefst ungerecht. Doch sie zwang sich zu einem freundlichen Ton. »Guck nicht so besorgt. Setz dich und mach dir ein Bier auf.«

Sie reichte ihm eine Flasche und lächelte ihn an.

»Hab gehört, mit dir und Evie wird es ziemlich ernst?«

Er trank einen Schluck. »Da hast du richtig gehört. Ich liebe sie sehr«, sagte er ernst. »Sie bedeutet mir alles, und ich werde mein Möglichstes tun, damit ihr nichts zustößt.« Er wusste, er sollte bei Liv vorsichtig auftreten, musste aber auch ehrlich sein. »Du und ich haben einen großen Fehler gemacht, aber wenn ich bald zu eurer Familie gehöre, und darauf hoffe ich, dann müssen wir hinter uns lassen, was da zwischen uns war. Meinst du nicht auch?«

Die Wellen schlugen unablässig an den Strand, und der Wind legte zu und heulte.

»Ich bin mir nicht sicher, ob das möglich ist, Brodie. Aber warten wir, bis Evie da ist.«

Brodie sah sie bestürzt an. »Sie kommt auch? Aber warum wolltest du das?«

Liv zuckte die Achseln. »Ich dachte, es wäre doch nett, wenn wir alle zusammen abhängen.«

Brodie schüttelte den Kopf. »Ich kenne dich. Du willst Evie nur dabeihaben, um Ärger zu machen.«

Das Feuer erschien nicht mehr wärmend und tröstlich. Es warf einen schaurigen Schein auf den Strand. Er blickte auf und sah Evie kommen. Vom Haus bis zu ihnen waren es zehn Minuten. Sie ahnte nicht, was auf sie zukam. Sie lächelte und winkte und sah unschuldig und glücklich aus. Er wollte sie vor Livs Absichten beschützen.

Evie kam an, küsste ihn auf die Wange und setzte sich in den Sand. Sie drehte den Kopf zu ihrer Schwester. »Ich habe deine Nachricht bekommen, dass du mit Brodie hier bist und mit mir reden willst. Worum geht es?«

In Brodies Augen hatte sie noch nie so schön ausgesehen wie jetzt. Das silberne Armband schimmerte an ihrem Handgelenk. Sie hatte ihm versprochen, es immer zu tragen. Er fühlte sich, als rase er in einem Auto ohne Bremsen auf eine Mauer zu und könne nichts mehr tun, um den Aufprall zu verhindern.

Der Sturm nahm zu, und die Wellen wurden höher. Funken flogen vom Feuer weg, und das Meer wurde schwarz. Die Temperatur fiel rasant.

»Ich dachte, wir könnten uns gemütlich unterhalten«, sagte Liv.

»Na ja, dazu hätten wir es wärmer haben können, zum Beispiel im Pub. Der Wind ist eisig, und dein Feuer kommt nicht dagegen an.« Evie lachte.

Sie war tatsächlich gerührt, weil Liv sie gebeten hatte zu kommen. Sie war glücklich mit Brodie und wollte, dass jeder so voller Freude war wie sie. Sogar ihre Schwester. Vielleicht war dies ein Neuanfang, und sie würden doch noch Freundinnen werden.

»Oh, ich finde, das ist genau der richtige Platz, um dich in ein paar Dinge einzuweihen.« Liv grinste höhnisch. Der Wind wühlte das Wasser auf und blies Liv die Haare aus dem Gesicht. Sie sah aus wie die Todesfee.

»Evie, ich will gehen«, sagte Brodie abrupt. »Sofort.« Er stand auf. Evie sah ihn verwirrt an.

»Hinsetzen«, zischte Liv.

»Was ist denn los?«, fragte Evie verunsichert.

»Ich habe eine Neuigkeit für dich, kleine Schwester. Vielleicht trinkst du erst mal einen Schluck. Was ich zu sagen habe, wird dir nämlich nicht gefallen.«

Brodie sah sie flehend an. »Liv, bitte, tu das nicht. Ich bitte dich. Ich will es ihr selbst sagen.«

Evie sah von einem zum anderen. »Wovon redet sie, Brodie? Was ist los?«

»Na ja«, sagte Liv gedehnt. »Ich denke, ich sollte dir sagen, dass dein ach so perfekter Freund ein ganz unartiger Junge gewesen ist. Ich weiß mit Sicherheit, dass er dir fremdgegangen ist.« Sie lachte schadenfroh.

Resigniert erkannte Evie, dass ihre Schwester sich wieder daran erfreute, ihr wehzutun und sie leiden zu sehen. Sie würde sich nie ändern. »Du lügst. Brodie würde mir das niemals antun«, widersprach sie vehement. Liv lächelte selbstgefällig und schwieg.

Evie sah zwischen den beiden hin und her.

»Brodie, sag etwas. Ist sie nur gemein zu mir und will uns auseinanderbringen oder bist du wirklich mit einer anderen zusammen gewesen?«

Er konnte sie nicht ansehen.

Liv gackerte. »Er hat nicht die Eier, es dir zu sagen. Denn weißt du, die Person, mit der er geschlafen hat, ist ganz nah.« Sie wartete eine Sekunde, um es spannender zu machen. »Die Person bin ich.«

Evie lachte spöttisch. »Ach Gott, Liv, du bist jämmerlich. Brodie, lass uns gehen. Ich hab genug von dem Mist.«

Liv kniff die Augen zusammen, blickte durch zwei schwarze Schlitze. Im Feuerschein sah sie geradezu dämonisch aus. »Erinnerst du dich an euren großen Streit im letzten Sommer? Brodie hatte ein Hotelzimmer gebucht, nicht wahr? Aber er war ganz allein und frustriert, nachdem du abgerauscht warst. Tja, da haben wir beide dafür gesorgt, dass die Zimmerbuchung nicht verschwendet war, wenn du verstehst, was ich meine.«

Evie schnappte nach Luft. »Woher weißt du von dem Zimmer? Brodie, wie hat sie davon erfahren?« Brodie konnte sie wieder nicht ansehen. Er schämte sich. In dem Moment begriff sie, dass es stimmte. »Dann ist es also wahr«, sagte sie heiser. »Du hast mit meiner Schwester geschlafen?«

Er sprang auf, kniete sich vor ihr in den Sand und nahm ihre Hände. »Evie, es tut mir entsetzlich leid, ich wollte es dir schon lange sagen. Bitte, hass mich nicht dafür. Es hatte nichts damit zu tun, was ich für dich empfinde. Es war einfach ein Fehler. Eine Riesendummheit. Ich war betrunken, ich war aufgewühlt …«

»Du schienst gar nicht so aufgewühlt, als wir im Bett waren«, sagte Liv.

Evie konnte nicht glauben, was sie hörte. Ausgerechnet Brodie hatte sie mit ihrer Schwester betrogen, die sie hasste. Sie stieß ihn weg.

»Du warst mein Erster. Ich dachte, ich würde dir etwas bedeuten. Aber du hast mit mir geschlafen, nachdem du mit meiner Schwester Sex hattest. Wie konntest du das tun? Wenn ich die Wahrheit gekannt hätte, wäre ich niemals mit dir ins Bett gegangen.«

»Die Wahrheit ist, dass ich dich liebe und nur dich«, sagte Brodie, und seine Stimme kippte. »Evie, bitte. Ich habe das verschwiegen, weil mir klar war, dass ich mich furchtbar schlecht benommen habe. Ich wollte dich nicht verlieren. Ich wollte dich davor schützen …«

»Mich schützen?«, rief Evie ungläubig. »Mich schützen?«

Die Knie an die Brust gezogen schaukelte Liv mit dem Oberkörper und sah sich die Szene an. Das entwickelte sich noch besser als erhofft.

Zu ihrer Überraschung wurde Evie ungewöhnlich ruhig.

»Ich will dich nie wiedersehen, Brodie. Und ich finde, ihr habt einander verdient.«

Sie stand auf, um zu gehen. Brodie griff um ihr Handgelenk.

»Evie, ich flehe dich an. Liv hat nur mit mir geschlafen, um dir wehzutun. Ich kann mich nicht mal erinnern, was da gelaufen ist. Ich weiß, das ist keine Entschuldigung, aber ich war sturzbetrunken. Ich hatte einen Filmriss.« Dann flehte er: »Lass uns zusammen abhauen, nur wir beide. Jetzt, heute Nacht noch. Und dann blicken wir nicht mehr zurück. Wir müssen sie nie wiedersehen.«

Evie sah auf ihn hinunter und schwankte. Das war der Mann, den sie von ganzem Herzen liebte.

»Tja«, sagte Liv langsam und genüsslich. »Da liegst du falsch. Wir werden jeder zum Leben des anderen gehören. Es gibt nämlich noch eine Neuigkeit. Ich bin schwanger, und zwar von dir.«

Brodie schaute zutiefst erschüttert. Evie war sprachlos.

»Willst du nichts dazu sagen, Evie? Du wirst Tante. Freust du dich nicht?«

Evie heulte auf. Sie zerrte sich das Armband vom Handgelenk und schleuderte es mit aller Kraft ins Meer. Ohne zu überlegen, lief Brodie ins Wasser, um es zu holen.

Das Wasser war eiskalt, aber er ging in die Hocke und tastete am Grund nach dem kostbaren Erbstück, als eine hohe Welle ihn umriss. Das eisige Salzwasser durchtränkte seine Kleidung.

Als er sich aufrichten wollte, zog ihn die starke Strömung vom Strand weg. Er konnte nicht schwimmen, weil seine Stiefel, Jeans und sein Pullover im Wasser schwer waren und ihn hinabzogen.

Am Strand beobachtete Liv das voller Angst. »Brodie, komm zurück«, schrie sie. »Lass das dumme Armband liegen.« Sie sah ihre Schwester an. »Evie, ruf ihn. Auf dich wird er hören.«

Doch die stand unter Schock, sie nahm nicht einmal wahr, dass ihre Schwester sie anschrie.

»Brodie«, kreischte Liv. »Komm sofort zurück!«

Sie sah ihn erschlaffen und wie sein Kopf sich in den Wellen hin und her bewegte. Sie zog ihr Handy hervor und rief ihren Vater an, schrie, sie seien am Strand und Brodie treibe hilflos im Wasser.

Duncan rannte zur Tür und rief Cara zu, den Notruf zu wählen.

Liv sah Brodie untergehen und rannte ins Wasser. Sie konnte gut schwimmen und erreichte ihn, als er das nächste Mal an der Oberfläche erschien.

Verzweifelt mühte sie sich ab, ihn festzuhalten, doch er war ungeheuer schwer, und es war klar, dass er ihr bald entgleiten würde. Liv schrie Evie zu, sie solle kommen und helfen, doch die konnte oder wollte nicht reagieren.

Liv musste mit ansehen, wie sich Brodies Augen nach oben verdrehten. Er rutschte ihr aus den Händen und verschwand unter den schwarzen Wogen.

Duncan kam über den Strand gerannt. Er sah Evie im Sand

sitzen, aber Liv im Wasser. Er rannte hinein und schwamm schnell zu ihr.

Sie war bleich vor Kälte und Angst.

»Dad. Ich konnte ihn nicht halten. Er ist gerade wieder untergegangen.«

Duncan tauchte und tastete hektisch nach Brodie. Nach mehreren Versuchen bekam er ihn zu fassen, griff unter seine Achselhöhlen und schleppte ihn auf den Sand.

Liv kniete jammernd neben ihm, zutiefst verzweifelt.

Duncan fühlte nach dem Puls, dann begann er mit der Mund-zu-Mund-Beatmung und Herzdruckmassage, doch es kam kein Lebenszeichen. Die Tränen strömten ihm übers Gesicht, während er auf Brodies Brust drückte, und dann schluchzte er entsetzt, weil er die Rippen brechen hörte.

»Oh, Brodie, mein Junge. Es tut mir leid, ich habe dir die Rippen gebrochen. Komm jetzt, du musst bei uns bleiben. Denk an deinen Dad. Komm zurück zu uns, Brodie, komm zurück.«

Zwei Rettungssanitäter kamen angerannt und übernahmen die Verantwortung. Ein anderer hüllte Liv, Duncan und Evie, die vor Kälte und vom Schock zitterten, in Foliendecken.

»Ich habe ihm die Rippen gebrochen«, erklärte Duncan weinend. »Das wollte ich nicht. Sag ihm, dass mir das leidtut. Meinst du, ihr könnt ihn retten?«

»Du bleibst jetzt hier«, sagte der Mann freundlich. »Wir werden unser Möglichstes tun.«

Sie setzten einen Defibrillator ein, um Brodies Herz zum Schlagen zu bringen. Zu sehen, wie sein Körper unter den Stromschlägen ruckte, war zu viel für Duncan. Er zog Liv auf die Beine und ging mit ihr zu Evie, die noch kein Wort gesprochen hatte. Während er die Mädchen in die Arme schloss, flehte er zum Himmel, Brodie möge leben.

Schließlich fing es an zu regnen. Das Feuer erlosch zischend. Und noch immer bemühten sich die Sanitäter, Brodie ins Leben zurückzuholen. Am Ende schüttelten sie den Kopf. »Mehr können wir nicht tun«, sagte der Ältere. »Wir haben alles Menschenmögliche versucht. Anscheinend hat er durch das kalte Wasser einen Schock erlitten. Sein Herz hat das nicht verkraftet.« Zu Duncan sagte er sanft: »Du musst ihn jetzt mir überlassen. Ich kümmere mich um ihn, und meine Kollegen bringen dich und deine Mädchen ins Haus. Ihr müsst euch aufwärmen und untersuchen lassen. Vor allem deine Jüngste sieht besorgniserregend aus.«

Liv war vor Trauer außer sich und schluchzte haltlos, aber Evie gab keinen Laut von sich. Sie war wie versteinert.

36

Orkney, 2004

Im Haus herrschte große Aufregung. Evie, Duncan und Liv waren vor einer halben Stunde zurückgekommen, und Duncan hatte Cara die Nachricht beigebracht. Sie bestürmte ihn sofort mit Fragen, die er nicht beantworten konnte.

»Ich muss Hugh anrufen«, murmelte er aschfahl im Gesicht. »Er muss es von mir erfahren, aber ich habe Angst, das bringt ihn um.«

Evie sah, wie er sich in den Flur zum Telefon schleppte. Er kam ihr plötzlich alt und müde vor. Er nahm den Hörer ab und wählte. Sie stand an der Tür des Wohnzimmers, wo sie ihn hören konnte.

»Hugh?«, sagte Duncan. »Es tut mir leid, dass ich so spät anrufe. Ich muss … ich habe furchtbare Neuigkeiten.«

Seine Stimme schwankte und kippte, als er ihm sagte, dass Brodie tot sei, ertrunken, durch einen schrecklichen Unfall. Hugh konnte das nicht begreifen. Zuerst warf er Duncan vor, sich einen üblen Scherz zu erlauben. Dann brüllte er ihn an, und schließlich brach er zusammen.

»Nicht mein Junge«, rief er immer wieder. »Bitte, Duncan, nicht mein Junge!«

Duncan wischte sich die Tränen aus den Augen. »Es tut mir so leid, Hugh. Wir haben getan, was wir konnten. Liv ist sofort zu ihm ins Wasser gerannt und hat versucht, ihn rauszuziehen, aber er war zu schwer für sie. Ich war kurz darauf auch da, weil sie angerufen hatte, und zusammen haben wir ihn an Land gebracht, und ich habe versucht, ihn wiederzubeleben. Die Sanitäter waren schnell zur Stelle und haben alles versucht, aber sie konnten ihn nicht retten.«

Erst als Evie ihren Vater sagen hörte, dass Brodie tot war, begriff sie, dass es wahr war. Er war tot. Sie war wie betäubt gewesen, seit sie wusste, dass Liv von Brodie ein Kind erwartete. Das Letzte, woran sie sich klar erinnerte, war der Moment, als sie sein Armband ins Meer geschleudert hatte und er ins Wasser gelaufen war. Die Ereignisse danach hatte sie wie eine Schlafwandlerin wahrgenommen.

Jetzt wurde sie von Schuld und Scham übermannt, weil sie keinen Finger gerührt hatte. Wäre sie tapferer gewesen, hätte sie Liv helfen können. Die Augenblicke ihrer Untätigkeit waren vielleicht entscheidend gewesen. Mit vereinten Kräften hätten sie ihn retten können. Ihr kam ein schrecklicher Gedanke: Hatte sie ihn sterben lassen wollen, weil er sie betrogen hatte?

Sie versank in tiefer Trauer. Sie konnte nicht fassen, dass sie ihn nie wiedersehen würde. Vor ein paar Stunden hatten sie noch zusammen gelacht und für Weihnachten und Neujahr geplant, und nun war er nicht mehr da.

Duncan sprach leise und langsam mit Hugh, und Evie wandte sich ab und sah zu ihrer Mutter, die Liv tröstete. In einem seltenen Moment von Zärtlichkeit legte Cara einen Arm um ihre Älteste, die sehr jung und verletzlich aussah und sich an ihre Mutter klammerte.

»Ich habe ihn sterben sehen«, sagte Liv mit schwankender Stimme. »Und ich konnte ihn nicht retten. Ich habe es mit aller Kraft versucht.«

Cara küsste sie auf den Scheitel und sagte: »Du warst unglaublich. Eine wahre Heldin, und ich bin ungeheuer stolz auf dich. Du hast dir nichts vorzuwerfen.«

Für Evie war das wie ein Schlag in den Magen. Sie wusste,

sie würde ihr Versäumnis nie wiedergutmachen können. Duncan legte auf. Als er sich zu ihnen umdrehte, war er kreidebleich.

»Evie, geh und setz dich zu deiner Schwester ins Wohnzimmer.« Er war plötzlich energisch, und ein kalter Zorn schwang in seinem Ton mit. Sie gehorchte sofort.

Cara und Liv bemerkten ebenfalls die Veränderung in ihm. Sie richteten sich auf, und selbst Cara sagte kein Wort.

»Ich habe Brodies Vater informiert«, sagte er. »Wie ihr euch vorstellen könnt, ist er schwer erschüttert.« Er blickte seine Töchter an. »Er hat eine Frage gestellt, die ich nicht beantworten konnte. Wieso ist der Junge überhaupt ins Wasser gelaufen?«

Evie wurde übel. Sie brachte keinen Ton heraus, wusste nicht, was sie sagen sollte.

»Ich frage euch nicht noch einmal.« Duncan wurde laut. »Sagt mir, was er im Wasser gewollt hat!«

Liv sprang auf und zeigte auf Evie. »Das war ihre Schuld«, schrie sie. »Sie hat das blöde Armband reingeworfen, das er ihr geschenkt hat, obwohl sie genau wusste, dass er es zurückholen würde! Und dann ist sie im Sand sitzen geblieben und hat sich geweigert, mir zu helfen, und sie …«

Evie reichte es plötzlich. Zwanzig Jahre lang hatte sie sich von ihrer Schwester schikanieren lassen, ihre höhnischen Sticheleien ertragen. Sie fuhr zu Liv herum und schrie sie wutentbrannt an.

»Du hast mir das Einzige genommen, was mir kostbar war! Du hast es kaputtgemacht, wie du alles kaputtmachst!« In äußerster Erregung packte sie Liv bei den Schultern, bohrte die Fingerspitzen hinein. »Ich hasse dich. Ich hasse ihn. Und ich ertrage es nicht, dass du von ihm ein Kind bekommst.«

Cara und Duncan keuchten auf.

»Kind?«, wiederholte Cara kaum hörbar.

»Was ist hier los?«, fragte Duncan.

Evie war außer sich. »Liv ist schwanger«, stieß sie hervor. »Sie kriegt ein Kind, und es ist von Brodie.«

Cara war derart verblüfft, dass sie kein Wort herausbekam. Sie öffnete und schloss den Mund wie ein Fisch auf dem Trockenen.

»Brodie wäre Vater geworden«, sagte Duncan. »Ich sollte … das sollte ich Hugh sagen … Aber ich verstehe nicht. Er hat dich geliebt, Evie.«

»*Ich* habe ihn geliebt«, rief Liv aus. »Er ist der einzige Mensch, den ich je geliebt habe. Ich weiß nicht, warum, aber so ist es. Und vielleicht hätte er mich ja auch lieben können. Aber das werden wir nicht mehr erfahren, nicht wahr, Evie?«

Evie baute sich vor ihr auf. »Ich glaube keine Sekunde lang, dass du ihn geliebt hast. Du wolltest ihn nur, weil er mir gehörte. Du bist unfähig, jemand anderen zu lieben außer dich selbst. Und du wirst die schlimmste Mutter aller Zeiten.«

»Evie. Hör auf«, sagte ihr Vater. »Hör sofort auf.«

Cara hatte einen wundersamen Gesichtsausdruck. »Ich werde Großmutter. Es hat doch etwas Gutes. Ich kann mit einem Enkelkind noch mal neu anfangen und es diesmal richtig machen. Duncan, keine Sorge, alles wird gut.«

»Um Himmels willen, Cara, der Junge ist tot, und er könnte noch leben, wenn …« Er stockte abrupt. Er konnte es nicht laut aussprechen.

Evie sah ihn schmerzerfüllt an. Ihr Vater hatte immer zu ihr gehalten, immer auf ihrer Seite gestanden, und nun betrachtete er sie zornig und enttäuscht. »Du meinst, er könnte noch leben, wenn ich sein Armband nicht ins Meer geworfen hätte?«, sagte sie leise. »Oder wenn ich Liv geholfen hätte, ihn zu retten? Ja, da hast du recht. Er würde noch leben, und ich werde mir das nie verzeihen.«

Ihr war, als kämen die Wände auf sie zu. Sie musste raus. Sie musste sofort weg. *Freya wird mir helfen,* dachte sie verzweifelt. *Sie wird wissen, was zu tun ist. Ich muss zu Freya.* Laut sagte sie: »Ich kann hier nicht bleiben.« Sie lief zur Tür, doch Liv vertrat ihr den Weg.

»Gut so, lauf nur weg und spiel das Opfer«, fauchte sie. »Ist es nicht mal wieder Zeit für einen Asthmaanfall, der dir die Aufmerksamkeit sichert?«

Die ganze aufgestaute Wut über Brodies Seitensprung mit Liv und deren Schwangerschaft brach hervor, und mit einem Schrei stieß sie ihre Schwester gegen die Wand.

Liv taumelte und stürzte, drehte sich im Fallen und schlug hart auf dem Boden auf. Sie weinte vor Schmerzen, fasste an ihren Bauch und krümmte sich zusammen. »Das Baby. Da stimmt was nicht. Mum, Dad, ich glaube, ich blute. Ich werde es verlieren.«

Evie sah entsetzt zu, als ihre Eltern zu ihr hinstürzten. Duncan kniete sich neben sie. »Bleib ruhig, Liebes. Wir bringen dich ins Krankenhaus.«

Er hob den Kopf und sah Evie zornig und verächtlich an. »Raus hier. Ich will dein Gesicht nie wiedersehen.«

Evie rannte in den Flur, griff nach Mantel und Handtasche und floh in die Nacht hinaus. Sie sah ihren Vater nie wieder.

37

Orkney, 2024

Evie hatte fast alles erzählt. Sie hielt inne und sah ihre Freundinnen an, die kreidebleich geworden waren. Sie zwang sich, weiterzusprechen, denn das war noch nicht die ganze Geschichte.

Sie schluckte und sagte unter Tränen: »Das ist noch nicht das Ende. Ich habe danach noch einmal mit Liv gesprochen. Nachdem ich fort war. Sie hat das Baby verloren. Sie mussten ihr sogar die Gebärmutter entfernen. Sie sagte, meine Mutter wäre völlig verzweifelt und hätte fast den Verstand verloren, und mein Vater wolle mich nie wiedersehen.«

Kate holte scharf Luft. Die Atmosphäre war emotionsgeladen. »Deshalb bin ich abgehauen und nicht mehr zurückgekommen«, sagte Evie. »Ich konnte keinem von euch in die Augen sehen, nachdem ich diese Tragödie verursacht hatte, und ich mache euch keinen Vorwurf, wenn ihr jetzt nicht mehr mit mir redet.«

Darauf herrschte fassungsloses Schweigen. Alle drei, Freya, Sophia und Kate, wichen Evies Blicken aus.

»Meinetwegen kriegt Liv ihr Leben nicht auf die Reihe«, fuhr Evie fort. »Ich habe es ruiniert. Ich habe meinen Vater so unglücklich gemacht, dass er sich aufgab und starb, und dann sind da noch meine Mutter und der arme Brodie. Der schöne junge Mann, der sein Leben noch vor sich hatte. Bei der Autopsie stellte sich heraus, dass er ein schwaches Herz hatte. Durch das eisige Wasser kam es zum Herzstillstand. Ich bin das so oft im Kopf durchgegangen. Wenn ich nur das Armband nicht ins Wasser geworfen hätte, wäre er noch am Leben.«

Freya reagierte als Erste. Sie sah völlig erschüttert aus. »Ich wünschte, du hättest mir das alles schon vor Jahren erzählt. Ich habe dich so oft darum gebeten.«

Sie sah Evie in die Augen. »Weißt du, wie schwer es war, für mich zu behalten, dass ich wusste, wo du bist? Ich hätte dich dazu bringen sollen, nach Hause zu kommen. Ich hätte nach London fahren und dich hierher zurückschleppen sollen, um alles wieder in Ordnung zu bringen. Aber ich hatte die dumme Vorstellung, dass ich dein Vertrauen nicht enttäuschen darf.« Sie holte tief Luft. »Ich hatte mich endlich entschlossen, deinem Vater zu sagen, wo du an dem Abend warst, und bin zu ihm gefahren. Doch da fand ich ihn auf dem Boden, und danach ist er nicht wieder zu Bewusstsein gekommen. Das werde ich bis an mein Lebensende bedauern.« Sie fing an zu weinen, und sie weinte sonst nie. Evie war flau im Magen.

»Oh, Freya. Es tut mir so leid, dass ich dir das angetan habe.«

Freya schnäuzte sich. »Ich dachte wirklich, ich würde dir damit helfen. Aber du warst praktisch noch ein Kind. Ich hätte das für dich in die Hand nehmen sollen. Vielleicht hat es mir gefallen, dass ich die Einzige war, mit der du reden konntest. Aber was für eine Tragödie. Liv ist ein Wrack. Duncan ist gestorben, ohne dich noch mal gesehen zu haben, und Cara … tja, Cara ist für uns alle verloren.«

Darauf wurde sie wieder still. Evie fühlte sich klein und verstört. Sie drehte sich zu Sophia, die immer wieder die Finger verschränkte. »Sophia«, begann Evie. »Bitte, sag etwas.«

Sophia schluckte schwer und sagte dann ganz langsam und leise: »Da haben wir eine Menge zu verdauen, Evie. Du hast mir das alles vorenthalten. Dabei weißt du alles über mich. Du kennst meine Familie, warst bei uns zu Besuch. Und jetzt frage ich mich, ob ich dich überhaupt kenne.«

»Doch, das tust du«, erwiderte Evie verzweifelt. »Natürlich tust du das.«

»Aber warum hast du mir nicht vertraut?«, fragte Sophia. »Ich dachte, du hättest keine Familie und keine Freunde, weil du nie über die Vergangenheit sprechen wolltest. Jetzt kommt es mir vor, als hättest du mich die ganze Zeit belogen. Ich würde gern verstehen, warum du nicht geblieben bist und versucht hast, die Dinge ins Lot zu bringen.«

Evie antwortete leise und klang erschöpft. »Alle wollten, dass ich gehe. Liv sagte, dass sie mich hasst, und meine Mutter, dass sie meinen Anblick nicht mehr ertragen kann. Mein Vater hat mich praktisch rausgeworfen.«

Sophia schüttelte den Kopf. »Aber, Evie, das war in der Hitze des Gefechts. Sie haben das nicht so gemeint. Nicht wirklich. Dein Vater wollte sicher nicht, dass du alle Brücken hinter dir abbrichst. Du hättest bleiben sollen.«

»Und ich hätte dir nicht helfen sollen zu gehen«, fügte Freya hinzu. »Deswegen mache ich mir jeden Tag Vorwürfe.«

Evie sah Kate an. Die war blass und hatte die Lippen fest zusammengekniffen. Sie war sichtlich wütend.

»Ich habe genug davon«, sagte sie. »Das ist lächerlich. Ihr beide sucht nach Entschuldigungen für Evie. Ich für meinen Teil bin angewidert. Es gibt nur einen, der für all das verantwortlich ist. Also wagt es ja nicht, sie vom Haken zu lassen. Ich habe mich beinahe täuschen lassen, als sie bei mir war. Sie hat mir sogar leidgetan. Aber jetzt nicht mehr.«

Sie sah Evie verächtlich an. »Kein Wunder, dass deine Schwester so ein Wrack ist. Ich fühle mich jetzt schrecklich, weil ich jahrelang über sie die Nase gerümpft habe. Ich habe ihr die Schuld daran gegeben, dass du gegangen bist. Ich dachte, sie hätte dir etwas Schreckliches angetan. Dabei hat sie die ganze Zeit darunter gelitten, dass sie ihr Baby verloren hat. Unvorstellbar, was sie durchgemacht hat. Und deine arme Mutter und dein armer

Vater auch. Ich weiß wirklich nicht, wie du dich hier blicken lassen kannst.«

Freya griff ein. »Kate, bitte hör auf. Wir sind alle aufgewühlt. Lass dich nicht hinreißen, etwas zu sagen, was du später bereust.«

Kate wollte nicht zuhören. Sie klaubte wütend ihre Sachen zusammen.

»Bitte geh nicht, Kate«, sagte Evie. »Ich möchte versuchen, die Dinge wieder in Ordnung zu bringen.«

Kate sah sie wütend an. »Das hättest du tun können, indem du hiergeblieben wärst und dich deinen Taten gestellt hättest. Nicht, indem du wegläufst. Wie auch immer, Edwyn holt mich nach seiner Schicht ab. Er wird schon draußen sein.« Sie ging und schlug die Tür hinter sich zu.

Freya, Sophia und Evie waren allein. Evie konnte den Schmerz und die Enttäuschung in Freyas Blick nicht ertragen. Zum ersten Mal sah man ihr an, dass sie fast achtzig war.

Evie wollte sich erneut entschuldigen, aber Freya hob die Hand. »Lass uns heute Abend nichts mehr dazu sagen. Wir werden darüber schlafen. Morgen früh sieht die Welt schon anders aus.«

Doch diesmal glaubte sie das selbst nicht so recht.

*

Sobald Kate Freyas Haus verlassen hatte und an der frischen Luft stand, atmete sie tief durch.

Sie war noch nie so wütend gewesen. Sie fand es unglaublich, dass Evie zurückgekommen war und jetzt all das bei ihnen ablud.

Edwyn fuhr mit dem Auto vor, und sie stieg ein. »Hattet ihr einen schönen Abend?«, fragte er und fuhr los.

»Wohl kaum«, sagte Kate. »Du wirst nicht glauben, was ich dir gleich erzähle.«

Während sie langsam nach Hause fuhren, wiederholte Kate,

was Evie ihnen gestanden hatte. »Ist das zu glauben?«, schloss sie, nachdem sie sich wieder in Rage geredet hatte. »Die ganze Zeit hat sie die Wahrheit verheimlicht, und jetzt kommt sie zurück und erwartet von uns, dass wir sie mit offenen Armen empfangen und ihr sogar verzeihen! Tja, das kann sie vergessen.«

Edwyn sagte kein Wort. Er war in Gedanken versunken. Irgendetwas passte da nicht zusammen. Evies Geschichte war nicht schlüssig. Auf der Insel wusste jeder, was Brodie passiert war. Ein tragischer Todesfall war hier eine Seltenheit.

Allen war klar gewesen, dass Evie nach seinem Tod etwas Zeit für sich brauchte, sie hatten sich aber immer gewundert, warum sie nicht zurückkam. Nun kam der Rest der tragischen Geschichte ans Licht. Liv hatte am selben Abend ihr Baby und dessen Vater verloren. Es war entsetzlich.

»Willst du gar nichts dazu sagen?«, fragte Kate.

Edwyn schüttelte den Kopf. »Ich versuche, das alles zu begreifen. Irgendetwas daran kommt mir seltsam vor. Das sieht unserer Evie gar nicht ähnlich.«

Kate rastete aus. »Du kannst also nicht glauben, dass deine geliebte, perfekte Evie zu etwas so Abscheulichem fähig sein könnte? Ich weiß nicht, wieso mich das nicht überrascht.« Ihre Stimme war schrill. All ihre Befürchtungen wurden wahr. »Es war immer Evie, nicht wahr? Du warst am Boden zerstört, als sie abgehauen war. Sie war deine Angebetete. Du hast sie auf ein Podest gestellt, und keine andere konnte es mit ihr aufnehmen. Selbst ich nicht. Sei ehrlich. Ich war immer die zweite Wahl für dich.«

Edwyn war schockiert. »Wovon zum Teufel redest du, Kate? Woher kommt das auf einmal? Du warst doch genauso erschüttert wie ich, als Evie weg war.«

Kate sah ihn halb verzweifelt, halb verärgert an. »Weißt du, die Wahrheit ist, dass ich auch froh war. Denn dadurch hatte ich dich ganz für mich allein. Evie war hübscher und klüger, und du hast dich mir erst zugewandt, als sie mit Brodie zusammen war. Als du von der Universität zurückgekommen bist und einen Job im Krankenhaus angetreten hast, haben wir unsere ganze Zeit miteinander verbracht, und irgendwann hast du nicht mehr ununterbrochen darüber geredet, was ihr passiert war.«

Sie schniefte. »An unserem Hochzeitstag habe ich dich zu deinem Bruder sagen hören, dass wir gut miteinander auskämen. Das ist genug, habe ich mir gesagt. Ich werde das akzeptieren, und wir können darauf aufbauen. Und eines Tages wirst du mich richtig lieben. Unsere Mädchen kamen auf die Welt, und ich dachte, wir wären endlich glücklich.«

Edwyn sah sie entgeistert an. »Kate, ich weiß nicht, wovon du sprichst. Ich kann mich nicht einmal erinnern, so etwas gesagt zu haben.«

Er wollte sie beruhigen und ihr sagen, dass er sie liebe. Kate und die Mädchen waren sein Leben, und mit Evie verband ihn nur Freundschaft und Mitgefühl. Mehr nicht. Doch es fiel ihm zu schwer, über seine Gefühle zu sprechen, und er verpasste die Chance, Kate, die sich wieder mal in Rage geredet hatte, zu beschwichtigen.

»Selbst nach dem, was sie uns gerade erzählt hat, glaubst du noch, dass ihr die Sonne aus dem Hintern scheint. Verstehst du es nicht? Ihretwegen hat ihre Schwester ihr Baby verloren. Dann haut sie einfach ab und überlässt es den anderen, damit fertigzuwerden. Tja, jetzt ist sie wieder da, und du bist bei ihr willkommen.«

Der Rest der Fahrt verlief bei eisigem Schweigen, da Kate sich weigerte, mit ihrem Mann zu sprechen, und Edwyn sich über ihre Vorwürfe ärgerte. Zugegeben, in der Schule war er in Evie verknallt gewesen, und es hatte ihm viel ausgemacht, als sie nach der Tragödie nicht mehr zurückgekommen war. Aber schon lange vorher hatte er sich ernsthaft in seine Kate verliebt, und dass sie solche Ressentiments hegte und so unsicher war, hatte er wirklich nicht geahnt.

Zu Hause bezahlte Edwyn den Babysitter, und Kate legte sich in ihr bequemes Bett, zusammen mit den Mädchen, die aufgewacht waren, als sie die Haustür hinter sich zuschlug. Er legte sich in Louises schmales Einzelbett und ließ die Füße heraushängen. Er hatte ein mulmiges Gefühl im Bauch nach allem, was er über Evie erfahren hatte, und auch wegen des Streits mit Kate.

Sie stritten sich sonst nie, außer wenn Joan Crawford eine Maus angeschleppt hatte. Obwohl er Arzt war, brachte er es nicht über sich, die toten Tierchen zu entsorgen, sodass Kate das schaudernd auf sich nahm und ihn dafür anschrie.

Außerdem war da etwas an Evies Geständnis, das ihn beschäftigte. Es blieb ungreifbar, aber er hatte das Gefühl, dass es enorm wichtig war.

38

Orkney, 2024

Evie stand am nächsten Morgen auf, nachdem sie sich die Nacht über hin und her gewälzt hatte. Müde machte sie sich in der Küche eine Tasse Tee. Sophia kam aus dem Wohnzimmer hereingetappt. Sie hatte die Nacht unter einer Decke auf Freyas Sofa verbracht.

»Tee?«, fragte Evie, und Sophia nickte. Die beiden Frauen setzten sich an den Küchentisch.

Sophia seufzte. »Es wird eine Weile dauern, bis ich das alles verdaut habe.«

»Ich weiß. Ich mache dir keine Vorwürfe. Können wir bitte über etwas anderes reden? Du hast mir noch nicht von deiner Fahrt nach Hoy erzählt und wie du dich mit Finn verstanden hast.«

Als sein Namen fiel, wurde Sophia rot.

»Wie wär's, wenn du dich heute mit ihm triffst?«, sagte Evie. »Du solltest etwas tun, was dir Spaß macht, anstatt dich immer nur um mich und meine Probleme zu kümmern. Ich habe übrigens beschlossen, heute Vormittag Liv zu besuchen.«

Sophia schaute skeptisch. »Bist du sicher? Dann lass mich mitkommen.«

»Das ist nett von dir, aber ich muss das allein tun. Ich dachte, wenn ich früh genug gehe, ist sie vielleicht noch nicht betrunken oder bekifft.«

»Ich verstehe das, aber vergiss nicht, dass ich hier bin, um dir zu helfen, wo ich kann.«

»Selbst nach allem, was ich euch erzählt habe?«

Sophia seufzte. »Du bist immer noch meine Freundin. Aber bist du dir sicher, dass du Liv sehen willst? Es wird nicht leicht werden.«

»Ich muss zu ihr. Und sei es nur, um ihr zu sagen, dass sie tun soll, was sie nicht lassen kann. Die Menschen, die mir am wichtigsten sind, wissen jetzt Bescheid. Du und Freya, ihr wart großartig. Aber ich bin traurig wegen Kate.«

»Warte ab«, sagte Sophia. »Vielleicht fängt sie sich noch.«

*

Eine Stunde später parkte Evie vor Livs Haus in Stromness. Sie klopfte an die Tür und wartete. Sie bemerkte, dass der Briefkasten mit Werbung verstopft war, und an der Tür hing eine Mitteilung. Ein Räumungsbefehl. Sie klopfte erneut und hörte von drinnen Bewegung.

»Es ist offen! Komm rein, verdammt noch mal!«, rief jemand barsch.

Evie stieß die Tür auf und war entsetzt. Überall lagen leere Bierdosen, alte Pizzakartons und Zigarettenstummel. Liv hatte wohl keinen Aschenbecher mehr, also mussten Untertassen und Dessertschälchen herhalten.

Mitten in dem Chaos lümmelte Liv in einem schmutzigen Sessel. Sie sah auf. »Ach, verdammt noch mal«, fauchte sie. »Hab ich dir nicht gesagt, dass ich dein schmutziges Geheimnis ausplaudere, wenn du nicht dahin zurückgehst, wo du hergekommen bist?«

Liv hatte gerade noch geschlafen, und ihre Stimme war rau. Sie zündete sich die erste Kippe des Tages an.

Der Gestank der Verwahrlosung war erstickend, und Evie nahm einen Zug aus ihrem Inhalator, damit sie atmen konnte. Liv lachte lauthals.

»Wie ich sehe, tust du immer noch so, als hättest du eine tödliche Krankheit. Wir alle wissen, dass du kerngesund bist, kleine Schwester. Du hast die vorgetäuschten Asthmaanfälle in unserer ganzen Kindheit benutzt, um Mitleid zu erregen. Du lügst jedem die Hucke voll.«

Evie suchte einen Platz zum Sitzen. Sie räumte einen Stapel Zeitungen von einem fettigen, schmuddeligen Stuhl herunter. Wenigstens war Liv allein, ohne die übliche Truppe von Betrunkenen, Junkies und verlorenen Seelen, die sich in ihrem Haus einfanden und sie mit Alkohol und Drogen versorgten.

Evie warf einen langen, strengen Blick auf ihre Schwester. Im morgendlichen Licht sah man umso deutlicher, wie ausgebrannt sie war. Ihr Haaransatz war grau und ihre Haut fahl.

Evie dachte an die coole Liv von früher. Wie blendend sie als junge Frau ausgesehen hatte. Und wie sehr sie ihre Schwester um ihr selbstbewusstes Auftreten beneidet hatte. Jetzt spürte sie, dass ihre Angst verging und sich ein anderes Gefühl einstellte. Mitleid.

»Liv. Ich bin hier, um dir zu sagen, dass ich den Menschen, die mir wichtig sind, alles gebeichtet habe. Ich musste es ihnen selbst sagen, bevor du es auf der ganzen Insel verbreitest.«

Liv kniff die Augen zusammen, als glaube sie ihr kein Wort.

»Auch meine Freundin Sophia aus London weiß Bescheid«, sagte Evie. »Aber du kennst sie ja schon. Sie und Freya waren schockiert, haben aber gesagt, dass sie es verstehen. Sie sind bereit, mir eine zweite Chance zu geben. Doch das ist im Moment nicht das Wichtigste.«

Sie neigte sich näher zu Liv und sah ihr in die Augen. »Ich bin nur hier, um dir zu sagen, dass es mir sehr leidtut, was passiert ist. Es vergeht kein Tag, an dem ich mich nicht dafür schäme und bereue, welches Leid ich dir bereitet habe.« Sie hielt kurz inne. »Ich habe mein Versprechen wegzubleiben zwanzig Jahre lang gehalten. Aber jetzt weiß ich, dass das nicht richtig war, auch wenn es das war, was du wolltest. Ich wollte mich besser fühlen, indem ich dir Geld schicke, und auch das war ein Fehler. Ich hätte hierbleiben und es wiedergutmachen sollen, indem ich dir helfe.«

Inzwischen liefen ihr die Tränen übers Gesicht. »Ich weiß, dass ich deine Vergebung nicht verdiene, Liv, aber ich bitte dich trotzdem darum. Ich möchte etwas aus diesem ganzen Schlamassel retten.«

Sie konnte nichts mehr sagen, sie war zu aufgewühlt. Liv stand aus dem Sessel auf und klatschte langsam.

»Wow, was für ein Auftritt. Der Oscar geht an Evie Muir, weil sie eine widerliche Schwindlerin ist und totalen Scheiß erzählt. Ich wette, du hast deinen Freunden eine total entschärfte Version präsentiert.«

»Ehrlich gesagt, habe ich ihnen jedes Detail erzählt.«

»Warum sollte ich dir glauben? Wann begreifst du endlich, dass ich dir niemals verzeihen werde? Du hast mein Leben ruiniert. Wegen dir konnte ich nie Mutter sein und lebe in einem Schweinestall. Ich weiß, was die Leute über mich sagen, und ich war immer schwer in Versuchung, ihnen die Augen zu öffnen, aber ich wollte dein Geld. Glaub mir. Das ist alles, was mich davon abgehalten hat.«

Sie trat vor Evie und stieß ihr mit dem Finger an die Brust. »Ich wollte ihnen sagen, dass es unser Goldkind war, das alles zerstört hat. Du hast mein Baby getötet, und du hast Brodie getötet. Du hast meine Mutter in den Wahnsinn getrieben, und du hast meinen Vater vernichtet. Er ist an dem Tag gestorben, an dem du abgehauen bist, und das weißt du auch.«

Evie stand auf. »Das habe ich verdient. Das weiß ich. Aber bitte lass mich etwas für dich tun. Ich kann jemanden besorgen, der hier aufräumt, und ich kann dir helfen, mit dem Trinken aufzuhören und von den Drogen wegzukommen. Ich habe den Räumungsbefehl an der Tür gesehen, Liv. Ich möchte dir helfen. Bitte lass mich dir helfen.«

»Du kannst helfen, indem du dich verpisst.«

Evie sah ihre Schwester an. Livs Augen funkelten trotzig, aber da war auch Verzweiflung zu spüren.

»Ich möchte nur, dass du ein bisschen Glück findest«, sagte Evie.

»Ja, klar.« Livs Stimme triefte vor Hohn. »Du willst, dass ich Frieden finde, damit du dich dann besser fühlst. Hau einfach ab und komm nicht wieder. Wenn du mich auf der Straße siehst, sprich mich bloß nicht an. Alles, was ich von dir will, ist Geld. Davon abgesehen bist du für mich gestorben.«

Evie ging. Es gab nichts mehr zu sagen. Sie atmete tief die frische, salzige Meeresluft ein. Sie hatte ihr Bestes versucht.

Als sie zurückkam, bereitete Freya gerade das Mittagessen zu, und Evie erzählte ihr und Sophia von ihrem Besuch. »Ich habe es versucht, aber sie will meine Entschuldigung nicht annehmen. Ich mache ihr keinen Vorwurf. Ich habe angeboten, ihr zu helfen, clean zu werden und eine Putzhilfe zu besorgen, aber das wollte sie nicht.«

Freya seufzte. »Das klingt, als wäre deiner Schwester nicht mehr zu helfen. Ob sich das in Zukunft ändern wird, wissen wir nicht. Aber wenigstens hast du dir Mühe gegeben.«

Evie nickte. »Das war das Mindeste, was ich tun konnte. Und ich habe nachgedacht. Ich möchte meine Mutter besuchen.« Freya schaute skeptisch.

»Evie, bist du sicher? Du wirst sie kaum wiedererkennen.«

»Sie lebt noch?«, fragte Sophia. »Was ist mit ihr?«

Freya antwortete für Evie. »Das ist eine traurige Geschichte, Sophia. Cara war immer übernervös und reizbar. Der arme Duncan hatte ein höllisches Leben mit ihr, aber er liebte sie und schonte sie jahrelang. Keiner von uns wusste, wie schlimm es um sie stand. Etwa acht Jahre nach dem ganzen Unglücksfall wurde bei ihr Alzheimer diagnostiziert. Es ging schnell mit ihr bergab.

Sie ist in einem privaten Pflegeheim auf dem Festland bei Wick. Da ist das meiste von Duncans Geld hingeflossen. Ich habe das arrangiert, als er nicht mehr zurechtkam und Cara eine Gefahr für ihn und sich selbst wurde. Nachdem sie weg war, war er nicht mehr derselbe.«

Freya schaute Evie an. »Bist du dir ganz sicher, dass du sie besuchen willst? Ich sage es nur ungern, aber vielleicht erkennt sie dich nicht einmal.«

Evie nickte entschlossen. »Wenn es eine Chance gibt, die Dinge mit meiner Mutter wieder in Ordnung zu bringen, muss ich sie ergreifen.«

39

Orkney, 2024

Freya und Evie gingen die Auffahrt entlang auf das Pflegeheim zu. Mit seinen schönen, gepflegten Gärten sah es eher aus wie ein prächtiges Landhotel. Evie war nervös. Sie hatte ihre Mutter zwanzig Jahre lang nicht gesehen.

Sie war genauso besorgt wie neulich, als sie ihren Freundinnen die Wahrheit gestanden hatte. »Gib mir nur eine Minute«, sagte sie, und Freya nickte.

»Nimm dir so viel Zeit, wie du brauchst. Ich war mir nicht sicher, ob ich das sagen soll, aber ich denke, ich sollte dich vorbereiten. Duncans letzter Besuch hier war eine Katastrophe. Ich habe ihn immer begleitet, wenn er deine Mutter sehen wollte. Oft ließ sie ihn gar nicht zu sich, oder schlimmer noch, sie erkannte ihn nicht und starrte nur aus dem Fenster. Der arme Mann wusste nicht, was er tun sollte. Körperlich ist Cara gesund, und sie wird uns wahrscheinlich alle überleben, aber psychisch geht es ihr schlecht, und sie kann paranoid und wahnhaft sein.«

Freya dachte an ihren letzten Besuch, als sie mit Duncan in dem Pflegeheim gesessen hatte. Von außen machte das Haus einen guten Eindruck und verlangte für die Pflege ein enormes Geld, doch drinnen begleitete einen der unverwechselbare Geruch nach Urin, Desinfektionsmitteln und gekochtem Kohl.

Cara war spindeldürr, trug eine braune Strickjacke und einen langen, viel zu großen Tweedrock. Sie war runzlig und leichenblass und ihre Haare strähnig grau, doch in ihren braunen Augen brannte noch der alte Grimm. Sie richtete ihren Blick auf Duncan und forderte ihn mit klarer Stimme auf, Evie nicht länger zu verwöhnen und Liv etwas Aufmerksamkeit zu schenken.

Sie fügte hinzu, dass er verheerend aussähe, dass er sich die Haare schneiden lassen und er besser für Ordnung sorgen solle, damit sie, wenn sie aus diesem Gefängnis entlassen würde, nicht die ganze Zeit damit verbringen müsste, das Haus auf Vordermann zu bringen. Dann schien eine Tür zuzuschlagen, und sie kehrte das Gesicht der Wand zu und sagte kein weiteres Wort. Als Duncan aufstand, um zu gehen, packte sie ihn mit ihrer klauenhaften Hand am Arm und zischte: »Komm nicht wieder her. Du bist nicht erwünscht. Ich weiß, wer du bist, und ich verachte dich. Das habe ich immer getan.«

Freya versuchte, ihn damit zu trösten, dass Cara nicht bei Verstand war, aber Duncan sagte auf der ganzen Rückreise kaum ein Wort und nach ihrer Ankunft auf der Insel fuhr er direkt nach Hause, um mit einer Flasche Whisky allein zu sein.

Freya wollte auf keinen Fall, dass Evie etwas Ähnliches erlebte. Doch Evie straffte die Schultern und machte ein entschlossenes Gesicht. »Ich muss sie sehen, Freya. Ich muss das tun, und ich danke dir, dass du mitgekommen bist.«

Sie betraten gemeinsam das Haus und wurden von der Oberschwester begrüßt.

»Ihre Mutter hat ihre Momente, Miss Muir«, sagte sie zu Evie. »Ich weiß, dass sie sehr wütend und aufgebracht war, als Ihr verstorbener Vater und Freya sie letzten Monat besucht haben, aber seit Neustem ist sie sehr umgänglich. Nichts scheint sie zu stören, und sie liebt es, Radio zu hören. Wegen ihrer Arthritis kann sie nicht mehr stricken, was wirklich schade ist, aber sie ist eine unserer leichteren Patientinnen.«

Freya wunderte sich, und Evie glaubte das nicht. Die Oberschwester führte sie zu Caras Zimmer. Sie klopften an und gingen hinein. Cara saß mit dem Rücken zu ihnen auf einem Stuhl und schaute aus dem Fenster. Sie drehte sich um und begrüßte die beiden lächelnd.

Evie sah eine winzige Frau mit strähnigem grauem Haar und verkrümmten knotigen Fingern. Sie hätte ihre Mutter nicht wiedererkannt, wenn sie ihr auf der Straße begegnet wäre. Ihre ängstliche Unruhe wich ruhiger Gelassenheit.

Evie sah sie traurig und mitfühlend an. Ihre einst lebensprühende Mutter war jetzt so gebrechlich, als könne der kleinste Windhauch sie wie ein vertrocknetes Blatt davonwehen.

Sie sah Evie an und sagte mit schwacher zittriger Stimme: »Hallo. Bist du hier, um mich nach Hrossey zurückzubringen? Meine Mutter erwartet mich sicher, und du weißt ja, dass mein Vater uns endlich besuchen kommt.«

Evie wusste nicht, was sie sagen sollte. Sie ging neben ihr in die Hocke und nahm ihre Hand, die von dicken blauen Adern überzogen war.

»Du möchtest zurück nach Hrossey?«, fragte Evie sanft.

»Vielleicht nicht heute. Ich bin ein bisschen müde. Aber bald. Nimmst du mich mit?«

»Natürlich werde ich dich mitnehmen, wenn du das willst.«

»Ich würde meine Mutter gerne wiedersehen«, sagte Cara. »Es scheint mir lange her zu sein, seit ich ihre Stimme gehört habe, und ich muss mich für die höhere Schule fertigmachen. Ich muss nach Kirkwall, weißt du.«

Während Evie ihre gebrechliche Mutter betrachtete, die in ihrer Kindheit gefangen war, bat sie sie im Stillen um Vergebung für jenen grauenvollen Abend und beschloss, sich ihr nicht zu erkennen zu geben. Es war klar, dass Cara das nur aufregen und verwirren würde. Es war weitaus besser, sie nicht aus dem glücklichen Zustand der Hoffnung zu reißen und ihr die Freude zu lassen, den Vater zu sehen, den sie nie gekannt hatte. Als sie gerade gehen wollten, sah Cara Evie an, als sähe sie sie jetzt erst. Sie wirkte plötzlich geistig klar und munter. »Geh nicht. Ich kenne dich. Du bist meine Evie. Ich habe dich so lange nicht gesehen. Dein Vater wird sich freuen, dass du hier bist.«

»Ja, Mum. Ich bin's. Evie.«

»Du warst immer ein so glückliches Baby. Ich habe dich sehr geliebt, weißt du, aber ich konnte es dir nicht sagen, weil *sie* sich sonst aufgeregt hätte. Ist sie auch hier?« Cara sah sich ängstlich um. »Ich habe ein bisschen Angst vor ihr, weißt du, aber solange sie ihr Geld bekommt, lässt sie uns in Ruhe.« Sie streichelte Evies Hand und lächelte sie an. »Du warst schon immer ein Papakind, aber vergiss nie, dass deine Mum dich auch geliebt hat.«

Freya schniefte in ihr Taschentuch, und Evie drückte die Hand ihrer Mutter. »Ich liebe dich, Mum, und ich weiß, dass du dein Bestes getan hast.«

»Ich hoffe, du hast ein besseres Leben als ich, Evie. Sag mir, bist du glücklich?«

Evie blickte ihrer Mutter in die Augen und konnte nicht antworten. Darauf drehte Cara den Kopf weg.

»Ich wünschte, ich wäre mutiger gewesen«, murmelte sie. »Ich habe das Glück weggestoßen.«

»Oh, Mum«, begann Evie und wollte etwas sagen, um sie zu trösten, aber Cara sah sie verwirrt an.

»Wer, sagten Sie, sind Sie noch mal, meine Liebe?«

Der Nebel hatte sich wieder herabgesenkt, aber in dem Moment hatte Evie das Gefühl, dass sie sich ausgesöhnt hatten. Evie dankte der Oberschwester für die Pflege ihrer Mutter und versprach, sie bald wieder zu besuchen.

Während der Rückfahrt mit der Fähre über den Pentland Firth, der zum Glück nicht so kabbelig war, wie er hätte sein können, blieb Evie draußen auf dem Deck, um den Wind in den Haaren zu spüren, und dachte über die Worte ihrer Mutter nach. *Ich wünschte, ich wäre mutiger gewesen. Ich habe das Glück weggestoßen.*

Freya stand bei ihr. »Du bist ein bisschen geistesabwesend. Alles okay mit dir?«

»Ich denke darüber nach, was meine Mutter gesagt hat.«

Freya nickte. »Vielleicht ist es gut, dass ihr Gedächtnis sie im Stich lässt und sie nicht ständig mit Reue leben muss.«

»Ich hoffe, du nimmst mir die Frage nicht übel, Freya, aber wir haben noch nie darüber gesprochen. Hattest du jemals einen besonderen Menschen in deinem Leben? Hast du dich jemals verliebt?«

»Nun, ich hatte ein paar schöne Erlebnisse«, sagte Freya, »aber um ehrlich zu sein, nichts Dauerhaftes.« Sie runzelte die Stirn und dachte darüber nach. »Ich glaube, ich wollte nur jemanden, der mich sieht. Nicht Freya, die Transfrau. Nur mich. Freya. Und dass man mich so akzeptiert und liebt, wie ich bin. Ich wurde in der Vergangenheit von Männern schwer gekränkt, die nur zeigen wollten, wie tolerant sie sind, und deshalb mit einer Transfrau ausgingen. Ich war für sie praktisch ein Ehrenabzeichen. Es ging nicht um mich. Es ging darum, was ich repräsentierte. Das war eine harte Lektion, die ich lernen musste.«

Evie wartete, ob Freya mehr dazu sagte. Es kam nicht oft vor, dass sie über ihre Vergangenheit sprach.

»Als ich in London war, lernte ich einen wirklich guten Mann kennen. Er war ein bisschen älter als ich, und wir lebten eine Weile zusammen. Allerdings hatten wir nicht viel Sex. Um ehrlich zu sein, stand ich in der Hinsicht nicht auf ihn, aber er war ein guter Freund und hat mir viel beigebracht. Er brachte mich dazu, gute Bücher zu lesen und mich für die Welt zu interessieren. Wir hatten ein paar schöne Jahre zusammen, aber dann wurde er sehr krank und bekam Herzprobleme. Ich habe mich um ihn gekümmert, und es ging uns gut. Doch seine Nichte bestand darauf, ihn in ein Heim zu geben, weil sie sein Haus verkaufen wollte. Ich habe ihn dort besucht, bis er starb.« Freya seufzte. »Bei der Beerdigung war ich dann nicht erwünscht. Wir haben uns auf unsere Weise geliebt, aber es war keine große, leidenschaftliche Affäre. Wir waren nur zwei einsame Menschen, die einander Halt und Wärme gaben.«

»Das tut mir leid«, sagte Evie. »Du hast etwas Besseres verdient, Freya.«

Freya nahm ihre Hand. »Danke, Evie. Aber ich bin zufrieden mit dem Leben, das ich mir aufgebaut habe. Es macht mir sehr viel Freude.«

Evie blieb stumm. Die Worte ihrer Mutter hallten in ihr nach, und sie erkannte, dass die auch auf sie zutrafen. Sie hätte mutiger sein sollen, und auch sie hatte das Glück weggestoßen. Sie hatte immer geglaubt, dass sie es nicht verdiente, glücklich zu sein, und dass ihr trauriges Leben ihre gerechte Strafe sei.

Freya brach das Schweigen. »Ich habe nachgedacht. Wenn wir zurück sind, könntest du doch zu deinem Haus fahren und dir ansehen, was Andrzej und sein Team gemacht haben. Ich weiß, es ist erst ein paar Wochen her, aber der Mann ist ein Arbeitstier. Ich wette, da ist schon viel geschafft.«

»Er arbeitet wirklich hart«, sagte Evie. »Ich glaube, er kriegt alles hin.«

Freya seufzte. »Ich wünschte nur, er hätte den Mumm, Maureen einen Antrag zu machen.«

»Wie geht es ihr?«, fragte Evie. »Sie war bei der Beerdigung sehr nett zu mir, aber ich fand, sie sah erschöpft aus.«

»Nun, das hat seinen Grund.« Freya schaute düster, fügte aber hastig hinzu: »Jedenfalls liebt Andrzej sie seit Jahren. Er küsst den Boden unter ihren Füßen. Er hilft ihr mit ihren alten Eltern, und für Rory ist er wie ein zweiter Vater. Und sie liebt ihn genauso sehr.«

»Na, das ist doch wunderbar. Anscheinend haben sie sich gesucht und gefunden. Wo ist das Problem?«

»Oh, ich könnte ihnen den Hintern versohlen, Evie. Ich habe versprochen, es für mich zu behalten, aber ich bin es leid, so viele Geheimnisse zu haben. Aber das muss ich dir nicht sagen.«

Evie zuckte zusammen, und Freya fuhr fort: »Die Sache ist die, dass beide befürchten, es könnte ihre Freundschaft ruinieren, wenn sie ihre Gefühle offenbaren. Also habe ich Maureen gesagt, dass Andrzej sie liebt, aber glaubt, dass sie ihn nur als Freund sieht.«

»Man könnte behaupten, du hast dich eingemischt«, sagte Evie. »Aber ich denke, du hast das Richtige getan. Was ist dann passiert? Sie hat ihm hoffentlich gesagt, was sie empfindet.«

»Nein.« Freya schaute bekümmert. »Sie will es ihm nicht sagen.«

»Warum denn nicht?«

Freyas Augen bekamen einen feuchten Glanz. »Sie hat Brustkrebs. Sie hat es diese Woche erfahren. Es sieht nicht gut aus. Wir warten nur noch auf den Behandlungsplan, und es gibt natürlich noch Hoffnung. Oh, Evie, du hättest ihr Gesicht sehen sollen, als ich ihr sagte, dass Andrzej sie liebt. Ihren Augen leuchteten auf, aber dann wurden sie wieder finster, weil sie denkt, es ist hoffnungslos. Sie hat mich zur Verschwiegenheit verpflichtet, weil sie ihm nicht zur Last fallen will.«

»Andrzej hat also keine Ahnung, dass Maureen ihn liebt?«, sagte Evie. »Oh, Freya, er muss es wissen. Sie haben ein bisschen Glück verdient, besonders jetzt!«

»Ich darf es ihm nicht sagen, Evie. Ich habe es Maureen versprochen, und sie würde mir nie verzeihen.«

Evie starrte auf das graue Meer und die wogenden Wellen, die ihr immer noch Angst machten, aber sie beschloss, etwas Mutiges zu tun.

»Aber *ich* kann es ihm sagen. Natürlich nicht das mit dem Krebs. Nur, was sie empfindet, und dann muss er entscheiden, was er tun will. Es tut mir leid, Freya, ich kann nicht zusehen, wie die beiden unglücklich werden, obwohl sie doch miteinander glücklich sein könnten, auch wenn sie vielleicht nicht mehr lange zusammen sind. Mach dir keine Sorgen, ich werde diskret sein. Dein Name wird nicht genannt. Aber ich muss da eingreifen.«

40

Orkney, 2024

Andrzej nutzte das gute Wetter, um die neuen Fenster in Evies Haus fertig einzubauen und die Außenfassade weiß zu streichen. Drinnen wurden das Bad und die Küche eingebaut, und es roch nach frischem Sägemehl und harter Arbeit.

Andrzej strahlte Evie an. »Wir machen Fortschritte. Ich freue mich sehr, dass das Haus renoviert wird. Es ist schön und solide und kein trauriger Anblick mehr.«

»Es ist wunderbar, Andrzej«, sagte Evie. »Du hast schon so viel geschafft. Ich hatte ganz vergessen, wie schön es hier ist. Die Aussicht ist wirklich etwas Besonderes. Ich glaube, als ich jung war, habe ich das gar nicht zu schätzen gewusst. Sie war einfach da.«

Vielleicht kann ich hier neu anfangen, dachte sie. *Trotz allem, was passiert ist. Könnte ich bitte eine zweite Chance bekommen?*

»Nun ja«, sagte Andrzej. »Ich wollte mit dir über etwas sprechen. Freya hat mir erzählt, dass du Künstlerin bist. Sie hat ein Gemälde von dir an der Wand hängen, und es ist sehr gut. In dem großen Raum unten, wo es jetzt noch mehr erstaunliches Licht gibt, könntest du doch deine Staffelei aufstellen und die herrliche Aussicht malen. Was hältst du davon?«

»Das Licht da ist schön, aber ich habe keinen Pinsel mehr in die Hand genommen, seit ich hier weggegangen bin, mal abgesehen davon, dass ich für Freya Kieselsteine bemalt habe. Ich weiß ehrlich gesagt nicht, ob ich das noch kann.«

»Natürlich kannst du das. Das ist wie Fahrradfahren. Denk nur, was für wunderbare Bilder du in dieser inspirierenden Umgebung erschaffen könntest.« Andrzej machte eine ausschweifende Armbewegung.

Evie lächelte. Andrzej war ein so angenehmer, freundlicher Mensch, man konnte sich in seiner Gesellschaft nur besser fühlen. Und er hatte recht. Überall um sie herum fanden sich schöne Motive zum Malen, besonders jetzt, wo das Haus wieder zum Leben erweckt wurde. Vorher hatte es voll dunkler Erinnerungen und Schmerz gesteckt, jetzt eröffnete es echte Möglichkeiten.

»Ich werde darüber nachdenken, versprochen.« Sie zögerte, denn ihre nächsten Worte wollten gut überlegt sein. Aber sie hatte eine Idee.

»Eigentlich wollte ich dich um einen Gefallen bitten. Könntest du deine Partnerin mal fragen, ob sie mir eine ihrer Decken für mein Sofa macht? Freya hat eine von ihr bekommen, und die ist wunderschön.«

»Tut mir leid, Evie. Ich habe keine Partnerin.«

»Wirklich?« Evie tat unschuldig. »Ich dachte, du und Maureen …«

Andrzej schüttelte den Kopf. »Nein, wir sind nur Freunde. Gute Freunde.«

»Aber ich habe euch beide bei der Beerdigung meines Vaters gesehen. Es war offensichtlich, dass sie dich liebt. Und mir ist auch aufgefallen, wie du sie ansiehst.«

Sie schaute ihn hoffnungsvoll an. Sie war wirklich keine geschickte Vermittlerin. Freya hätte genau gewusst, was sie sagen sollte, und Kate wäre direkt auf den Punkt gekommen. Andererseits hatte Andrzej nicht geleugnet, dass er Maureen liebte. Also beschloss sie weiterzumachen. »Ihr saht zusammen so glücklich aus.«

Andrzej zuckte mit den Schultern und lachte freudlos. »Ich

glaube, du irrst dich, Evie. Ich bin nicht gerade ein guter Fang, weißt du. Warum sollte Maureen etwas an mir finden?«

»Willst du mich auf den Arm nehmen?«, sagte Evie. »Ich kenne dich zwar noch nicht lange, aber du bist einer der anständigsten und freundlichsten Männer, die ich je getroffen habe. Freya gerät bei dir förmlich ins Schwärmen, und das sagt meiner Meinung nach alles.«

Er sah Evie so voller Hoffnung an, dass ihr warm ums Herz wurde.

»Andrzej«, sagte sie ernst. »Es ist offensichtlich, dass du sie liebst, und ich weiß, dass sie dasselbe fühlt. Manche Menschen haben nicht so viel Glück. Du musst es ihr sagen.«

»Vielleicht in ein paar Monaten«, sagte er leise. »Sie hat im Moment zu viel um die Ohren, und ich möchte sie unterstützen, aber als Freund. Das ist alles, was sie von mir will.«

Evie durfte ihm nicht von Maureens Diagnose erzählen. Das wäre nicht richtig gewesen. Aber die Zeit war vielleicht nicht auf ihrer Seite. Sie musste ihn irgendwie überzeugen.

»Andrzej, hör mir zu. Keiner von uns weiß, was hinter der nächsten Ecke wartet. Ich habe jemanden kennengelernt, als ich noch sehr jung war, und dachte, wir würden für immer zusammen sein. Aber wir hatten nur einen kurzen Sommer.« Sie schluckte schwer und dachte daran zurück, wie sehr sie Brodie geliebt hatte.

»Wir wissen einfach nicht, was das Schicksal für uns bereithält. Bitte warte nicht damit, es ihr zu sagen. Manchmal gibt es nur diese eine Chance auf Glück. Du musst sie ergreifen!«

Andrzej sah sie sehr ernst an. »Bist du dir sicher, Evie? Weißt du, ich liebe Maureen sehr, aber ich habe immer geglaubt, dass sie mich nur als Freund betrachtet. Ich war ein paarmal fast so weit, es ihr zu sagen, aber dann war ich zu nervös und hatte Angst. Sie hat ihren Mann sehr geliebt, und ich habe immer gedacht, dass niemand seinen Platz in ihrem Herzen einnehmen kann.«

»Sie wird ihn immer lieben, Andrzej, aber er hätte gewollt, dass sie noch mal glücklich wird. Und du machst sie glücklich. Ihr beide seid füreinander bestimmt. Ihr seid wie füreinander geschaffen.«

»Ich habe das Eingeständnis meiner Liebe bei mir«, sagte Andrzej. »Ich trage es schon seit Jahren in der Innentasche mit mir herum. Eines Tages werde ich den Mut haben und Maureen einen Antrag machen.«

Er holte ein abgegriffenes Kästchen hervor, das einen goldenen Ring mit einem kleinen, aber schön geschliffenen Diamanten enthielt.

»Er gehörte meiner Urgroßmutter, und meine Mutter hat ihn mir gegeben, damit ich ihn eines Tages meiner Braut schenken kann. Meinst du, er genügt?«

»Es ist absolut perfekt«, sagte Evie. »Also, worauf wartest du noch? Es ist schon nach sechs. Du und deine Truppe, ihr habt für heute genug für mich geschuftet. Mach dich sauber und geh zu deiner Maureen.«

Als Andrzej und seine Arbeiter gegangen waren, wanderte Evie durch das frische, helle Haus und stieg die Treppe zu ihrem alten Schlafzimmer hoch. Es war winzig, kaum größer als ein Schrank, doch es war ihr Zufluchtsort gewesen, als sie noch klein war.

In der Tür zu Livs Zimmer zögerte sie. Nach all den Jahren fürchtete sie noch immer ihren Zorn. Es war ein kahler, sonniger Raum, in dem überraschenderweise keine Geister hausten. Es war einfach nur ein Zimmer mit einer schönen Aussicht und würde ein gemütliches Gästezimmer für Sophia abgeben.

Da mache ich Pläne für Gäste und habe noch nicht einmal beschlossen, hierzubleiben, dachte sie. Andrzej hatte es geschafft, die schlechten Erinnerungen wegzurenovieren und dem Haus seine fröhliche Ausstrahlung zurückzugeben. Vom alten Zimmer ihrer Eltern aus hatte man einen atemberaubenden Blick über die

Bucht, ein Panorama, mit dem man gern jeden Morgen aufwachte.

In dem schönen Zimmer würde sie garantiert gut schlafen. Sie schaute auf das Meer hinaus und dachte wieder an den Wunsch ihres Vaters, dass sie Schwimmen lernen sollte. Vor ihrem inneren Auge sah sie sich, wie sie ins Wasser watete. Zum ersten Mal war der Schrecken nicht überwältigend. Plötzlich stellte sie sich vor, tiefer hineinzugehen, und wie das kühle Wasser sie umgab und dann den magischen Moment, in dem es sie trug und sie wie eine echte Selkie schwamm.

Als sie die Treppe hinunter und in das alte Wohnzimmer ging, sah sie, dass Andrzej recht hatte. Durch die großen neuen Fenster war der Raum lichtdurchflutet und damit das perfekte Atelier. Dort würde sie wieder mit dem Malen beginnen. Sie hatte bereits beschlossen, die Küche so fröhlich und farbenfroh wie möglich zu gestalten, mit leuchtend gelben Wänden und blauen Fliesen und mit Regalen für Pflanzen und Bücher. Vielleicht könnte sie auch ein paar Bilder für sich selbst malen, um das Haus wirklich zu ihrem Zuhause zu machen.

Sie hatte das Malen geliebt. Aber wie alles andere, was ihr Freude bereitete, hatte sie es aufgegeben, um sich zu bestrafen. Vielleicht war es an der Zeit, etwas zu tun, das sie ihre vergangenen Probleme vergessen ließ.

Bei einem ihrer Besuche im Haus hatten Evie und Freya den Schlüssel für die alte Garage gefunden, die mit Unkraut und Farn überwuchert war. Offensichtlich war seit Jahren niemand mehr im Innern gewesen. Sie beschloss, es zu erkunden.

Als sie die halb verrottete Holztür mühsam aufzog, sah sie zwischen Mäusenestern und dichten Spinnweben etwas Gelbes im Zwielicht schimmern. Halb versteckt unter einer alten Plane stand Florence, ihr alter Käfer. Wie um alles in der Welt war er Liv entgangen, als sie alles mitgenommen hatte, was nicht niet- und nagelfest war? Wenn sie gewusst hätte, dass er hier stand, hätte sie ihn sicher verkauft. Florence war schmutzig und rostig, und es sah ganz so aus, als hätten Mäuse in den Rädern gelebt, aber Evie war überzeugt, dass man sie wieder auf Hochglanz bringen konnte.

*

Andrzej war direkt zu Maureen gefahren. Er rief leise ihren Namen, bevor er das Wohnzimmer betrat. Sie saß auf dem Sofa mit einer hübschen Wolldecke in den Händen und betrachtete die Aussicht.

Sie lächelte zu ihm hoch. »Ich bin so froh, dich zu sehen. Ich bin gerade mit der Decke fertig geworden und wollte deine Meinung hören, bevor ich sie an den Laden schicke.«

»Sie ist wunderschön, Maureen, und ich weiß genau, wem sie auch gefallen würde. Gerade heute hat Evie gefragt, ob du eine für sie machen würdest – für das Sofa in ihrem Haus.«

»Oh, das geht klar. Sie wird sie von mir als Einweihungsgeschenk bekommen. Ich kann noch eine für den Laden machen. Wie geht es mit der Arbeit bei Evie voran?«

»Gut. Sehr gut sogar, und ich glaube, Evie würde dort glücklich werden, wenn sie sich dafür entscheidet. Freya will, dass sie bleibt, und du weißt ja, was Freya will, bekommt sie.«

Maureen lachte. »Das stimmt. Du bringst es immer wieder fertig, den Leuten ein richtiges Heim zu schaffen und nicht nur ein Haus mit vier Wänden. Sieh dir nur an, was du für mich und Rory gebaut hast. Und meine Eltern sind so glücklich in der Wohnung unten, wo wir ein Auge auf sie haben können.«

Ein Schatten glitt über Maureens Gesicht, und in dem Moment wusste Andrzej, dass er seinen Mut zusammenraffen und ihr endlich sagen musste, was er fühlte.

»Maureen. Ich habe dir etwas zu sagen, und das hätte ich schon längst tun sollen.«

Er holte tief Luft. Diese Rede hatte er schon oft geprobt, und dann war es dabei geblieben.

»Ich habe dich vom ersten Augenblick an geliebt, und meine Liebe ist mit der Zeit immer tiefer geworden. Ich hätte es dir schon vor Jahren sagen sollen, aber ich habe geglaubt, deiner nicht würdig zu sein, und ich hatte Angst um unsere Freundschaft.«

Einen Moment lang lächelte Maureen, und das ließ Andrzejs Herz höherschlagen, doch dann legte sie die Hände vor ihr Gesicht und schluchzte.

»Mein kleiner Liebling. Meine Liebste«, sagte Andrzej bestürzt. »Was hast du denn? Oh, ich habe dich verärgert. Ich bin ein großer, dummer Trottel. Es tut mir so leid. Genau das hatte ich befürchtet.«

»Ach, Andrzej. Ich hätte dir sagen sollen, dass ich dich schon so lange liebe, und jetzt ist es zu spät. Ich dachte, du wolltest nur mit mir befreundet sein und eigentlich nur meinen Vater besuchen, um seine alten Geschichten zu hören.«

»Meine liebe Maureen. Empfindest du wirklich dasselbe für mich? Ich bin so glücklich und erleichtert. Ach, wir sind beide solche Dummköpfe und haben so viel Zeit vergeudet.« Er lächelte sie an. »Natürlich habe ich deinen Vater sehr gern, aber ich will ihn nicht heiraten. Ich möchte *dich* heiraten. Bitte sag, dass du mir die Ehre erweisen wirst. Ich werde ein guter Ehemann sein, und ich weiß, ich kann dich glücklich machen.«

Er nahm sie in die Arme und fand sie so zart wie einen kleinen Vogel.

So gern Maureen in seiner Umarmung bleiben wollte, sie drückte ihn sanft von sich. »Andrzej, es tut mir leid, aber ich kann dich nicht heiraten.«

»Nun, wir müssen ja nicht sofort …«, begann er, doch Maureen hob die Hand, damit er still war.

»Bitte hör mir zu. Es wäre nicht fair, wenn ich zustimme,

deine Frau zu werden.« Sie sah tief bewegt aus. »Ich muss dir etwas sagen, was ich bis jetzt vor mir hergeschoben habe.«

Andrzej zog sie näher zu sich. »Ich weiß, dass es dir nicht gut geht. Du siehst seit einer Weile müde und ängstlich aus, und ich habe darauf gewartet, dass du mir sagst, was los ist, damit ich dir helfen kann.«

»Du musst wissen …« Sie zögerte, dann platzte sie damit heraus. »Ich habe Krebs. Ich habe es monatelang ignoriert und mich erst letzte Woche untersuchen lassen. Ich kenne die Prognose noch nicht und weiß nicht, wie er behandelt werden wird. Vielleicht habe ich nicht mehr lange zu leben.« Bei den nächsten Worten schwankte ihre Stimme. »Du siehst also, ich kann dich unmöglich heiraten.«

Andrzej ging auf ein Knie, langte in seine Tasche und zog den Ring seiner Urgroßmutter hervor. »Maureen, meine Liebste. Ich bitte dich jetzt auf Knien. Willst du mich überglücklich machen und mir die Ehre erweisen, meine Frau zu werden?«

Anstatt zu antworten, sagte sie sanft: »Hast du nicht gehört, was ich gesagt habe? Ich kann nicht deine Frau werden. Ich weiß nicht, was die Zukunft bringt. Ich weiß nicht, welche Behandlung ich durchmachen muss. Ich weiß nicht mal, wie lange ich noch habe.«

»Keiner von uns weiß das, liebste Maureen. Meinst du also nicht, dass wir jede Minute nutzen sollten? Ich will mich um dich kümmern, und wir müssen das Glück beim Schopf packen.«

Maureen stieß einen Laut aus, der halb Schluchzen, halb Lachen war. »Du bist wirklich ein außergewöhnlicher Mann.«

Andrzej nahm ihre Hand. »Wir gehen die Zukunft gemeinsam an, was immer sie uns bringt. Aber, Maureen, du hast meine Frage nicht beantwortet: Liebst du mich genug, um mich zu heiraten?«

»Ich bete dich an. Das weißt du jetzt. Aber wir brauchen nicht zu heiraten. Können wir nicht einfach weitermachen wie bisher? Aber zusammen unter einem Dach leben?«

»Ich bin schockiert, Maureen«, sagte Andrzej und lachte. »Du weißt doch sicher, dass du einen anständigen Mann aus mir machen musst, sonst wird meine Mutter nie wieder mit mir sprechen.«

Sie lächelte ihn durch einen Tränenschleier an, und er wusste, dass alles gut werden würde.

Sie hatten ihre Liebe, und sie hatten Hoffnung.

41

Orkney, 2024

Seit dem Abend nach Evies Geständnis und ihrem furchtbaren Streit begegneten sich Edwyn und Kate zu Hause höflich und distanziert wie Fremde. Das Schweigen hatte dazu geführt, dass die unangenehmen Gefühle in ihnen schwelten und aus einem Riss eine wachsende Kluft wurde.

In Kates Augen bewies seine Distanziertheit, dass sie mit ihren Ängsten richtiggelegen hatte und sie wirklich seine zweite Wahl gewesen war. Edwyn dagegen war tief gekränkt, weil Kate ihm nicht glauben wollte, dass er Evie nur als Freundin betrachtete.

Er wusste nicht, wie er seine Frau überzeugen sollte, dass er sie wirklich liebte. Er hatte Angst, einen weiteren Streit zu riskieren, also schwieg er einfach und machte dadurch alles nur schlimmer.

Beim Frühstück spielten die beiden ihren Mädchen etwas vor, aber die wussten, dass etwas im Argen lag, und wurden bei ihren Cornflakes und Toastscheiben ganz still. Normalerweise war der Morgen bei ihnen geschäftig und laut, die Mädchen plapperten, während sie sich für die Schule fertigmachten, und Edwyn trank seine erste Tasse Kaffee mit Riesenschlucken, um dann allen einen schnellen Abschiedskuss zu geben und zur Arbeit zu eilen.

Kate begleitete die Kinder schweigend zur Schule, und Louise und Claire hielten sich an den Händen und sahen besorgt aus. Ihre sichere, liebevolle Welt hatte sich über Nacht verändert, und sie dachten beide, sie hätten etwas Schreckliches getan.

Louise glaubte, das sei nur ihre Schuld, weil sie die ganze Packung Kokosriegel im Schrank versteckt gefunden und aufgegessen hatte, und Claire war sich sicher, dass sie schuld war, weil sie ihr Spielzeug nicht aufgeräumt hatte.

Edwyn war erleichtert, aus dem Haus zu kommen und sich in seine Arbeit im Krankenhaus zu vertiefen, aber er wusste, dass es so nicht weitergehen konnte. Seine Ehe schien zerrüttet und war vielleicht nicht mehr zu retten.

Er hatte viel über sich nachgedacht und erkannt, dass er Kate nicht oft genug gesagt hatte, wie viel sie ihm bedeutete, und dass er ohne sie verloren wäre. Er hatte einfach angenommen, dass sie das wüsste.

Er war überhaupt nicht romantisch veranlagt, und sie hatten sich noch nie wie ein verliebtes Paar benommen. Der Valentinstag war in ihren Augen nur Gefühlskitsch, und sie waren auch keine Freunde von Jahrestagen.

Er erinnerte sich daran, wie die Krankenschwestern ihn gnadenlos aufgezogen hatten, als er ihnen erzählte, dass er Kate zum Geburtstag einen Schnellkochtopf geschenkt hätte. Er jammerte daraufhin, den habe sie sich gewünscht, aber die Kolleginnen erwiderten, dass er sich ernsthaft anstrengen müsse. Jetzt wünschte er, er hätte auf sie gehört.

Er hatte Kate für selbstverständlich gehalten, und nun war seine Welt ins Wanken geraten. Er musste das wiedergutmachen, und er hatte auch schon eine Idee. Er rief Kate an, in der Hoffnung, dass sie abnahm, doch das tat sie nicht, und er sprach ihr eine Nachricht auf die Mailbox: *Können wir heute Abend über alles reden? Ich sorge dafür, dass deine Mutter die Mädchen von der Schule abholt und sie bei ihr übernachten können. Dann sind wir ungestört.*

Etwa eine Stunde später erhielt er eine Textnachricht von Kate. *Okay. Bin den ganzen Tag bei Freya. Komme um acht zurück.*

Das klang kurz angebunden, aber immerhin hatte sie sich

gemeldet und zugestimmt. Er konnte es nicht fassen, dass seine grundsolide Ehe mit Kate in die Brüche ging, weil sie glaubte, er sei in Evie verliebt. Das war lächerlich.

Für ihn war es immer Kate gewesen, aber er war emotional zu zurückhaltend, um ihr zu sagen, was er wirklich fühlte, und es war seine Schuld, dass sie all die Jahre glaubte, sie sei nur der Trostpreis. Er hoffte nur, dass sein Plan funktionieren würde. Bis heute Abend hatte er noch viel zu tun.

*

Als Kate Freyas Haus betrat, stellte sie wütend fest, dass sie mit Evie allein war. »Es tut mir leid, aber Freya musste Delima abholen. Sie wird nicht lange wegbleiben. Jack ist mit den Jungs unterwegs und plant Andrzejs Blackening.«

»Ich werde später wiederkommen, wenn Freya hier ist und du nicht«, sagte Kate kalt.

»Kate, bitte, wir müssen reden.«

»Ich habe dir ehrlich nichts zu sagen, Evie.«

»Ich weiß, du bist wütend auf mich, aber du und Edwyn, ihr bedeutet mir so viel.«

Kate schnaubte. »Du meinst, *Edwyn* bedeutet dir so viel.«

Evie runzelte die Stirn. »Wie bitte? Das verstehe ich nicht. Wir drei waren doch richtig gute Freunde.«

»Wirklich, Evie? Tu doch nicht so naiv. Du weißt genau, dass er in dich verliebt ist.«

»Was redest du denn da?« Evie war geschockt und lachte auf. »Entschuldige, aber …«

»Findest du das etwa lustig? Dass meine Familie auseinanderfällt?«

Evie sank das Kinn herab. »Was soll das heißen?«

Kate seufzte. »Er ist eindeutig in dich verliebt, seit ihr Teenager wart. Ich weiß nicht, vielleicht empfindest du dasselbe.

Vielleicht hast du hinter meinem Rücken alle möglichen Pläne geschmiedet.«

In Kates Augen schimmerten Tränen. Evie begriff, dass ihre Freundin gerade nicht klar denken konnte.

»Ich habe ihn nicht mehr gesehen, seit ich dich besucht habe. Kate, bitte setz dich und hör mir zu. Willst du ernsthaft deine Ehe zerstören und diese beiden wunderbaren kleinen Mädchen durch die Hölle schicken? Und wofür? Wegen einer dummen Idee, die du schon als Teenager hattest? Edwyn in mich verliebt – das ist verrückt. Du brichst ihm das Herz!«

»Ihr habt euch wirklich nicht getroffen?«, fragte Kate zweifelnd.

»Ich war die ganze Zeit über mit Freya bei den Hochzeitsvorbereitungen oder mit Sophia in meinem Haus. Ich würde dir gerne zeigen, wie wir dort vorankommen. Ich möchte, dass zwischen uns alles wieder normal wird.«

»Normal! Das sagst ausgerechnet *du*. An dem Tag, an dem du abgehauen bist, war Schluss mit normal. Wir mussten alle mit der Tragödie fertigwerden, die du angerichtet hast.« Sie hielt kurz inne, dann redete sie weiter. »Und soll ich dir was sagen? Ich wusste, solange du wegbleibst, würde ich Edwyn für mich allein haben, und als die Mädchen kamen, wusste ich, dass er mich nicht verlassen würde, aber ich hatte Angst davor, dass du zurückkommst.« Sie lachte hart. »Das Dumme ist, dass ich dich trotzdem vermisst habe. Wie bescheuert ist das denn?«

»Kate. Bitte, es ist wirklich wichtig«, flehte Evie. »Edwyn liebt mich nicht. Das hat er nie getan. Es ging ihm immer nur um dich. Er wusste nur anfangs nicht, wie er es dir sagen sollte, und ich wette, so ist er immer noch. Du weißt doch, wie zugeknöpft er ist, wenn es um seine Gefühle geht.« Evie durchforstete ihr Gedächtnis. »Erinnerst du dich, dass er bei der Beerdigung seiner Oma keine einzige Träne vergossen hat, aber du ihn nach dem Leichenschmaus im Schrank unter der Treppe gefunden hast, wo er sich die Seele aus dem Leib geweint hat?«

Sie spürte, dass das Kate zu denken gab, und fuhr hastig fort. »Weißt du noch, als du dir den Arm gebrochen hast und er nicht von deiner Seite weichen wollte? Er war außer sich vor Sorge, aber er konnte es dir nicht sagen, und stattdessen hat er dir seinen Lieblings-Action-Man geschenkt. Mensch, er ist sogar an einem Tag nicht in die Schule, als sein Hamster gestorben war. Er hat allen erzählt, er hätte eine Lebensmittelvergiftung, aber wir beide wussten es besser.«

Kate lächelte widerwillig. »Natürlich erinnere ich mich an den Hamster. Gott, er ist so ein Idiot!«

Evie schluckte schwer. »Du hast keine Ahnung, wie sehr ich dich beneide, Kate. Du hast einen Mann, der dich liebt, zwei fantastische Kinder und viele gute Freunde. Du hast ein erfülltes Leben, von dem die meisten Menschen nur träumen können. Bitte, bitte wirf das nicht weg, nur weil du dich auf eine Vermutung versteift hast, die einfach nicht wahr ist.«

Danach schwiegen sie erst mal. Evie spürte, dass Kate ernsthaft darüber nachdachte.

»Sieh mich an«, sagte Evie verzweifelt. »Ich habe alles total vermasselt. Sophia ist seit Langem meine einzige Freundin, und ich habe ihr nie etwas über mein Leben hier erzählt oder warum ich gegangen bin. Ich merke, dass sie mich dadurch jetzt in einem anderen Licht betrachtet, obwohl sie sich weiter freundlich verhält und sich bemüht, zu verstehen.«

Schließlich sah Kate ihr in die Augen. »Ich bin froh, dass wir geredet haben, und weißt du, das war wirklich eine schreckliche Zeit. Es tut mir entsetzlich leid, dass Brodie ums Leben gekommen ist. Ich wollte dir das schon seit Jahren sagen. Ich hatte nur keine Gelegenheit dazu.«

Evie fühlte Tränen aufsteigen. »Danke.«

»Es muss furchtbar für dich gewesen sein, ihn zu verlieren.«

Evie nickte. »Das war es. Manchmal ist es das immer noch.«

Kate seufzte. »Und ich war schon drauf und dran, mein eigenes Leben in die Luft zu jagen. Du hast mir eine Menge zu denken gegeben.«

»Sprich einfach mit Edwyn«, sagte Evie. »Bitte. Die Liste meiner Sünden ist lang genug. Ich will nicht auch noch dafür verantwortlich sein, dass deine Ehe kaputtgeht und deine Kinder unglücklich werden.«

Kate seufzte. »Ich weiß jetzt, dass ich überreagiert habe. Aber es lag daran, wie Edwyn dich verteidigt hat. Ich habe mir immer Sorgen gemacht, dass ich nicht gut genug für ihn bin. Er ist so klug und bekommt oft Stellenangebote vom Festland, und ich habe immer Angst, dass ich und die Mädchen seine Karriere ausbremsen.«

»Freya hat mir gesagt, dass dein Edwyn einer der glücklichsten Menschen ist, die sie kennt. Okay, er ist nicht der sentimentale Typ, der sich lauthals über sein Glück auslässt, das ist einfach nicht sein Stil. Ihr habt euch zusammen ein gutes Leben aufgebaut. Warum sollte er, was er hier hat, verlassen wollen? Ich frage dich ernsthaft: Warum sollte das jemand wegwerfen wollen? Das ergibt doch keinen Sinn.«

Kate hob die Hände. »Du hast deinen Standpunkt klargemacht, und du hast recht. Ich war dumm. Es ist nicht leicht, das zuzugeben, aber so war es.« Sie sah Evie an.

»Hör zu, wir haben uns noch gar nicht richtig ausgetauscht, seit du zurück bist. Du hast uns kaum was von deinem Londoner Leben erzählt. Hast du mal jemand anderen kennengelernt?«

Jetzt war es für Evie an der Zeit, ehrlich zu sein, zu sich selbst genauso wie zu Kate.

»Ich habe jemanden. Er heißt Jeremy. Wir leben zusammen.«

»Du hast ihn nicht mal erwähnt!«, sagte Kate. »Komm schon, erzähl: Wie ist er so? Ich wette, er ist ein super Typ.«

Evie starrte auf den Boden. »Er macht mir das Leben zur Hölle«, gestand sie langsam. »Er ist ein Tyrann, und er kritisiert mich ständig. Jahrelang dachte ich, ich hätte nichts Besseres verdient. Ich hätte ihn schon vor langer Zeit verlassen sollen.«

Kate war entsetzt. »Evie, niemand verdient es, sich mit solch einem Mann abzufinden. Warum bist du geblieben?«

Evie überlegte. »Keine Ahnung. Vielleicht habe ich ihn als meine Strafe angesehen.«

»Du darfst auf keinen Fall zu ihm zurückgehen, Evie. Versprich mir, dass du das nicht tust. Du hast hier ein Zuhause. Wir werden bei ein paar Flaschen Wein noch viel darüber reden.«

Sie stand auf und zog sich den Mantel an. »Wie es aussieht, habe ich mich ein bisschen lächerlich gemacht. Ich muss nach Hause und die Dinge mit Edwyn wieder in Ordnung bringen, nicht wahr?«

Evie nickte. »Freunde?«

»Noch nicht«, sagte Kate. »Aber das werden wir wieder.«

42

London, 2024

Es war Evies und Jeremys neunter Jahrestag, und Evie beschloss, sich wirklich Mühe zu geben. Sie hatte vor, den Hackfleisch-Kartoffel-Auflauf für ihn zu backen, den er am liebsten mochte, und zum Nachtisch Marmeladenschnecken mit Vanillepudding, ein einfaches Schulessen, das bei ihm nostalgische Gefühle weckte, obwohl er die Zeit angeblich gehasst hatte.

Sie hatte einen passablen Rotwein gekauft und einen lauten, düsteren, dreistündigen Batman-Film ausgeliehen, von dem sie wusste, dass er ihm gefiel. Jeremy hatte ihr ein billiges, buntes Armband geschenkt, das ihr die Tränen in die Augen trieb, nicht wegen der unerwarteten Geste, sondern weil es Erinnerungen an Brodie und die glücklichsten und traurigsten Tage ihres Lebens zurückbrachte.

Während sie in der Küche zugange war, kontrollierte er wieder heimlich ihr Telefon. Wie immer gab es Nachrichten von Sophia, die er nicht ausstehen konnte. Obwohl er ständig versuchte, Evie von ihr abzubringen, ließ sie sich nicht beirren, und das ärgerte ihn sehr. Er scrollte weiter und schielte zur Küche, damit sie ihn nicht dabei erwischte. *Herrgott noch mal, schon wieder diese grässliche, fette alte Frau auf einer Fähre, und diese hässlichen rothaarigen Kinder sind wirklich grauenhaft*, dachte er und löschte wieder die neuen Fotos und Nachrichten von Freya. Gegen sechs ging er allein in den Pub, nachdem er den Nachmittag über Golf geguckt hatte, und sagte Evie, er werde »nach ein, zwei Pints« wieder zurück sein.

Um neun Uhr war er noch immer nicht da. Der Auflauf war verbrannt, die Schnecken wie Gummi, und der Pudding hatte eine Haut so dick wie die von Boris Johnson. Sie wusste, dass er sturzbetrunken nach Hause kommen würde, und schon der Gedanke an sein aggressives Benehmen war unerträglich.

Um elf hörte sie seine Schlüssel gegen die Tür klappern. Er taumelte herein, stieß gegen die Wände und stellte Forderungen. »Fang nicht mit deiner Nörgelei an. Ich habe mich mit ein paar Jungs im Pub unterhalten. Wo ist mein Essen? Ich verhungere.«

Sie blickte ihn halb argwöhnisch, halb angewidert an. »Dafür kommst du zu spät. Dein Abendessen ist nicht mehr genießbar und liegt im Müll. Ich gehe jetzt ins Bett. Du kannst im Gästezimmer schlafen.«

Er fuhr sie grob an. »Was glaubst du eigentlich, mit wem du redest? Du sollst mein Essen fertig haben, wann ich es will. Nicht dass dein Zeug irgendwas taugt. Du bist in allem hoffnungslos schlecht, weißt du das?«

Normalerweise hielt sie nicht dagegen. Sie hatte früh erkannt, dass sich das nicht lohnte und nur zu einer Schimpftirade seinerseits und einer giftigen Atmosphäre führte, die mitunter tagelang anhielt. Aber an diesem Abend hatte sie die Nase voll. Sie hatte es satt, beleidigt und schikaniert zu werden.

Darum behauptete sie sich. »Halt die Klappe. Halt einfach die Klappe und lass mich in Ruhe. Du bist total besoffen, und ich bin nicht bereit, mir dein beschissenes Benehmen noch länger gefallen zu lassen.«

Er wurde rot vor Wut.

»Du nutzlose Schlampe! Du besitzt die Frechheit, so mit mir zu reden? Was fällt dir ein? Du solltest mir auf Knien danken, dass ich dich ertrage.« Er hob die Hand, und einen Schreckensmoment lang dachte Evie, er würde sie schlagen. Sie rannte ins Bad, schloss die Tür ab und ließ sich auf den kalten Boden sinken. Was hatte sie nur mit ihrem Leben gemacht?

Im Handumdrehen wurde aus dem wütenden Betrunkenen ein larmoyantes Häufchen Elend.

Sie hörte ihn vor der Badezimmertür um Vergebung flehen. »Bitte komm raus, Evie. Ich hätte das nicht zu dir sagen dürfen. Es tut mir leid. Du weißt, dass ich dich wirklich liebe.«

Er fuhr fort, sich zu entschuldigen, bis sie zaghaft die Tür öffnete und ihn im Flur sitzend vorfand. Den Kopf in den Händen wiegte er sich hin und her und heulte. Er kroch zu ihr hinüber und schlang die Arme um ihre Beine wie ein Kleinkind nach einem Wutanfall. Er jammerte, es täte ihm leid und er wisse nicht, warum er so schreckliche Dinge gesagt habe.

»Bitte verlass mich nicht. Ich könnte ohne dich nicht leben, Evie.« Obwohl sie angewidert war, hatte sie noch Mitleid mit ihm. Das war nichts Neues. Er benahm sich entsetzlich und schob es dann auf den Alkohol oder den Stress bei der Arbeit, sagte, es täte ihm leid und werde nie wieder vorkommen. Aber es passierte ständig.

Deprimiert musste sie erkennen, dass sie nirgendwo hinkonnte. Sie schickte einen Teil ihres Gehalts und ihrer Ersparnisse an Liv, sie bezahlte die Rechnungen und die Lebensmittel. Sie fand das nur fair, da er das Darlehen für die Wohnung abtrug.

Müde sagte sie, er solle aufhören zu weinen und ins Bett gehen, und sie würden morgen früh reden. Er wankte ins Gästezimmer. Sie lag die halbe Nacht wach und überlegte, was sie als Nächstes tun sollte. Zum ersten Mal hatte sie wirklich Angst, dass Jeremy ihr gegenüber handgreiflich würde.

Sie wusste, sie durfte nicht einfach so weitermachen. Es war ihr immer zu peinlich gewesen, Sophia von ihrem Leben mit Jeremy zu erzählen, aber jetzt wurde ihr klar, dass sie ihre Hilfe brauchte.

Am Sonntagmorgen war sie früh wach und hörte Jeremy im Nebenzimmer schnarchen. Angewidert dachte sie, dass er nach dem Aufwachen nur wieder die üblichen weinerlichen Entschuldigungen und tränenreichen Versprechen abgeben würde, um sie dann unweigerlich zu brechen.

Sie machte sich auf den Weg zu einem Frühstück im nahen Café und rief Sophia an. »Hallo, hier ist Evie. Ich habe dich hoffentlich nicht geweckt?«, begann sie entschuldigend.

»Nein, alles gut. Ausnahmsweise habe ich keinen Sonntagmorgen-Kater. Ich hatte gestern Abend ein sehr langweiliges Date und bin um elf ins Bett gegangen, ganz allein. Was gibt's denn?«

»Darf ich zu dir kommen? Ich brauche deine Hilfe.« Evie hörte ihre Stimme schwanken.

Sophia ließ sie gar nicht erst weiterreden. »Nimm dir ein Taxi und komm sofort her. Ich setze eine Kanne starken Kaffee auf.«

Sophia hörte schweigend zu, als Evie ihr von Jeremy erzählte. Selbst jetzt noch nahm sie ihn in Schutz, er stünde bei der Arbeit unter Druck und trinke deshalb zu viel. Sophia ließ das nicht gelten.

»Erzähl mir einfach die Fakten, Evie, und hör auf, dir die Schuld zu geben. Ich wusste, dass mit diesem Kerl etwas nicht stimmt. Er ist ein Feigling und ein Ekelpaket, und du bist viel zu gut für ihn. Dir ist doch klar, dass du ihn verlassen musst?«

Evie senkte den Blick und nickte.

Sophia fuhr entschlossen fort. »Gut. Du musst die Reißleine ziehen. Schluss mit den Entschuldigungen. Geh und hol deine Sachen, und dann bleibst du bei mir, solange du willst. Willst du, dass ich mitkomme?«

»Nein, dann macht er nur eine Szene. Kann ich morgen früh hinfahren, wenn er bei der Arbeit ist? Dann muss ich ihn nicht sehen.«

»Du brauchst mich nicht um Erlaubnis zu fragen. Du entscheidest. Wenn es das ist, was du tun willst, dann ist das in Ordnung.«

»Okay. Ich rufe bei der Arbeit an und melde mich krank. Das tue ich sonst nie, also akzeptieren sie das hoffentlich. Und dann fahre ich zu seiner Wohnung und hole meine Sachen.«

»Noch etwas, Evie. Du musst dir dringend einen anderen Job suchen. Ich weiß, du wirst gut bezahlt, aber du bist dort unglücklich. Die behandeln dich mies.«

*

Als Evie am nächsten Tag die kalte, seelenlose Wohnung betrat, ging sie ins Schlafzimmer, raffte hastig ihre Kleidung und Toilettensachen zusammen und stopfte sie in eine Reisetasche. Da hatte sich in den letzten fünf Jahren nicht viel angesammelt. Sie hörte ein Geräusch aus dem Wohnzimmer und erstarrte. Jeremy war gerade übernächtigt auf dem Sofa aufgewacht, auf dem er offenbar betrunken eingeschlafen war.

»Was zum Teufel machst du hier?«, schrie er. »Du solltest bei der Arbeit sein, und wo zum Teufel warst du letzte Nacht?«

Er sah die Tasche mit ihren Habseligkeiten und kapierte sofort, was sie vorhatte.

»Oh nein, das tust du nicht. Du gehst nirgendwohin. Du weißt, du kannst mich nicht verlassen, Evie.«

Sie versuchte, stark zu bleiben und zu zeigen, dass sie keine Angst vor ihm hatte, aber ihre Stimme zitterte. »Ich gehe, Jeremy. Ich höre mir deinen Mist nicht mehr an.«

Er musterte sie von oben bis unten und fing an zu lachen. »Glaubst du wirklich, ein anderer Mann würde sich mit dir abgeben? Du bist dürr und hässlich, und du bist scheiße im Bett. Es ist, als würde man eine Leiche vögeln. Du bist erbärmlich.«

Gestärkt durch ihre Gespräche mit Sophia fuhr sie ihn an. »Ich erbärmlich? Du bist derjenige, der um elf Uhr an einem Montagmorgen in einer fleckigen Altherrenunterhose auf dem Sofa liegt und wie eine Brauerei stinkt. Warum bist *du* nicht bei der

Arbeit? Oder sind sie dir auf die Schliche gekommen und haben dich rausgeschmissen?«

Er guckte erschrocken, und Evie wurde klar, dass sie den Nagel auf den Kopf getroffen hatte. Seit Wochen kam er früher nach Hause und jammerte mehr als sonst, wie teuer alles geworden wäre. Sie hatte geahnt, dass etwas nicht stimmte.

»Oh mein Gott. Sie haben dich gefeuert. Warum hast du nichts gesagt? Wo bist du tagsüber hingegangen, wenn ich dachte, du wärst in der Firma?«

»Was redest du da für einen Scheiß? Natürlich wurde mir nicht gekündigt. Ich habe nur meine Arbeitszeit ein wenig reduziert. Ich habe dir das nicht gesagt, weil du dann wieder etwas zu meckern gehabt hättest. Ich musste eine vorübergehende Gehaltskürzung hinnehmen. Also kannst du dich von dem Sportwagen und dieser Wohnung verabschieden.«

Evie schüttelte den Kopf. »Die habe ich sowieso nie gewollt, Jeremy. Ich wollte nur jemanden, der mich liebt. Aber du kannst gar nicht lieben.«

Evie wandte sich ab, um zu gehen. Jeremy stürzte sich auf sie, riss ihr die Handtasche weg und kippte sie aus.

Er schrie sie an und spuckte vor Wut. »Ich bestimme, wann du gehst. Heb den Scheiß auf und pack deine Sachen in den Schrank.«

Evie sammelte in aller Ruhe ihre Sachen ein und ging zur Tür.

»Du weißt, dass du mich nicht verlassen kannst. Ich werde das verhindern.« Er tobte.

Evie sagte kein Wort. Sie ignorierte Jeremys Tirade und ging einfach, wohl wissend, dass er sie in ein paar Minuten weinerlich anflehen würde, bei ihm zu bleiben. Ohne sich noch einmal umdrehen, zog sie die Tür hinter sich zu.

Erst als sie bei Sophia ankam, bemerkte sie, dass ihr Handy fehlte. Vielleicht war es unter die Garderobe gefallen, als Jeremy ihre Tasche auskippte. Es musste noch in der Wohnung liegen, aber sie konnte sich nicht überwinden, noch hineinzugehen.

»Hast du noch die Schlüssel?«, fragte Sophia. »Gib sie mir, dann hole ich es sofort.«

»Nein, schon gut. Das brauchst du nicht. Lass uns ein paar Tage warten, bis er sich abgeregt hat. Ich komme auch ohne zurecht. Außer dir ruft mich sowieso niemand an.«

Sophia war verblüfft. »Du kannst nicht ohne dein Handy sein, Evie. Wie willst du denn funktionieren?«

»Ich komme schon klar. Ehrlich, das ist kein Problem.«

Sie erzählte ihr, dass Jeremy in der Wohnung statt auf der Arbeit war und behauptete, seine Arbeitszeit sei gekürzt worden. Sophia glaubte kein Wort davon.

Ein paar Tage später ließ sie ihren Assistenten Stuart in Jeremys Büro anrufen. Er gab sich als alten Freund aus. Er sei bei Jeremy eingeladen, doch leider habe er die Adresse verlegt.

Stuart wurde kühl informiert, dass man Jeremy vor einigen Wochen wegen groben Fehlverhaltens entlassen habe. Außerdem riet man ihm, sich ein Hotelzimmer zu nehmen, denn Jeremy werde morgen seine mietfreie Firmenwohnung räumen müssen.

Sophia schäumte vor Wut. Er hatte Evie nicht nur vorgelogen, dass er die Wohnung abzahlte, sondern sie auch dazu gebracht, die übrigen Rechnungen zu begleichen und ihr hart verdientes Geld auszugeben, um ihn mit Alkohol und Essen zu versorgen.

»Dieser widerliche Scheißkerl«, zischte sie. »Ich hoffe, er ist da, wenn ich Evies Handy hole. Ich muss mir eine Menge von der Seele reden.«

Sophia verschaffte sich mit Evies Schlüsseln Zutritt zur Wohnung. Von Jeremy keine Spur, aber seine Sachen waren noch da und warteten darauf, bis zum nächsten Morgen eingepackt zu werden, wenn man ihn am Genick nach draußen schieben würde.

Sophia suchte nach Evies Handy und fand es neben seinem Bett. Der Akku war leer.

Beim Hinausgehen hob sie einen Stapel Briefe neben der Haustür auf. Unter den Pizzaprospekten, Broschüren von der Stadtverwaltung und den üblichen Rechnungen befand sich auch ein Brief für Evie mit einem Poststempel von den Orkneyinseln. Sie ließ den Rest liegen und steckte den Brief in die Handtasche.

Zurück in ihrer Wohnung erzählte sie Evie die Neuigkeiten. »Also, dieser Wichser hat dir einen Haufen Lügen aufgetischt. Er wurde entlassen, und sie schmeißen ihn auch aus der Wohnung raus. Sie hat ihm gar nicht gehört, Evie. Sie gehörte der Firma und das Auto auch. Er hat sich jahrelang von dir aushalten lassen. Was für ein Riesenarschloch. Ich habe diesen Brief in einem Haufen Post neben der Tür gefunden, aber ich weiß nicht, wie lange er da schon gelegen hat. Ich hoffe, er ist nicht wichtig.«

Evie erkannte Freyas Handschrift auf Anhieb. Sie riss ihn auf.

Liebste Evie,
Du musst nach Hause kommen, sobald Du den Brief erhältst. Ich rufe Dich schon seit über einer Woche an und schreibe Dir per Handy, aber Du hast nicht reagiert.
Ich kann nicht glauben, dass ich Dir tatsächlich einen Brief schreiben muss. Es tut mir leid, zu sagen, dass Dein Vater sehr krank ist. Es sieht nicht gut aus. Ich weiß, dass Du nicht zurückkommen wolltest, aber das spielt jetzt keine Rolle. Du musst so schnell wie möglich herkommen.
Bitte, bitte komm so schnell Du kannst.
Liebe Grüße
Freya

»Oh, Sophia. Ich muss sofort nach Hause.« Evie zitterte. »Ich muss zu meinem Vater. Freya schreibt, er ist sehr krank. Ich verstehe nicht, warum ich ihre Nachrichten nicht auf dem Handy habe. Das ist doch seltsam.«

»Das tut mir schrecklich leid, Evie. Lass mich nachsehen, wie du schnellstmöglich nach Orkney gelangst.«

Der erste verfügbare Flug ging früh am nächsten Morgen von London nach Dundee und dann weiter nach Kirkwall. Sophia bot ihr an, sie zu begleiten, aber Evie sagte, sie habe schon großartig geholfen, und dies müsse sie allein tun.

»Dann lass mich dich wenigstens zum Flughafen fahren«, sagte Sophia.

Sophia fürchtete, dass Evie in der Situation mit ihrem schwerkranken Vater seelisch überfordert sein würde, besonders nach dem Ärger mit Jeremy.

Obwohl Sophia nichts über Evies früheres Leben wusste, war ihr klar, dass ihre Freundin sich zu Hause ihren Dämonen stellen musste. »Du musst mich wissen lassen, was passiert, Evie. Bitte pass auf dich auf. Du hast eine so harte Zeit hinter dir, und ich mache mir Sorgen um dich. Bist du dir absolut sicher, dass ich nicht mitkommen soll?«

Evie lächelte ihre Freundin an.

»Ich habe Freya. Sie hat mir immer den Rücken gestärkt, und ich bin zäher, als man meint.« Sie hoffte, dass das stimmte. »Du warst großartig, Sophia. Du bist eine wirklich gute Freundin, und ich habe dich nicht verdient. Danke … und wünsch mir Glück.«

Ich werde es brauchen, dachte sie.

43

Orkney, 2024

Als Kate ins Haus trat, bot sich ihr ein Bild der Verwüstung. Es roch fürchterlich nach verbranntem Fett, und auf dem pitschnassen Teppich lagen Glasscherben und angewelkte Blumen. Eric und Ernie saßen in der Ecke und schauten zutiefst angewidert, während Joan Crawford mit dem Ausdruck äußerster Verachtung auf dem Bücherregal thronte.

Edwyn stand mitten in dem Tohuwabohu und sah arg mitgenommen aus. Er hatte eine Schnittwunde an der Stirn, einen Bluterguss am Auge und war nur mit Hemd und Boxershorts bekleidet.

»Werde bitte nicht wütend. Ich kann das erklären«, sagte er hastig. »Ich wollte für dich Paella machen, weil du die so gern isst, und habe die Chorizo angebraten. Ich habe nur kurz das Zimmer verlassen, um mich umzuziehen, aber dann habe ich mir das Aftershave, das du mir geschenkt hast, über die Hose geschüttet, also habe ich sie ausgezogen, und dann roch es verbrannt, also bin ich die Treppe runtergerannt, aber über Ernie gestolpert und habe mir den Kopf am Stuhl angeschlagen. Dabei habe ich das Tischtuch runtergerissen mitsamt der Vase und den Rosen, die ich für dich gekauft hatte. Deshalb ist alles nass, und ich habe den Staubsauger geholt, um die Scherben wegzusaugen, damit sich die Hunde nicht die Pfoten verletzen, aber in der Zwischenzeit brannte das Fett, und ich habe ein Geschirrtuch über die Pfanne geworfen, das aber auch Feuer fing. Ich habe es gerade gelöscht, und dann bist du reingekommen«, schloss er verlegen.

Kate musste die Lippen zusammenpressen, sonst hätte sie schallend gelacht. Sie sah ihren sonst so unerschütterlichen, logisch denkenden Ehemann an und schüttelte den Kopf.

»Ich werde nie verstehen, wie jemand, der cool bleibt, wenn es um Leben und Tod geht, sich von einem gewöhnlichen Herd, zwei kleinen Hunden und einem Staubsauger überwältigen lässt.«

»Ich wollte dich überraschen«, sagte er niedergeschlagen. »Ich dachte, ich koche dir ein schönes Abendessen, und wir trinken dazu deinen Lieblingswein. Ich habe ihn geöffnet und zwei Gläser eingegossen, aber die sind auch auf dem Teppich gelandet.«

Das war zu viel für Kate. Sie konnte nicht an sich halten. Sie schlug sich die Hände vor den Mund und wimmerte. Edwyn war verzweifelt. Er eilte an ihre Seite. »Nicht weinen, Liebes. Ich hatte solche Angst, dich zu verlieren, dass ich etwas Besonderes machen wollte, und ich weiß, es ist meine Schuld, weil ich dir nicht gesagt habe, wie sehr ich dich liebe, sondern dich für selbstverständlich genommen habe. Bitte sei mir nicht böse.«

»Du Witzbold. Ich weine nicht. Ich lache. Das ist das Lustigste, was ich je gesehen habe.« Kate konnte vor Lachen kaum noch atmen. Sie winkte ab. »Geh dich waschen und zieh dir was Bequemes an. Ich räume hier auf. Ich habe eine Pizza im Gefrierschrank. Die futtern wir wie die Barbaren vor dem Fernseher.«

Zügig und effizient beseitigte Kate die Glasscherben, tupfte den Wein aus dem Teppich, rettete die meisten Blumen, warf die verkohlte Chorizo mitsamt der Pfanne in den Müll und gab den Hunden und der Katze zu fressen, die sie anschauten, als wollten sie sagen: »Wir wissen alle, dass er zwei linke Hände hat, aber wir finden trotzdem, dass du ihn behalten solltest.«

Kate stimmte ihnen zu. Sie war gerührt, weil er sich so viel Mühe gegeben hatte, um es wiedergutzumachen. Edwyn kam in seinem abgetragenen blauen Trainingsanzug die Treppe herunter.

Die Schnittwunde an der Stirn war nur ein Kratzer, aber am Morgen würde er ein blaues Auge haben.

»Das ist ein tolles Veilchen, das du da hast. Lass mich mal sehen.«

Er setzte sich, und sie sah sich den Kratzer genauer an und tupfte ein Antiseptikum darauf. Dabei fiel ihr auf, dass sich die Haare auf dem Scheitel lichteten, und empfand plötzlich eine innige Liebe für ihn, die ihr gar nicht ähnlichsah.

Schlagartig wurde ihr klar, dass sie mit Edwyn alt werden wollte.

Er war immer der Richtige gewesen und würde es bleiben. Sie umarmte und küsste ihn und zerzauste ihm die Haare.

»Wieso, weiß der Himmel, aber ich liebe dich, auch wenn du ein Idiot bist.«

Er sah sie unendlich dankbar an.

»Ich habe mit Evie gesprochen«, sagte sie dann, »und mir ist klar, dass ich auf dem Holzweg war, aber du musst zugeben, dass du auch ein bisschen schuld bist, weil du nicht mit mir geredet hast.«

Er nahm ihre Hand. »Ich weiß, und es tut mir leid. Wir haben kein Händchen fürs Sentimentale, aber das heißt nicht, dass ich dich nicht sehr liebe. Du hättest mir sagen sollen, dass du Evie als Bedrohung ansiehst. Das war sie nie, Kate. Du musst mir glauben.«

»Das tue ich.«

Sie sahen sich einen Moment lang in die Augen, und der stille, liebevolle, vertrauensvolle Blick sagte mehr als jedes Wort.

»Gut, ich schiebe die Pizza in den Ofen«, sagte Kate. »Und lass uns ausnutzen, dass die Mädchen nicht da sind. Es ist gerade noch Zeit für einen Quickie. Was sagst du dazu?«

Er ließ sich nicht zweimal bitten und jagte seine lachende Frau die Treppe hinauf ins Schlafzimmer. Später, als sie auf ihrem gemütlichen alten Sofa vor dem Fernseher die Pizza aßen, drehte sich Kate zu Edwyn und fragte: »Was meintest du noch wegen Evies Geschichte? Dass daran etwas nicht stimmt?«

»Lass uns jetzt nicht an Evie denken«, murmelte Edwyn. »Es war nur so ein Gefühl. Und ich möchte mich lieber auf andere Dinge konzentrieren.«

Er beugte sich zu ihr und gab ihr einen Kuss. Sie schmeckten beide nach Tomate und Knoblauch, und es war klar, dass das alte Sofa gleich einiges aushalten musste.

★

Bei der Arbeit am nächsten Tag scherzte ein glücklicher und mächtig erleichterter Edwyn mit den Krankenschwestern, die sich über sein Veilchen lustig machten. Sein armes Auge war violett wie eine Pflaume.

»Ihr solltet mal den anderen sehen«, sagte er. Sie lachten und schickten ihn auf seine Runde.

Seine erste Patientin war dringend darauf angewiesen, dass er mit seiner ruhigen freundlichen Art Zuversicht verbreitete. Sie war am Vortag mit starken Blutungen eingeliefert worden, und man hatte eine Eileiterschwangerschaft festgestellt. Ihr Partner und sie waren verzweifelt, und Edwyn tat sein Bestes, um sie zu beruhigen.

Sie war erst zweiundzwanzig und freute sich auf ihr erstes Kind, war jedoch überzeugt, die Komplikation sei ihre Schuld. Edwyn setzte sich zu ihr und sagte sanft: »Sie haben nichts falsch gemacht, Lizzie. So was passiert manchmal. Es ist furchtbar traurig, und es tut mir sehr leid, dass Sie das durchmachen mussten. Ich bin nur froh, dass Ihr Partner Sie so schnell zu uns gebracht hat. Das war genau richtig, und dadurch werden Sie wieder ganz gesund.«

Der junge Mann sah erschüttert aus. »Ich dachte wirklich, ich würde sie verlieren, Doktor. Sie hatte furchtbare Schmerzen. Danke für alles.«

»Gern geschehen. Wir machen nur noch die Entlassungspapiere fertig, dann können Sie sie mit nach Hause nehmen. Vielleicht möchten Sie im Augenblick noch nicht daran denken, aber Sie können es wieder versuchen, wenn Sie dazu bereit sind. Ich bin hier, wenn Sie Fragen haben. Passen Sie gut aufeinander auf.«

Als er die Patientenakte schloss, dachte er wieder an Liv, die ebenfalls ihr Baby verloren hatte und damals unter so starken Blutungen litt, dass sie sich einer Hysterektomie unterziehen musste und deshalb keine Kinder mehr bekommen konnte. Brodies Tod hatte anderes Unglück nach sich gezogen, und die Spätfolgen waren immer noch spürbar.

Wie schrecklich für Liv, dass sie nie Mutter werden konnte, dachte er. *Vielleicht hätte das ihr ganzes Leben verändert.*

Er erinnerte sich an all die Male, die sie in Schwierigkeiten geraten war und wieder herauskam. Manchmal blieb sie dann für eine Weile nüchtern, meistens aber nicht. Er sah es noch deutlich vor sich, wie sie in die Apotheke wankte, als er dort doch arbeitete, und ihre Medikamente verlangte.

Er runzelte die Stirn. Irgendetwas passte nicht zusammen. Er empfand wieder dieselbe leise Verwunderung wie neulich, als er Evies trauriges Geständnis zum ersten Mal hörte. Wie erstarrt stand er mitten in der belebten Station, als ihm alles wieder einfiel. Hastig drehte er sich um und marschierte zurück in sein Büro. Er musste die Wahrheit herausfinden.

44

Orkney, 2024

Um sechs Uhr klingelte in Evies Haus das Telefon, als sie gerade überlegte, was es zum Tee geben sollte. Sie liebte es, in ihrer nagelneuen hellen Küche zu kochen und Rezepte auszuprobieren. Was für eine Abwechslung zu den Imbissessen und aufgewärmten Mikrowellengerichten in London. Schon das fühlte sich an wie in einem anderen Leben vor langer Zeit.

»Evie? Ich bin's, Edwyn. Ich muss dich dringend sprechen. Bist du in der nächsten Stunde zu Hause?«

»Natürlich, aber du klingst aufgeregt. Ist alles in Ordnung?«

»Das wird es, ich hoffe es jedenfalls. Macht es dir etwas aus, wenn ich gleich mal vorbeikomme?«

»Natürlich nicht. Möchtest du etwas zum Tee?«

»Nein, danke, aber wir werden vielleicht beide einen starken Drink brauchen.«

Edwyn stieg vor Livs heruntergekommenem Haus aus dem Auto. Er war wütend auf Liv, wusste aber, dass er sich zügeln musste, wenn er sie überreden wollte, mit ihm zu Evie zu fahren.

Die Tür war offen. Dahinter war es dunkel, und abgestandener Zigarettenrauch schlug ihm entgegen. »Liv«, rief er. »Ich weiß, dass du da drin bist. Ich möchte, dass du mit mir zu Evie gehst. Wir müssen darüber reden, was an dem Abend, als sie euch verlassen hat, mit dir passiert ist.«

Er hörte eine Toilettenspülung, und Liv erschien auf dem

Flur. »Sie hat euch also wirklich erzählt, was sie mir angetan hat. Sie hat wirklich alles erzählt?«

Er nickte und schenkte ihr ein, wie er hoffte, mitfühlendes Lächeln. Dann log er schamlos. »Evie ist bereit, weiter für ihr Schweigen zu bezahlen, aber sie will dich sofort sehen. Es wird sich für dich lohnen, das kann ich dir versichern.«

Liv blickte ihn mit schweren Lidern an. »Das sollte es besser auch. Ich will verdammt noch mal keine Zeit mit ihr verbringen, schon gar nicht in dem Haus, das sie mir weggenommen hat.«

Während der Fahrt schwiegen sie. Liv zündete sich eine Zigarette an. Edwyn öffnete demonstrativ das Fenster, aber sie ließ sich nicht beirren. Als sie sich dem Haus näherten, kniff sie die Lippen zusammen. Sie war zuletzt hier gewesen, um die Räume zu plündern. Sie hatte alles mitgenommen, was sich verkaufen ließ. Jetzt war es wie verwandelt. Es war sauber und hell, der Garten gejätet und aufgeräumt. Es sah aus, als hätte jemand seine ganze Liebe hineingesteckt. Als sie beide in den Flur traten und Liv die frisch gestrichenen Wände, die glänzenden Holzböden und Möbel sah, schäumte sie vor Wut und Eifersucht. Das alles hätte ihr gehören sollen, aber wie immer wurde sie zugunsten ihrer verachtenswerten jüngeren Schwester übergangen. Evie kam aus der Küche und erschrak, als sie Liv sah.

»Was ist los, Edwyn?« Es herrschte eine vorwurfsvolle, misstrauische Atmosphäre.

»Lass uns ins Wohnzimmer gehen. Wir müssen ein paar Dinge klären, und ihr beide müsst mir sehr genau zuhören, vor allem du, Liv, denn das wird unangenehm.«

»Was zum Teufel meinst du?«, sagte Liv. »Worum geht es überhaupt? Wann kriege ich mein Geld?«

»Setz dich einfach hin, und sei still. Ich musste dich hierherbringen, und mit Geld kriegt man dich immer. Wenn du noch ein Wort sagst, wirst du keinen einzigen Penny mehr sehen, das verspreche ich dir.«

Verblüfft, weil der sonst so sanfte Edwyn energisch Befehle erteilte, gehorchte sie und ließ sich auf Evies Couch fallen.

Dann wandte er sich Evie zu. »Ich hab geahnt, dass da etwas nicht stimmt, als Kate mir berichtet hat, was du erzählt hast. Deine Version der Ereignisse entspricht nicht ganz der Wahrheit.«

»Wie meinst du das? Ich habe alles genau so erzählt, wie es war. Ehrlich, ich schwöre es.«

Edwyn blickte zu Liv. »Ich gebe dir die Chance, reinen Tisch zu machen und die Wahrheit zu sagen.«

Liv funkelte ihn wütend an. »Die Wahrheit darüber, wie sie mein Leben ruiniert hat? Mir meine Zukunft gestohlen hat? Mich mit einem ganzen Haufen Scheiße im Stich gelassen hat und einfach abgehauen ist?«

Edwyn hob die Hand. »Genug.«

Evies Herz klopfte wie wild. »Was ist hier los? Bitte! Sag es mir. Ich muss es wissen.«

Edwyn wandte sich ihr zu. »Und du wirst es erfahren. Ihr müsst mir beide zuhören.« Er holte tief Luft. »Nachdem du weggegangen bist und ich an der Universität war, habe ich in den Ferien in der hiesigen Apotheke gearbeitet. Ich habe vor allem Regale aufgefüllt und Medikamente ausgegeben. Ich habe mich daran erinnerte, wie Liv damals mit ihrem Rezept zu mir kam, und das hat mich die ganze Zeit beschäftigt.« Er hielt inne. »Evie, sie hatte ein Rezept für ein Verhütungsmittel. Liv nahm die Pille.«

»Ich verstehe das nicht«, sagte Evie.

»Nein, das ergibt auch keinen Sinn«, antwortete er grimmig. »Warum sollte Liv verhüten, wenn sie keine Gebärmutter mehr hatte und unmöglich schwanger werden konnte?«

Er sah Liv an. Es dämmerte ihr, dass sie in großen Schwierigkeiten steckte. Sie blickte gehetzt hin und her und suchte nach einem Ausweg.

»Ich habe ein wenig nachgeforscht, weil ich die Wahrheit

wissen wollte. Ich habe mir Livs Unterlagen angesehen und herausgefunden, dass sie damals über Nacht zur Beobachtung im Krankenhaus geblieben war, weil sie angegeben hatte, sie habe sich den Kopf angeschlagen. Tatsächlich stellte sich heraus, dass sie kaum mehr als eine Prellung erlitten hatte. In ihrer Krankenakte war weder von einer Fehlgeburt noch von einer Schwangerschaft die Rede und schon gar nicht von einer Gebärmutterentfernung.«

Evie war sprachlos.

»Um ganz sicherzugehen, habe ich auch mit einer pensionierten Krankenschwester gesprochen, die in jener Nacht Dienst hatte und sich lebhaft an dich erinnert, Liv. Sie sagte, du hättest alle angeschrien, deine Eltern nicht hereinzulassen, und verlangt, dass sie weggeschickt und nichts über deinen Zustand erfahren würden.«

Liv setzte zum Widerspruch an.

»Ich hatte dir gesagt, du sollst still sein«, sagte Edwyn. »Ich bin noch nicht fertig. Liv besorgte sich ein Taxi, das sie am nächsten Mittag nach Hause brachte, und so konnte sie weiterhin so tun, als hätte sie eine große Operation hinter sich. Duncan hatte keine Ahnung, dass jemand, der sich einer Hysterektomie unterzieht, mehrere Tage im Krankenhaus verbringen muss, und stellte ihre Geschichte nicht infrage, und Cara konnte auch damals schon nicht klar denken.« Er blickte Liv zornig an. »Ich glaube, so konntest du diese ekelhafte Lüge aufrechterhalten.« Unerbittlich fuhr er fort: »Sie hatten Mitleid mit dir, nicht wahr, Liv? Und all die Jahre waren sie dir dankbar, weil du Evies dunkles Geheimnis gewahrt hast. Es gab niemanden, der ihren Irrtum korrigieren konnte, weil sie niemandem davon erzählt haben. Sie dachten, sie würden Evie damit schützen.«

Liv war wütend, aber auch starr vor Angst. Wie hatte Edwyn, dieser erbärmliche Clown, das alles herausgefunden? Natürlich hatte er recht. Das war eine riesige Lüge, die ihr über den Kopf gewachsen war. Sie hatte Brodies und Evies perfekte Beziehung zerstören wollen und deshalb behauptet, sie hätten tatsächlich miteinander geschlafen. Und sie hatte es noch weitergetrieben, indem sie eine Schwangerschaft vortäuschte. Aber dann war Brodie ertrunken, und sie hatte keine andere Wahl, als weiter zu lügen.

Der einzige Ausweg bestand darin, eine Fehlgeburt vorzutäuschen, und dadurch war sie Evie losgeworden, und, Gott, das hatte sich gut angefühlt, zumal sie endlich die ganze Aufmerksamkeit und das Mitgefühl ihrer Eltern bekam.

Sie war in ihrem Zimmer geblieben und hatte so getan, als würde sie leiden, hatte nach Tee und Whisky verlangt, Krokodilstränen über ihre angebliche Fehlgeburt geweint und gejammert, ihre Schwester habe ihr Leben ruiniert. Sie hatte das Schauspiel wochenlang fortgesetzt, bis sie sich langweilte und ihr klar wurde, dass Evie nicht mehr zurückkommen würde. Die Mission war erfüllt, und Liv war schnell wieder zu ihren alten Gewohnheiten zurückgekehrt, aber dieses Mal hatten Cara und Duncan das Gefühl, sie müssten sie verwöhnen, weil sie eine schreckliche Tortur durchgemacht hatte. Liv trank, weil sie deprimiert war. Liv nahm Drogen, um den Schmerz zu betäuben, dass sie nie Mutter werden konnte. Liv stahl, weil sie traumatisiert war.

Edwyn starrte sie an. »Seien wir ehrlich, deine Eltern hätten sich nicht träumen lassen, dass du sie anlügst. Wer würde so etwas Abscheuliches tun? Aber die Wahrheit ist, dass es nie ein Baby gab. Das war erlogen, genau wie die Hysterektomie erlogen war, und seitdem hast du jeden einzelnen Tag deines Lebens gelogen.«

Evie war kreidebleich geworden. Sie flüsterte: »Ist das wahr, Liv? Hast du uns wirklich alle angelogen? Mich, unsere Eltern und den armen Brodie? Warum hast du das getan? Hast du überhaupt eine Ahnung, welchen Schmerz du damit verursacht hast?«

Sie konnte das alles nicht fassen. In den letzten zwanzig Jahren hatte sie mit der erdrückenden Schuld gelebt, dass sie für den Tod von Brodie verantwortlich war und Livs Baby getötet hatte. Dass ihretwegen die Familie auseinandergefallen war und ihre Eltern so sehr gelitten hatten.

»Das war alles gar nicht wahr. Es war nicht meine Schuld. Ich hätte hierbleiben können, auch nachdem Brodie ertrunken war. Ich hätte versuchen können, ein neues Leben anzufangen.« Sie schaute Liv fassungslos an. »Sag es mir. Ist das wahr?«

Liv weigerte sich, ihre Schwester anzusehen. »Ich muss nicht hierbleiben und mir diesen Schwachsinn anhören. Du hast keine Beweise.«

Edwyn seufzte verärgert. »Hast du mir nicht zugehört, Liv? Ich habe deine Krankenakte gelesen. Da steht nichts von einer Schwangerschaft, einer Fehlgeburt oder einer Hysterektomie.«

Liv wusste, dass das Spiel vorbei war, aber sie weigerte sich, aufzugeben. »Du redest Scheiße, und ich hoffe, dass sie in den zwanzig Jahren jeden einzelnen Tag gelitten hat.«

Evie fand die Sprache wieder. »Oh, ich habe wirklich gelitten. Ich hatte einen miesen Job, den ich gehasst habe. Mein Freund hat mir das Leben zur Hölle gemacht, und ich habe mich immer schuldig gefühlt, weil ich dachte, ich hätte dein Leben ruiniert. Und jetzt stelle ich fest, dass du dir das alles ausgedacht hast. Unfassbar, dass du selbst Brodie belogen hast.«

Zum ersten Mal wirkte Liv ehrlich bestürzt und schuldbewusst. »Ich wollte nicht, dass er stirbt. Ganz bestimmt nicht. Er war ein netter Kerl, und er hatte das nicht verdient.« Zum ersten Mal sagte sie die Wahrheit. »Was glaubt ihr, warum ich so viel kiffe und mich ins Koma saufe? Weil ich mit den Schuldgefühlen nicht fertigwerde. Aber ich bin nicht allein an seinem Tod schuld. Ich nehme nicht die ganze Schuld auf mich.«

Sie zeigte mit einem zitternden Finger auf Evie. »Du bist es, die ihn verursacht hat, und ich bin froh, dass du ein beschissenes Leben hattest, denn du hast meins zerstört. Von dem Tag an, als du auf die Welt kamst, wurde ich ignoriert. Es ging immer nur um dich. Alle dachten sogar, ich hätte versucht, dich zu ertränken, als wir Kinder waren. Dabei habe ich dich gerettet, aber keiner hat mir geglaubt.« Sie sah die beiden trotzig an. »Also, ja, ich habe gelogen. Aus Rache und weil ich es konnte. Und ich bin damit durchgekommen. Der alte Mann ist als Säufer gestorben, ohne dass es ein tränenreiches Wiedersehen am Sterbebett gab und du ihn um Verzeihung bitten konntest. Und unsere liebe Mutter ist bloß noch Gemüse. Also, ich habe gewonnen. Fickt euch doch!«

Edwyn war angewidert. »Nein, du hast gar nichts gewonnen. Du brauchst Hilfe, Liv, aber ich fürchte, es ist zu spät.« Er wandte sich an Evie. »Ich denke wirklich, wir sollten zur Polizei gehen. Deine Schwester erpresst dich schon seit Jahren. Das ist ein Verbrechen.«

Liv sah entmutigt und erschrocken aus, als er die Polizei erwähnte. »Wir können jetzt gehen«, sagte Edwyn. »Und zur Polizei fahren.«

Evie hob ihre Hand. »Gib mir nur einen Moment. Bitte.«

Sie musterte ihre Schwester, und statt eines Monsters sah sie ein trauriges, erbärmliches Gespenst. Jemanden, der von Eifersucht verzehrt war und deshalb jede Chance auf eigenes Glück zunichtegemacht hatte.

»Nein, das werde ich nicht tun«, sagte Evie müde, aber bestimmt.

Liv sah sie unsicher an und starrte dann auf den Boden.

Edwyn war entsetzt. »Du kannst sie nicht so davonkommen lassen.«

»Sie ist schon genug gestraft«, erwiderte Evie. »Sieh sie dir an. Sie ist ein Wrack. Trotz allem, was du ans Licht gebracht hast, tut sie mir leid.«

Sie warf ihrer Schwester einen traurigen Blick zu. »Und wenn ich hierbleibe, werden wir uns bestimmt ab und zu irgendwo sehen. Wir können aber auch versuchen, uns aus dem Weg zu gehen. Willst du das, Liv?«

Liv antwortete nicht. Sie nickte nur knapp. Sie sah niedergeschlagen aus. Von ihrem herausfordernden Benehmen, ihrer Überheblichkeit war nichts mehr übrig, als sie ihnen den Rücken zukehrte und sich aus dem Haus schlich, in dem sie aufgewachsen war.

Einen Moment lang herrschte Schweigen, dann sagte Evie eindringlich: »Edwyn, es ist kalt draußen. Sie hat keinen Mantel an. Und wie soll sie nach Stromness zurückkommen?«

Er rollte die Augen. »Um Himmels willen, Evie. Das kann doch nicht dein Ernst sein!«

»Doch. Sie ist schließlich meine Schwester, und ich will nicht, dass sie irgendwo strandet oder nach Kirkwall laufen und den Bus nehmen muss.«

Er sah sie resigniert an. »Vermutlich hast du recht. Okay, ich fahre sie zurück, solange sie nicht sagt, ich soll mich verpissen. Kommst du allein zurecht?«

»Ich denke schon. Doch, sicher. Auch wenn ich da viel zu verarbeiten habe. Und ich habe mich nicht mal richtig bedankt.«

»Nicht nötig. Dafür sind Freunde da. Ruf mich an, wenn du etwas brauchst. Und wir sehen uns dann morgen.«

Sie umarmte ihn. »Du bist ein guter, freundlicher Mann, Edwyn. Ich bin so froh, dass du immer noch mein Freund bist. Du bist wie der große Bruder, den ich nie hatte.«

»Ach, Schluss damit, Evie Muir. Also, besser, ich hole das Miststück ein. Aber mit etwas Glück ist sie schon auf ihrem Besenstiel nach Hause geflogen.«

Nachdem er gegangen war, setzte sich Evie hin und wickelte sich in eine Decke. Sie zündete eine Kerze an, starrte in die Flamme und versuchte, das alles zu verarbeiten. *Liv war also nicht mit Brodies Kind schwanger und ich nicht für eine Fehlgeburt verantwortlich.* Sie seufzte. Das war eine todtraurige Geschichte. Sie hatte so viele Nächte wach gelegen, sich schuldig gefühlt und darüber nachgedacht, wie die Dinge hätten anders laufen können. Wenn sie hätte schwimmen können und mutig genug gewesen wäre, ins Meer zu laufen, hätte sie Brodie vielleicht gerettet.

Aber wenn Liv nicht von Anfang an gelogen hätte, wäre sie nicht wütend auf ihn gewesen und hätte ihr kostbares Armband nicht ins Meer geworfen, und Brodie wäre nicht ins Wasser gelaufen.

»Genug«, murmelte sie. »Schluss jetzt. Ich kann nicht mehr darüber nachdenken.«

Es würde nichts bringen, in der Vergangenheit zu wühlen. Es würde Brodie nicht zurückbringen. Es war an der Zeit, in die Zukunft zu blicken, was immer sie bringen mochte.

*

Am nächsten Abend trafen sich Evie, Edwyn, Kate und Sophia in Freyas Haus. Sophia und Freya hatten keine Ahnung, was auf sie zukommen würde. Evie hatte lange darüber nachgedacht, was sie tun sollte, und wollte die Sache so schnell wie möglich hinter sich bringen.

»Danke, dass ihr gekommen seid«, sagte sie. »Erst mal müsst ihr mir versprechen, dass das, was ich euch gleich sage, unter uns bleibt.« Sie schaute ihre Freunde an, die alle langsam nickten.

»Ich sage euch das nicht, weil ich mich rechtfertigen möchte oder weil ich mich für unschuldig halte. Was damals passiert ist, ist kompliziert. Ich möchte, dass ihr die Wahrheit erfahrt, weil ich glaube, dass ihr alle auch betroffen seid. Ich weiß, dass ihr euch gefragt habt, ob ihr mehr hättet tun können, um mir, meiner Mutter und vor allem meinem Vater zu helfen. Ich hoffe, dass ich euch in dieser Hinsicht beruhigen kann.«

Evie holte tief Luft und erzählte ihnen, was Edwyn herausgefunden hatte. Dass es kein Baby, keine Fehlgeburt, keine Gebärmutterentfernung gegeben hatte. Als sie fertig war, fehlten Freya die Worte, und das war, soweit sie sich erinnern konnten, noch nie vorgekommen.

Sophia reagierte als Erste. Sie umarmte Evie und fragte, ob sie sicher sei, dass Liv mit ihren Lügen und Erpressungen ungestraft davonkommen sollte.

»Ehrlich gesagt, möchte ich das alles hinter mir lassen und mich auf die Zukunft konzentrieren«, sagte Evie. »Liv bestraft sich jeden Tag mit ihrem selbstzerstörerischen Verhalten. Ich habe keine Lust, dazu noch etwas beizutragen. Und dieses Geheimnis bleibt unter uns. Ich möchte nicht, dass Edwyn wegen seiner ärztlichen Schweigepflicht in Schwierigkeiten gerät.«

Freya blickte Evie besorgt an. Sie hatte offensichtlich eine schlaflose Nacht hinter sich und sah völlig erschöpft aus. »Du hast recht mit Liv. Sie muss mit dem leben, was sie getan hat. Das ist vielleicht schon Strafe genug. Aber bist du sicher, dass es dir gut geht, Evie? Du hast viel zu verkraften. Es hat uns alle umgehauen.«

»Ich glaube, ich hab es noch gar nicht richtig begriffen. Zu denken, dass das wirklich alles erlogen war!« Evies Stimme zitterte. »Und ich habe ihr Baby nicht umgebracht. Wisst ihr, ich habe oft darüber nachgedacht, wie das Kind von Liv und Brodie ausgesehen hätte, und in Wirklichkeit gab es gar kein Kind …«

Freya nahm Evies Hand. »Wenigstens kennen wir jetzt die Wahrheit.« Sie richtete sich auf. »Ich weiß nicht, wie es euch geht, aber ich brauche jetzt einen starken Drink.« Sie schenkte ihnen allen einen großzügigen Schluck ein, den sie in einem Zug hinunterkippten.

»Gibt es einen Applaus für Orkneys eigenen John Rebus?«, rief sie. Alle jubelten, und Edwyn wurde rot angesichts des Vergleichs mit dem Helden aus Ian Rankins Kriminalromanen.

Evie lächelte, aber sie spürte, wie sich ihre Brust langsam zusammenzog und ihr das Atmen immer schwerer fiel. »Könntest du mir bitte meinen Inhalator geben, Kate?«, bat sie keuchend. Kate beeilte sich, ihn aus Evies Tasche zu holen. Nachdem Evie ihn benutzt hatte, wartete sie ruhig, bis der Anfall abgeklungen war. Seit ihrer Ankunft auf Orkney hatte sie so viele emotionale Schläge einstecken müssen, da war es kein Wunder, dass ihr Körper mit einem Anfall reagierte.

»Es geht mir gut.« Sie lächelte ihre Freunde an. »Das ist nur das ganze Drama und die Aufregung.«

»Bist du sicher?«, fragte Edwyn, der sie besorgt beobachtet hatte. Sie nickte.

»Wenn du noch einen Anfall bekommst, ruf mich sofort an. Wir sollten dich jetzt in Freyas fähige Hände geben, und du musste dich ausruhen. Das ist eine ärztliche Anweisung.« Er stand auf, um zu gehen, und blieb dann abrupt stehen. »Entschuldige. Ich muss dir etwas geben, das ich völlig vergessen hatte. Es ist von Liv.«

»Von *Liv?*« Evie schaute verwirrt und erschrocken.

»Sie hat es mir gegeben, nachdem ich sie gestern Abend abgesetzt habe. Das war eine ziemlich unangenehme Fahrt. Sie hat kaum ein Wort gesagt, aber als sie aus dem Auto stieg, war sie in Tränen aufgelöst. Sie hat gesagt, ich solle kurz warten, und dann hat sie mir das für dich mitgegeben und meinte, du möchtest es vielleicht haben. Sie sagte, es sei deinem Vater aus der Brusttasche gefallen, als sie ihn das letzte Mal gesehen hat.«

Er drückte Evie einen alten Inhalator in die Hand. Sophia fragte: »Hatte dein Vater auch Asthma, Evie?«

»Nein.«

Evie sah sich den Inhalator genauer an. »Das ist meiner. Schaut. Er ist verblasst, aber da steht mein Name und das Jahr, in dem ich von zu Hause weggegangen bin. Mein Vater hat ihn die ganze Zeit aufbewahrt, weil er auf meine Rückkehr wartete.« Alle sahen durch einen Tränenschleier.

Nur Evie behielt einen klaren Blick. »Liv muss gewusst haben, wie viel mir das bedeuten würde. Mein Vater hat mich wirklich geliebt. Daran muss ich mich festhalten, nicht wahr?«

Freya nickte. »Tu das. Die Liebe bleibt bestehen, Evie. Sie überdauert und wird weitergegeben. So leben wir in den Herzen der Menschen weiter, die sich an uns erinnern.«

45

Orkney, 2024

Evie wachte am nächsten Morgen in Freyas Haus auf und fühlte sich so leicht wie seit Jahren nicht mehr. Als wäre ein schweres, dunkles Leichentuch von ihrem Kopf und eine bleierne Last von ihrem Herzen genommen.

Sie konnte immer noch nicht verstehen, warum Liv so bösartige Lügen erzählt hatte, und war wütend auf sich selbst, weil sie sich so leicht hatte manipulieren lassen.

Von Neuem überkamen sie Reue und Traurigkeit wegen Brodie und dem, was hätte sein können. Es war schon so lange her, dass sie sich kaum erinnern konnte, wie seine Stimme geklungen hatte. Nur sein Gesicht würde sie nie vergessen. Sie gab sich einen Ruck. Dies war ihre Chance, neu anzufangen. Sie durfte jetzt richtige Pläne für die Zukunft machen. Seit Jahren hatte sie sich einfach treiben lassen, deprimiert und ziellos. Das sollte sich nun ändern.

Aus der Küche hörte sie Gesang, und es duftete nach Kaffee. Freya war schon wach und machte Frühstück. Evie zog einen von Freyas fabelhaften Seidenmänteln über und rief: »Guten Morgen.«

Freya strahlte sie an und umarmte sie. »Wie geht es dir? Hast du gut geschlafen?«

»Weißt du was, das habe ich tatsächlich! Ich glaube, mir war gar nicht bewusst, welche Last ich all die Jahre mit mir herumgetragen habe. Wie unglücklich ich war. Ich fühle mich ein bisschen, als ob ich schwebe.«

Freya machte French Toast mit Eiern, Milch und Zucker. Den hatte Evie als Kind geliebt, und deshalb fand sie, das sei für heute Morgen genau das Richtige. »Ich bin immer noch fassungslos über Livs faustdicke Lügen. Es ist kaum zu glauben!«

Evie schenkte sich eine Tasse Kaffee ein und sagte nachdenklich: »Ich weiß. Sie ist meine Schwester, aber sie ist mir immer fremd geblieben. Es wäre alles so anders gewesen, wenn wir uns nähergestanden hätten. Es fällt mir schwer, nicht zurückzublicken und mich zu fragen, was hätte sein können.«

»Nun, damit können wir uns alle quälen, Liebes, aber du musst jetzt nach vorn schauen. Ich weiß, es ist noch ein bisschen früh, aber hast du heute schon was vor?«

»Ich habe viel nachgedacht und …«

»Freya, Freya, bist du da? Ich brauche dringend deine Hilfe.« Es war Maureen, die aufgeregt in der Tür stand.

»Komm herein. Was ist denn passiert, dass du aufgelöst bist? Setz dich und atme mal tief durch. Evie wird dir eine Tasse Tee bringen, und du kannst uns alles erzählen.«

Maureen setzte sich, war aber so aufgewühlt, dass sie gleich wieder aufsprang. »Oh, Freya, das Krankenhaus hat angerufen und mir einen Termin für den Beginn der Chemotherapie genannt.«

»Das ist doch eine gute Nachricht, oder?«, sagte Freya aufmunternd.

»Nein. Ist es nicht. Du verstehst das nicht. Der Termin ist schon in drei Wochen. Das wirft unsere Hochzeitspläne über den Haufen. Ich hatte gehofft, dass wir heiraten können, bevor die Chemo anfängt, aber ich wusste nicht, dass es so bald sein würde. Wir werden verschieben müssen.«

Den Tränen nah fügte Maureen hinzu: »Ich weiß nicht, wie sehr mich die Behandlung mitnehmen wird. Ich will mich an meinem großen Tag nicht krank fühlen und kotzen müssen, und was ist, wenn mir die Haare ausfallen? Vielleicht ist es erbärmlich, dass ich mir diese Gedanken mache, aber ich wollte für Andrzej hübsch aussehen und mich gut fühlen. Findet ihr das albern?«

Sie sah so verzweifelt aus, dass Freya sofort beschloss, sie zu beruhigen. »Überhaupt nicht! Es ist ganz natürlich, so zu denken. Natürlich kannst du deine Behandlung nicht aufschieben, aber du kannst doch danach heiraten, oder, Evie?«

Evie nickte und reichte Maureen eine Tasse mit heißem, süßem Tee. »Natürlich. Was sagt Andrzej dazu?«

Maureen lächelte und war den Tränen nah. »Er sagt, es ist ihm egal, wenn die Hochzeit verschoben werden muss, und er sagt, ich werde eine schöne Braut sein, selbst wenn ich wie ein gepelltes Ei aussehe.«

Maureen fing an zu weinen, und Freya fasste einen Entschluss. »Ich habe eine Idee. Warum ziehen wir die Hochzeit nicht einfach vor, und du heiratest in zwei Wochen statt in drei und beginnst dann mit der Behandlung?«

Maureen sah sie beide hoffnungsvoll an.

»Meint ihr wirklich, das wäre möglich? Ich hab überhaupt noch nichts organisiert. Ich habe noch nicht mal ein Kleid ausgesucht.«

Freya war sich nicht ganz sicher, ob es machbar wäre, aber sie erklärte voller Zuversicht: »Natürlich ist das möglich, und wir werden es schaffen. Wir machen das alles für dich, stimmt's, Evie?«

Evie nickte wieder, obwohl sie dachte, dass selbst Freya mit der Planung einer Hochzeit in weniger als zwei Wochen überfordert sein könnte.

Maureen wischte sich über die Augen. »Ich kann dich unmöglich bitten, meine Hochzeit zu organisieren, Freya.«

»Du hast mich nicht gebeten, ich bestehe darauf! Überlass das mir. Alle werden helfen, und ich verspreche, dass du und Andrzej einen unvergesslichen Tag erleben werdet. Das wird unser Geschenk an euch beide. Also trink deinen Tee aus, und dann möchte ich, dass du Folgendes tust. Geh nach Hause und schreib mir eine Liste mit euren Wünschen, und wir werden unser Bestes tun, um sie alle zu erfüllen. Danach sollst du dich ausruhen und dich verwöhnen. Du hast von jetzt an nur eine einzige Aufgabe: Du bereitest dich darauf vor, eine prächtige Braut zu sein.«

»Oh, Freya. Ich weiß nicht, wie ich dir danken soll. Ich war ganz schön aufgeregt. Willst du das ganz bestimmt?«

»Auf jeden Fall. Ich kümmere mich sofort darum. Mach dir keine Sorgen.«

Als Maureen gegangen war, sah Evie Freya an und fragte zweifelnd: »Können wir das wirklich schaffen?«

»Wenn wir alle zusammenarbeiten, dann schon«, sagte Freya entschlossen. »Ich meine, wir können Maureen und Andrzej auf keinen Fall im Stich lassen. Aber ich werde deine Hilfe brauchen, und wir müssen die Selkies zusammentrommeln. Bist du dazu bereit?«

»Ich fühle mich geehrt.« Evie mochte Maureen und Andrzej sehr und freute sich über die Gelegenheit, ihnen zu helfen und sich wieder als Teil der Gemeinschaft zu fühlen.

Freya war voller Energie. »Wir müssen die Sache schleunigst ins Rollen bringen. Ich will Spruchbänder, Luftballons und Tauben. Wir müssen Tauben freilassen. Oh, und vielleicht Eulen, die ihre Eheringe tragen.«

Evie hatte das Gefühl, Freya zügeln zu müssen, und sagte behutsam: »Aber wir müssen sicher sein, dass Maureen das auch so will. Es ist ja schließlich ihr großer Tag.«

»Ja, natürlich«, Freya nickte. »Ich weiß, dass ich es übertreibe, aber ich möchte wirklich, dass alles perfekt ist. Es mag albern klingen, aber ich habe das Gefühl, wenn wir diese Hochzeit zu einem großen Erfolg machen, dann werden sie zusammen eine lange und glückliche Zukunft haben. Es ist nur so, dass sie so krank ist und wir nicht wissen, was passieren wird …« Freyas Stimme kippte, sie konnte nicht weitersprechen.

»Okay«, sagte Evie sofort. »Regel Nummer eins bei der Planung dieser Hochzeit: keine Tränen. Es sei denn, es sind Freudentränen. Regel Nummer zwei: keine traurigen Gesichter. Das ist einfach nicht erlaubt. Wir konzentrieren uns darauf, den Tag zu einem Freudentag für Maureen und Andrzej zu machen.«

Freya lächelte Evie an. »Du hast recht. Ich danke dir, Liebes. Machen wir uns an die Arbeit.«

Ein paar Stunden später waren sie gut vorangekommen. Ihre Hilferufe waren begeistert aufgenommen worden. Jeder war froh, mithelfen zu können. Kate hatte sich freiwillig gemeldet, die Hochzeitstorte zu backen. Maureen wollte einen einfachen Biskuitkuchen mit weißem Zuckerguss, aber Kate verkündete, dass sie sich bei der Dekoration richtig ins Zeug legen würde. Patsy, die mit Andrzej zusammenarbeitete, würde die Autos für die Hochzeitsgesellschaft organisieren, und Agnes versprach, sich um Maureens Haare und Make-up zu kümmern.

Delima hatte wunderschöne Seidenstoffe aus Singapur mitgebracht, die Maureen bewunderte, und würde daraus das Brautkleid nähen. Sie war auch für die Blumen zuständig und bestellte weiße Rosen, weiße Freesien und kleine blaue Disteln für den Brautstrauß sowie Ansteckstäußchen und spezielle Körbe mit Rosenblättern für Kates Töchter, die als Blumenmädchen vorgesehen waren.

Delima hatte auch ein paar gute Ideen für Blumenarrangements für die Hochzeitslocation. Diese allerdings bereitete Freya und Evie Kopfzerbrechen. Die Suche nach einer geeigneten Kirche, die in zwei Wochen verfügbar war, erwies sich als ungemein schwierig. Freya weigerte sich, deswegen in Stress zu geraten. Sie sah Evie über den Küchentisch hinweg an, der unter Listen, Notizzetteln und halb leeren Kaffeetassen verschwand.

»Wir müssen unkonventionell denken. Dann fällt uns auch was ein. Lass uns noch einen Kaffee trinken und ein Stück Kuchen essen und dann darauf zurückkommen. Ich habe schon überall meine Fühler ausgestreckt. Wir müssen übrigens auch über unser Hochzeitsoutfit sprechen. Ich brauche auf jeden Fall etwas Neues.«

Evie stimmte zu. »Ich auch. Ich brauche dringend ein paar anständige Klamotten, und ich möchte mir ein paar wirklich schicke Schuhe kaufen, auch wenn es wehtut, darin rumzulaufen.«

Freya klatschte in die Hände. »Gelobt sei der Herr. Das ist wirklich eine gute Nachricht. Ich wollte ja nichts über deinen Kleidergeschmack sagen, aber jetzt habe ich das Gefühl, ich darf.« Sie holte tief Luft. »Also nichts für ungut, Evie, aber deine Kleider sind das Allerletzte. Sie altbacken zu nennen wäre untertrieben. Ich wusste gar nicht, dass es so viele schmutzige Beigetöne gibt.«

»Schon gut. Sophia hält mir das seit Jahren vor.«

»Nun, es wird Zeit, dass du auf uns beide hörst. Außerdem würde ich vorschlagen, du gehst in Kirkwall zum Friseur und lässt dir einen guten Schnitt und vielleicht ein paar Strähnchen verpassen.«

Freya fuhr fröhlich fort: »Ich fühle mich immer hundertmal besser, wenn ich mir bei Agnes die Haare machen lasse. Auch wenn es trivial klingt – wenn die Haare stimmen, fühlt man sich viel selbstbewusster und kann sich allem stellen. Agnes ist ein Genie, und wenn ich sie anrufe, hat sie morgen einen Termin für dich.«

»Ich will es nicht gleich übertreiben. Aber ein neuer Schnitt klingt gut, und wir müssen auf Maureens Hochzeit alle spektakulär aussehen.«

46

Orkney, 2024

Freya hatte Sophia beauftragt, sich mit Evie in Kirkwall zu treffen und erst zurückzukommen, wenn sie ein Outfit für die Hochzeit und so viele neue Kleidungsstücke für den Alltag wie möglich hatte. In der Zwischenzeit wollte Freya alle grau-beigen Sachen in einen Müllsack packen und zum Second-Hand-Laden bringen.

Sie hatte mit Agnes einen morgendlichen Friseurtermin für Evie vereinbart, und in diesem Moment blinzelte Evie in den Spiegel und versuchte, ihre Frisur von hinten zu sehen. Agnes hatte einen Volltreffer gelandet. Evie hatte jetzt goldglänzende, lockere Locken mit hellen Strähnchen. Sie sah um Jahre jünger aus.

Sie war begeistert und fühlte sich wieder wie die junge Frau, die vor so langer Zeit von zu Hause weggegangen war. Sie spürte, wie ihr Selbstvertrauen zurückkehrte. »Agnes, ich danke dir. Es ist toll geworden. Ich kann mich nicht erinnern, wann ich das letzte Mal beim Friseur war.«

»Das konnte ich sehen«, sagte Agnes lachend. »Du hast deine armen Haare viel zu lange vernachlässigt. Das hier geht als Willkommensgruß aufs Haus, aber ich will dich von nun an alle acht Wochen zum Schneiden und Färben sehen. Du musst dir etwas gönnen. Eine kleine Maniküre wäre auch nicht verkehrt.« Sophia kam in den Salon, und Agnes nickte ihr anerkennend zu.

»Das ist eine Frau, die weiß, was ihr steht. Das ist deine Freundin Sophia, nicht wahr? Sie ist umwerfend!«

»Ja«, sagte Evie und war wieder einmal schwer beeindruckt, weil hier jeder über jeden Bescheid wusste.

Sophia kam auf die beiden zu. »Wow, Evie. Du siehst fantastisch aus! Die Frisur steht dir wirklich gut.«

Evie grinste. »Das verdanken wir unserer Agnes. Sie ist eine von Freyas Selkies.«

»Schön, dich kennenzulernen, Agnes. Freya sagt, ich soll bei eurem nächsten Schwimmausflug am Wochenende mitkommen. Du weißt, dass man ihr in allen Dingen gehorchen muss.«

»Das ist eine Untertreibung. Und du bist uns mehr als willkommen.«

»Ich freue mich schon darauf. Also, Evie, wir müssen shoppen gehen. Endlich befreie ich sie von diesen unvorteilhaften Gummizugtaillen. Bis bald, Agnes.«

Die beiden gingen die Hauptstraße hinauf, wobei Evie einen Blick in die Schaufenster warf, um ihre Frisur zu begutachten. Sie konnte sich nicht erinnern, wann sie sich das letzte Mal angesehen hatte, ohne sich unzulänglich zu fühlen. Sie hatte sich angewöhnt, nicht mehr in den Spiegel zu schauen. Jeremy hatte ihr so oft gesagt, dass sie hässlich sei, dass sie ihm geglaubt hatte.

Im Schaufenster von Hume Sweet Hume sah sie ein smaragdgrünes Sommerkleid aus Baumwolle mit herzförmigem Ausschnitt, das sie ansprach. Sie schüttelte den Kopf und wollte gerade daran vorbeigehen, als Sophia sie aufhielt.

»Das würde dir gut stehen, Evie. Lass uns reingehen, dann kannst du es anprobieren.«

»Es ist zu jugendlich für mich, und das Grün ist zu auffällig. Die Leute werden mich für eine Angeberin halten, wenn ich so etwas trage.«

»Entschuldige, aber ich habe etwas ganz Ähnliches zu Hause, und ich glaube nicht, dass ich zu alt dafür bin«, sagte Sophia mit gespielter Entrüstung.

»Du würdest sogar mit einem Müllsack gut aussehen. Ich stehe mehr auf gedecktere Farben.«

»Ich schwöre bei Gott, Evie, wenn du noch eine beige Polyesterbluse kaufst, reiße ich sie dir herunter und zünde sie vor deinen Augen an. Diese Zeiten sind vorbei.« Sophia lächelte sie an, um ihren Worten die Schärfe zu nehmen. »Sieh dich an. Du bist eine schöne Frau mit fabelhaftem Haar und tollen Brüsten. Es wird Zeit, dass du das erkennst. Jetzt geh rein und probiere dieses wunderschöne Kleid an.«

Evie kicherte. »Ich muss zugeben, ich wollte schon immer mal in ein Geschäft und nach dem Kleid im Schaufenster fragen und es dann gleich anbehalten.«

»Also, tun wir's«, sagte Sophia.

Das smaragdgrüne Kleid war wie für Evie gemacht. Es saß perfekt, und die Farbe brachte ihre Haut zum Strahlen und das Grün in ihren Augen zur Geltung. *Ich sehe so anders aus,* dachte sie. *Wie ich selbst. Jeremy hätte nie zugelassen, dass ich so was anziehe. Er hätte etwas Gemeines gesagt und mir das Gefühl gegeben, dumm und unattraktiv zu sein.*

Laut sagte sie: »Jeremy würde dieses Kleid hassen.«

»Jeremy wird es auch nicht tragen. Du schon, und, wie du weißt, ist er ein Arschloch.«

Das stimmte. Sie würde etwas wegen Jeremy unternehmen müssen. Sie konnte ihn nicht weiter ignorieren und hoffen, dass er verschwand.

Sophia hatte für Evie ein wunderschönes türkisfarbenes, schulterfreies Seidenkleid gefunden, das für die Hochzeit genau das Richtige war, und sie kombinierte es mit einem frechen kleinen Fascinator und schicken silbernen Sandaletten.

»Das nenne ich einen guten Anfang«, sagte Sophia, während sie darauf warteten, dass ihre Einkäufe schön verpackt wurden. Wie sie es sich erträumt hatte, verließ Evie den Laden in dem smaragdgrünen Sommerkleid.

»Heute Abend stöbern wir bei einer Flasche Rotwein im Internet und bestellen weitere Outfits und anständige Unterwäsche für dich. Mir ist in der Umkleidekabine aufgefallen, dass du einen riesigen Schlüpfer trägst und der BH älter ist als Justin Bieber.«

Nachdem sie so ziemlich jedes Geschäft in Kirkwall durchgestöbert hatten und mit Einkaufstüten beladen waren, saßen sie bei einem Kaffee gegenüber der Kathedrale. »Meinst du, wir haben genug Zeit, um uns die italienische Kapelle anzusehen, bevor wir zurückfahren?«, fragte Sophia. »Ich möchte da mal hin, weil Andrzej mir darüber einen Vortrag gehalten hat. Oder ist sie zu weit weg?«

»Überhaupt nicht. Das ist ein guter Zeitpunkt für einen Abstecher, denn wir haben die meisten Busrundfahrten schon verpasst. Ich muss allerdings unterwegs noch einen kurzen Halt einlegen, um etwas wirklich Wichtiges für das Haus zu besorgen.«

Evie fuhr sie aus der Stadt hinaus und folgte dem Schild *Isbister und Sohn, Orkneystuhlmacher.*

»Ich brauche nur eine Minute, ich möchte mir etwas ganz Besonderes gönnen.«

Evie bedauerte vor allem eines: dass der wunderschöne, über Generationen vererbte Orkneystuhl so kaputt war, dass Freya ihn wohl weggeworfen hatte.

Sie erinnerte sich daran, wie ihre Mutter an langen, dunklen Winterabenden auf dem Stuhl vor dem Küchenherd gesessen und gestrickt hatte. Das waren die wenigen Momente gewesen, in denen sie glücklich zu sein schien.

Ross kam aus seiner Werkstatt im hinteren Teil des Hauses, um sie zu begrüßen. Er sah Evie und wurde rot wie eine Nebelkerze. »Was machst du denn hier?« Er stockte. »Ich fürchte, er ist noch nicht fertig, aber sag Freya nichts davon, sonst bringt sie mich um.«

»Was ist noch nicht fertig?«, fragte Evie verwirrt.

Ross reagierte abwehrend. »Ach nichts. Keine Ahnung. Weiß auch nicht. Was hast du gehört?«

Evie war völlig verwirrt von dem Gestammel des verschwitzten, erröteten, aber prächtig aussehenden Mannes. Sie warf einen Blick zu Sophia, die ebenso verwirrt war und mit den Schultern zuckte.

»Du bist Ross, oder?«, sagte Evie wie zu einem Fünfjährigen. »Ich kenne dich noch aus der Schule. Ich wollte nur fragen, ob ich bei deinen Eltern einen Orkneystuhl bestellen kann, aber es sieht so aus, als ob du es bist, mit dem ich reden muss.«

»Ja, ich leite jetzt das Geschäft und entschuldige mich für die Verwirrung. Ich dachte, du wärst hier, um etwas abzuholen, das ich für Freya mache und noch nicht ganz fertig ist.«

»Was denn?«

»Äh. Es ist, na ja, es ist ein kleiner Stuhl, den sie für die Katze haben will, und er ist noch nicht ganz fertig.«

Evie war verblüfft. Freya mochte exzentrisch sein, aber einen Orkneystuhl speziell für Bette Davis anfertigen zu lassen schien selbst für sie übertrieben.

»Bitte erzähl ihr nicht, dass du überhaupt hier warst«, sagte ein sichtlich nervöser Ross. »Und sag auf keinen Fall was von dem Katzenstuhl.«

»Okaaay. Keine Sorge, Ross, ich werde ihr nicht sagen, dass der Katzenstuhl noch nicht fertig ist. Aber hier ist meine Nummer. Sag mir Bescheid, wann wir darüber reden können, dass du einen Menschenstuhl machst.« Ross verstummte und nickte nur.

»Bis dann«, sagte Evie.

Er nickte wieder.

Die beiden Frauen gingen zum Auto. Evie drehte den Kopf und sah, das Ross ihnen hinterherstarrte.

»Glaubst du, es geht ihm gut?«, flüsterte sie. »Er schien sehr verwirrt zu sein.«

Sophia grinste, als sie ins Auto stieg, und sie fuhren weiter zu der italienischen Kapelle auf Lamb's Holm. »Er steht offensichtlich auf dich, Evie.«

»Ganz bestimmt nicht«, widersprach sie kichernd. »So toll ist mein neuer Haarschnitt auch wieder nicht, und es braucht mehr als ein neues grünes Kleid, um mich attraktiv zu machen.«

»Hör doch auf! Du siehst so viel besser aus, Evie. Die Luft auf Orkney hat dir Rosen auf die Wangen gezaubert, und du hast diesen ängstlichen Blick verloren. Du sahst immer aus, als würdest du darauf warten, dass jemand böse wird und dich anbrüllt.« Sie zuckte zusammen. »Oh Gott, Evie. Das tut mir leid. Ich und meine große Klappe. Aber du weißt, was ich meine. Du hast dich von Jeremy schikanieren lassen. Du bist jetzt viel entspannter. Sogar deine Stimme hat sich verändert, du klingst mehr wie Freya. Dein Orkney-Singsang ist wieder da.«

Evie lächelte ihre Freundin an. »Ich will den heutigen Tag nicht damit verschwenden, über Jeremy zu reden. Erzähl mir lieber von Finn. Er ist anscheinend total verknallt in dich.«

Sophia brauchte keine Ermutigung, um über ihn zu sprechen. »Also, nachdem ich mit ihm nach Hoy gefahren bin, haben wir uns öfter gesehen, wie du weißt. Um ehrlich zu sein, habe ich noch nie für jemanden so viel empfunden. Aber ich will ihm nicht zeigen, dass ich mich vielleicht in ihn verliebt habe, denn dann würde er gleich das Weite suchen. Ich vermute, er ist einer dieser Männer, die den Nervenkitzel der Jagd mögen und sich dann bald langweilen und zur nächsten Eroberung weiterziehen. Ich muss ihn auf Trab halten, denn ich will nicht, dass er selbstgefällig wird. Es ist ein Hin und Her zwischen Abstand und Nähe, aber wenn er dadurch bei mir bleiben will, dann muss ich das Spiel spielen.«

»Klingt anstrengend«, meinte Evie.

Sophia lachte. »Glaub mir, das ist es wert. Ich habe bei ihm in seiner niedlichen kleinen Wohnung in Stromness übernachtet, und ich danke Gott, dass die Wände so dick sind, sonst wären die Nachbarn beschämt gewesen.«

Evie lachte. »Also, ist das nur eine Affäre, oder siehst du da eine Zukunft?«

»Ich plane nichts, Evie. Ich muss am Montag wieder zur Arbeit, ich bin schon viel länger hier als ursprünglich geplant, aber zur Hochzeit bin ich natürlich wieder da, und Finn hat nur einen Jahresvertrag für dieses Projekt, also wer weiß? Ich nehme jeden Tag, wie er kommt, aber je länger ich hier bin, desto mehr wird mir klar, wie herrlich es hier ist.«

Evie lächelte. »Nun, das würdest du nicht mitten im Winter sagen, wenn es nachmittags schon finster ist wie im Hintern einer Kuh und die Wellen über diesen Damm schlagen und es nirgendwo eine Hafermilch-Latte und einen Quinoa-Salat gibt.«

Sophia lachte. »Da ist was dran. Aber ich werde dann zurückkommen und es selbst herausfinden.«

Sie waren am ersten der berühmten Churchill Barriers angekommen, Dämmen mit massiven Betonblöcken an den Seiten, die aussahen, als wären sie von Riesen dort hingeschleudert worden, um eine Brücke zwischen den Inseln zu bauen.

»Warum gibt es auf beiden Seiten Schiffswracks?«, fragte Sophia.

»Oh, die wurden während des Krieges absichtlich versenkt. So konnten sich die deutschen U-Boote nicht anschleichen und die britische Marine in Scapa Flow torpedieren. Deshalb wurden die Dämme überhaupt gebaut. Außerdem sind jetzt alle Inseln im Süden durch Straßen miteinander verbunden. Wir halten diese Dämme heute für selbstverständlich. So, jetzt kommen wir nach Lamb's Holm. Kannst du die Kapelle erkennen?«

»Oh, ist das alles?« Sophia klang ein wenig enttäuscht. »Tut mir leid, aber von außen sieht sie nicht besonders toll aus.«

»Wart's nur ab«, sagte Evie.

In den beiden Nissenhütten hatten heimwehkranke italienische Kriegsgefangene, die in Nordafrika gefangen genommen und nach Orkney geschickt worden waren, um beim Bau der Barrieren zu helfen, ein kleines Wunder vollbracht. Mithilfe von Metallschrott, Farbe und Zement hatten die talentierten Männer zwei trostlose Wellblechhütten in eine herrliche Kapelle voller Licht und Liebe verwandelt. Das Bild über dem Altar, das die Madonna mit dem Kind zeigte, hatte einer der Kriegsgefangenen von einem winzigen Gebetszettel abgemalt, den ihm seine Mutter geschenkt hatte, und die kunstvollen Lampen, die von der bemalten Decke herabhingen, waren aus alten Blechdosen gefertigt.

Sophia war völlig überwältigt. »Das ist ein kleines Juwel! Unglaublich, dass sie mit so wenig Mitteln etwas so Schönes geschaffen haben. In so einer Kapelle würde ich gern heiraten. Es ist so romantisch und stimmungsvoll und klein genug, um wirklich intim zu sein.«

»Weiß Finn, dass du die Hochzeit planst?« Evie lachte.

Sophia grinste kläglich. »Er wäre sofort über alle Berge. Ich würde es nie wagen, ihm gegenüber die Worte Braut oder Ehe in den Mund zu nehmen.«

Auf dem Weg nach draußen klingelte Evies Handy. Es meldete sich eine völlig aufgelöste Freya.

»Oh, Evie, trotz aller Bemühungen finde ich keine Kirche für die Hochzeit. Es ist einfach zu kurzfristig. Ich weiß nicht, was wir jetzt tun sollen. Wir dürfen Maureen und Andrzej nicht im Stich lassen.«

Evie blickte sich um. »Freya, mach dir keine Sorgen. Ich glaube, ich habe gerade eine Idee.«

47

Orkney, 2024

Evie ging langsam durch ihr Haus und betrachtete die Veränderungen, die sie vorgenommen hatte. Sie hatte einem Ehepaar in Finstown ein gebrauchtes Sofa und einen Sessel abgekauft, und als sie neulich mit Sophia in Kirkwall war, neue Matratzen und Bettzeug sowie Tassen und Geschirr erstanden.

Als die Möbel ihren Platz gefunden hatten, wischte sie im ganzen Haus gründlich Staub und bezog im alten Zimmer ihrer Eltern das Bett, in dem sie in dieser Nacht zum ersten Mal schlafen würde. Delima hatte darauf bestanden, fröhliche Vorhänge für das Schlafzimmer zu nähen, und die musste sie noch aufhängen. Freya hatte ihr das Nötigste gebracht: Milch, Brot und Butter, Tee und Kaffee, selbst gebackenen Kuchen und natürlich Flaschen mit Scapa und Highland Park.

Auf dem Sofa lag die wunderschöne Decke von Maureen, die sie wie versprochen gemacht hatte. Sie hatte gesagt, die Farben seien von der Aussicht aus Evies Fenster inspiriert: das Meer, der Sand und das grüne Gras. Evie fand sie ganz toll, und sie war umso schöner, weil sie von Maureen stammte. Evie hörte draußen ein Fahrzeug vorfahren und ging zur Haustür. Dort mühte sich ein schwitzender Ross Isbister mit einem riesigen Paket ab. »Hallo, Evie. Ich habe eine besondere Lieferung für dich.«

Er trug es in die Küche und stellte es vor den frisch polierten alten Herd. Er sah Evie schüchtern an und sagte: »Ich weiß nicht genau, wo du ihn hinhaben willst, Evie, aber ich hoffe, er gefällt dir. Es war mir eine Ehre, den für dich wieder zusammenzusetzen.«

Evie bekam Herzklopfen. *Das kann unmöglich sein!*, dachte sie. Hastig riss sie die Verpackung ab, und da stand der alte Orkneystuhl ihrer Familie, wunderschön restauriert und an seinem alten Platz, wo er hingehörte.

»Ross, ist das wirklich unser alter Stuhl? Aber er war in hundert Stücke auseinandergefallen. Unglaublich, dass du es geschafft hast, ihn zu reparieren. Er ist absolut perfekt!« Sie umarmte ihn fest und schluchzte an seiner Schulter.

Ross wusste nicht recht, was er tun sollte. Verwirrt klopfte er ihr einfach den Rücken wie einem Welpen, der eine Kolik hat.

Sie trat von ihm weg und lachte und weinte zugleich. »Als ich zu dir gekommen bin, hast du behauptet, einen Katzenstuhl für Freya zu bauen. Und ich war so dumm, dir zu glauben.«

Ross hob den Blick zur Decke. »Freya wollte unbedingt, dass ich deinen Stuhl repariere, aber sie hat gesagt, ich müsse das geheim halten. Gott, das war wirklich eine schreckliche Ausrede. Mir ist so schnell keine andere eingefallen. Du musst mich für einen Idioten gehalten haben. Na ja, Freya liebt zwar ihre Katze, aber …«

»Selbst für Freya würde das zu weit gehen«, schloss Evie, und sie lächelten einander an.

»Wollt Ihr Euch nicht auf Euren Thron setzen und sehen, ob er zu Eurem königlichen Hintern passt, Majestät?«, fragte Ross grinsend.

Evie setzte sich mit einem zufriedenen Seufzer hinein. »Ich werde viel Zeit in diesem Stuhl verbringen, Ross. Vielleicht fange ich sogar an zu stricken. Ich weiß wirklich nicht, wie ich dir dafür danken soll, dass du ihm wieder zu seiner alten Schönheit verholfen hast. Du hast ja keine Ahnung, was er mir bedeutet. Außer dem Haus ist der Stuhl das stärkste Bindeglied zu meiner Vergangenheit, zu den guten wie den schlechten Zeiten. Ich wüsste gern, wie ich mich revanchieren kann.«

Gegen seinen Willen hörte sich Orkneys schüchternster Junggeselle murmeln: »Vielleicht könnten wir was trinken gehen oder so?«

»Das würde ich wirklich gern. Hier hast du meine Nummer. Ruf mich an und sag mir, wohin du möchtest. Aber ich lade dich ein.«

Sobald Ross gegangen war, rief Evie Freya an.

»Ich habe gerade die schönste Überraschung erlebt: Ross hat den Stuhl vorbeigebracht. Du hast dir so viel Mühe für mich gemacht. Er ist wunderschön – vielen Dank.«

»Gern geschehen. Ich weiß, wie wichtig er für dich ist. Ich hoffe, Ross hat gute Arbeit geleistet.«

»Das hat er wirklich. Er ist unglaublich geschickt. Ich werde mit ihm einen trinken gehen, um mich bei ihm zu bedanken.«

»Erwarte nicht, dass er auftaucht. Er geht nie mit Frauen aus, oder mit Männern, was das betrifft.«

»Aber er hat mich gefragt, nicht umgekehrt«, sagte Evie.

Freya war verblüfft. »Soll das heißen, dass Ross Isbister tatsächlich mit dir ausgehen will? Ich dachte, ich hätte schon alles gehört, aber das ist wirklich etwas Neues. Und noch etwas ist mir aufgefallen: Er liefert selten nach Hause. Ich glaube, er hat sich in dich verliebt. Das muss die Liebe sein, die in der Luft liegt, wenn man eine Hochzeit vorbereitet. Er ist ein guter Fang und sehr geschickt mit den Händen, wenn du weißt, was ich meine.«

»Benimm dich, Freya. Das ist das Letzte, woran ich denke. Ich lade ihn als Dank auf einen Drink ein, und das war's. Mehr ist nicht dahinter.«

»Nun, er ist recht hübsch anzusehen«, sagte Freya. »Und ein kleines bisschen Romantik würde dir sehr guttun. Aber er ist nicht der Typ, der sein Herz leichtfertig verschenkt, und ich glaube nicht, dass er an einer Affäre interessiert wäre. So ziemlich jede in Orkney hat versucht, ihn zu kriegen, aber es ist keiner gelungen.« Sie schnaubte leise. »Geh behutsam mit ihm um, Evie. Er ist ein guter Kerl, und ich möchte nicht, dass er verletzt wird. Wenn du kein Interesse an etwas Ernsthaftem hast, lass es ihn wissen.«

»Verstanden. Mach dir keine Sorgen. Sein Herz ist vor mir sicher. Außerdem …«

Freya unterbrach sie. »Ich weiß, was du sagen willst. Du hast diesen Jeremy in London, über den du nie sprichst, und wenn ich Sophia nach ihm frage, schaut sie nur verlegen und will mir auch nichts sagen.«

Evie seufzte. »Können wir über eine richtige Romanze reden? Wie kommst du mit der Buchung der italienischen Kapelle voran?«

»Hab noch nichts gehört«, sagte Freya. »Ich werde es weiter versuchen. Ich bin nicht bereit, mich in dieser Sache unterkriegen zu lassen.«

»Wenn es jemand schaffen kann, dann du, Freya. Halt mich auf dem Laufenden. Wir reden später.«

Nachdem Evie aufgelegt hatte, ging sie zurück in die Küche und betrachtete den Stuhl, der so sehr zu ihrem Leben gehörte. Die sanfte Granny, die sie nicht mehr erlebt hatte, hatte ihren Vater auf diesem Stuhl in den Schlaf gewiegt, als er noch ein Baby war, und ihre eigene Mutter war am ruhigsten und zufriedensten gewesen, wenn sie darin saß und strickte. Es fühlte sich an, als wäre nun alles komplett.

Das war so viel mehr als nur ein Stuhl. Er war ein Symbol der Hoffnung und der Heilung und der Heimkehr. Und jetzt gehörte er ihr. Sie setzte sich und blickte aufs Meer. So viel war geschehen, seit sie nach Hause gekommen war.

Sie begann sich vorzustellen, wie ein neues Leben in ihrem Haus aussehen würde. Sie hatte ihre Betriebsrente und ein paar Ersparnisse übrig, und jetzt, wo sie kein Erpressungsgeld mehr an Liv überwies und Jeremys Rechnungen nicht mehr bezahlen musste, konnte sie über die Runden kommen, und sie könnte einen Job in einer der Bars oder Hotels annehmen, um zusätzlich ein bisschen Geld zu verdienen. Sie wusste, dass sie nicht zu ihrem entsetzlich langweiligen Job zurückkehren konnte. Allein der Gedanke daran ließ sie schaudern. Sie könnte dort niemals glücklich werden.

Natürlich wäre es ihr Traum, ihre Bilder zu verkaufen, wenn sie wieder einen Pinsel in die Hand nähme. Aber sie wusste nicht, ob sie noch gut war oder ob die Leute tatsächlich bereit wären, Geld dafür zu bezahlen.

Evies Selbstvertrauen kehrte langsam zurück, doch sie hatte immer noch Jeremys näselnde Stimme im Ohr, wie er ihr vorhielt, wie nutzlos sie wäre. Sein Mobbing hatte ihr Selbstwertgefühl über Jahre hinweg untergraben. Und dann waren da noch die unnötigen Schuldgefühle wegen Liv und Brodie gewesen. Doch sie wurde jeden Tag stärker. Sie war bereit, etwas zu tun, was sie aufgeschoben hatte, seit sie auf der Insel angekommen war.

Als Freya Jeremy erwähnte, musste sie an die Text- und Sprachnachrichten denken, die Freya ihr wegen der Krankheit ihres Vaters geschickt und die sie nie erhalten hatte. Jeremy musste sie gelöscht haben. Ihre Wut spornte sie an, endlich seine Nummer zu wählen. Er meldete sich fast sofort, und beim Klang seiner Stimme hätte sie fast aufgelegt. Doch sie war fest entschlossen, sich nie wieder von ihm aufwühlen zu lassen.

Er war wütend. »Warum hast du so lange gebraucht, dich zu melden? Nimm den nächsten Flug. Ich werde dich kein zweites Mal bitten.«

Evie holte tief Luft. »Nein, Jeremy«, flüsterte sie.

Jeremy traute seinen Ohren nicht. »Was hast du gesagt? Was glaubst du eigentlich, mit wem du redest, verdammt noch mal? Ich habe genug von deinen dummen Spielchen. Beweg deinen jämmerlichen Hintern hierher, wo du hingehörst. Ich habe eine neue Wohnung für uns gefunden. Es ist nicht die beste Gegend, und du wirst die Hälfte der Kosten tragen müssen, aber wir können es gemeinsam schaffen. Du weißt, dass du immer wieder zu mir zurückkommst.«

»Nein, Jeremy«, sagte Evie erneut, und ihre Stimme zitterte.

»Du bist wirklich erbärmlich. Du weißt, dass du keine andere Wahl hast«, sagte Jeremy eisig. »Wer sonst würde es mit dir aushalten oder dich haben wollen?« Dann schlug er plötzlich einen schmeichelnden Ton an, der ihr den Magen umdrehte. »Du weißt, dass sich niemand sonst so um dich kümmert wie ich.«

Evie hatte das jahrelang für wahr gehalten, geglaubt, dass sie nichts Besseres als Jeremy verdiene. Aber jetzt nicht mehr. Sie betrachtete das Haus, das ihr Vater ihr vererbt hatte, um ihr seine Liebe zu beweisen. Ein Haus, das mit Freundlichkeit und Geschick wieder wohnlich gemacht worden war, eingerichtet mit Geschenken von Freunden, denen sie wirklich am Herzen lag. Sie stand auf und hielt sich an ihrem kostbaren Stuhl fest, und plötzlich war ihre Stimme stark.

»Jeremy, hör mir zu. Ich werde nicht mehr zurückkommen. Ich bleibe hier, wo ich hingehöre. Du bist ein Arschloch und ein Tyrann. Du wirst mich nie wiedersehen. Jetzt tu mir einen Gefallen und fick dich ins Knie.« Sie hörte ihn noch schimpfen, als sie auflegte, und grinste breit. Bestens gelaunt sperrte sie ihn in ihrem Handy und aus ihrem Leben aus. Sie schenkte sich einen großen Schluck ein und setzte sich wieder auf ihren Stuhl wie eine Königin.

48

Orkney, 2024

Das Telefon klingelte und riss Freya aus ihrem nachmittäglichen Nickerchen auf dem Sofa. Sie behauptete, dass sie nie wirklich einschlief, aber jeder, der hereinkam und sie leise schnarchend vorfand, schlich sich davon, ohne ihren Schlummer zu stören. Sie fuhr hoch und tastete nach ihrem Handy.

»Freya, ich bin's, Keira. Ich habe deine Nachricht erhalten. Es tut mir wirklich leid, aber wie ich befürchtet habe, ist die italienische Kapelle an dem von dir gewünschten Samstag geschlossen. Es geht einfach nicht.«

Freya ließ den Kopf hängen. »Du nimmst mich auf den Arm, Keira.«

»Es tut mir leid, aber wir können das nicht tun. Wir bräuchten mehr Zeit. Und wenn wir eine Ausnahme machen, können wir niemandem mehr eine schnelle Hochzeit verweigern.«

Aber das Einzige, was wir vielleicht nicht haben, ist Zeit, dachte Freya verzweifelt. Laut sagte sie: »Aber, Keira, es geht um unsere Maureen. Du bist mit ihr zur Schule gegangen. Willst du sie wirklich wegen einer blöden bürokratischen Bestimmung daran hindern, einen wunderschönen Hochzeitstag zu erleben? Außerdem, was ist denn so wichtig, dass es nicht auf einen anderen Tag verschoben werden kann?«

»Anscheinend findet einen Tag vorher eine Hochzeit statt. Hab ich vergessen zu erwähnen«, sagte Keira. »Zwischen einem Paar namens Andrzej und Maureen. Ich weiß nicht, ob du sie kennst?«

»Oh, Keira. Da hast du mich aber reingelegt«, sagte Freya und wusste nicht, ob sie lachen oder weinen sollte. »Das sind tolle Neuigkeiten – vielen Dank. Das bedeutet ihnen alles. Nun, für uns alle.«

»Ich bin nur froh, dass wir das klären konnten. Ich schicke ein paar Jungs rüber, die dafür sorgen, dass der Rasen gemäht wird, und ich werde Blumen vor die Tür stellen. Meinst du, dass weiße Rosen in Ordnung sind?«

»Selbst Löwenzahn wäre in Ordnung, aber weiße Rosen wären viel besser. Perfekt, um genau zu sein. Du bist ein Engel, Keira. Das werde ich dir nie vergessen.«

»Sorg einfach dafür, dass die Hübsche den schönsten Tag erlebt. Mach viele Fotos, und denk dran, dass ich alle Anfragen von Bräuten, die die Warteschlange überspringen und in der Kapelle heiraten wollen, direkt an dich verweisen werde, damit du ihre Anfragen ablehnen und die volle Wucht ihres Brautzilla-Zorns zu spüren bekommst.«

Freya legte auf und atmete erleichtert auf. Es würde wirklich alles gut werden.

⋆

Andrzej hatte vor der Hochzeit noch eine sehr wichtige Aufgabe zu erledigen. Er bat Maureens kleinen Sohn Rory, mit ihm zum Hochseefischen zu kommen, was die beiden gerne taten. Rory war ein ruhiger Junge, der das dichte dunkle Haar und die feinen Wangenknochen seiner Mutter geerbt hatte. Er hatte ein paar Sommersprossen auf seiner Stupsnase und wirkte älter und weiser als seine vierzehn Jahre. Nach dem Tod seines Vaters hatte er schnell erwachsen werden müssen und nahm seine Verantwortung als »Mann im Haus« sehr ernst.

Er verehrte Andrzej, der ihm beigebracht hatte, wie man Fußball spielt, wie man ein Boot steuert und wie man einen Fisch fängt und ausnimmt. Andrzej hörte sich Rorys Sorgen über die Schule immer mit großem Interesse an und freute sich mit ihm, wenn er Klassenbester wurde.

Als Andrzej und Maureen Rory sagten, dass sie heiraten würden, hatte Andrzej klargestellt, dass er nicht versuchen würde, Rorys Vater zu ersetzen, obwohl er den Jungen inzwischen wie seinen Sohn betrachtete.

»Ich und Granny und Grandad haben immer gedacht, dass ihr zusammenfindet. Werdet nur nicht zu rührselig und fangt an, euch ständig zu küssen und zu kuscheln.«

»Das versprechen wir«, sagte Andrzej ernsthaft.

»Im Grunde wird sich nicht viel ändern, mein Sohn«, sagte Maureen. »Andrzej möchte, dass wir zu ihm ziehen, aber wir werden weiterhin in der Nähe deiner Großeltern sein.«

»Aber du musst nicht umziehen, wenn du nicht willst«, versicherte Andrzej eilig. »Ich kann jederzeit zu dir kommen.«

Rory grinste und sagte: »Das Internet ist bei dir sowieso besser.« Das war also geklärt.

Sie waren draußen auf dem Fischerboot, futterten Schinkensandwiches und wechselten ein verschwörerisches Lächeln, während sie Maureens selbst gebackenes Brot über Bord warfen. »Für die armen Fische«, sagte Rory mitfühlend.

Andrzej drehte sich zu ihm. »Ich muss dich um etwas bitten, und ich hoffe, du stimmst zu, denn es würde mir viel bedeuten. Ich bin sehr nervös wegen der Hochzeit und brauche jemanden, der mir dabei hilft. Ich würde mich sehr freuen, wenn du mir als Trauzeuge zur Seite stehst. Was sagst du dazu?«

Rory errötete vor Freude. »Ich wäre sehr stolz dabei, Andrzej«, sagte er ernsthaft. »Und ich verspreche, dass ich meine Sache gut machen werde.«

»Das weiß ich, mein Junge.« Sie gaben sich feierlich die Hand.

Rory zögerte. »Darf ich dich etwas fragen? Von Mann zu Mann?«

»Natürlich. Von Mann zu Mann«, sagte Andrzej ernst.

»Ist meine Mutter krank? In letzter Zeit fühlt sie sich nicht gut, legt sich oft hin und schläft sehr lange. Das sieht ihr gar nicht ähnlich, und ich mache mir Sorgen.«

Andrzej und Maureen hatten darüber gesprochen und waren sich einig, dass Rory die Wahrheit erfahren musste, vor allem, wenn er einen von ihnen direkt fragte. Andrzej wollte ehrlich sein, das hatte der Junge verdient, aber er musste ihm auch Hoffnung geben.

»Sie ist sehr krank, Rory, aber sie wird die bestmögliche Behandlung bekommen, und ich bin sicher, dass sie wieder gesund wird.« Er fuhr sanft fort: »Es tut mir furchtbar leid, sie hat Krebs, aber du kennst deine Mutter – sie ist stark und hat viel, wofür sie leben möchte.«

Rory kämpfte gegen die Tränen an. »Ich bin froh, dass du mich nicht angelogen hast. Ich wusste, dass es etwas Ernstes ist.«

Andrzej schaute sich den tapferen Jungen an, der bereits seinen Vater verloren und nun die niederschmetternde Diagnose seiner Mutter erfahren hatte.

»Glaubst du wirklich, dass es ihr wieder gut gehen wird? Das sagst du doch nicht nur so?«

»Natürlich glaube ich das.« Andrzej hatte sich eingeredet, dass seine Maureen geheilt werden würde. Einen anderen Ausgang würde er nicht akzeptieren.

»Und sie wird glücklich sein, dass du zugestimmt hast, mein Trauzeuge zu sein. Wir haben beide gehofft, dass du Ja sagst. Und jetzt müssen wir vor der Hochzeit noch eine Menge planen. Und sieh mal, bei dir hat einer angebissen, und der sieht groß aus. Heute Abend gibt es Fisch.«

49

Orkney, 2024

Am Morgen der Hochzeit fing es an zu regnen. Richtig heftig. Freya schaute immer wieder zum Himmel, als ob sie die Sintflut mit bloßer Willenskraft aufhalten könnte.

Die Vorhersage hatte für den Nachmittag leichte Schauer und dann Sonnenschein angekündigt. »Wenn das nicht aufhört, werden wir alle pitschnass in der Kapelle ankommen, und wir können draußen keine Fotos machen. Ich bin stocksauer. Ich wollte, dass dieser Tag perfekt wird.«

»Das macht nichts, und wir können sowieso nichts dagegen tun«, sagte Evie. »Lass uns zu Maureen gehen und ihr helfen. Agnes ist bestimmt schon da und frisiert ihr die Haare, und Sophia kümmert sich um ihr Make-up. Ziehen wir uns noch bei Maureen zu Hause um?«

»Auf jeden Fall. Ich hab schon gepackt.« Freya rollte einen riesigen Koffer herein, der aus allen Nähten platzte.

»Was hast du denn da drin? Du brauchst nur ein Outfit, ein Paar Schuhe und eine Handtasche. Aber du siehst aus, als würdest du eine Expedition zum Südpol machen.«

»Ich kann mich nicht entscheiden, was ich anziehen soll, also nehme ich ein paar Sachen mehr mit, nur für den Fall. Es ist ein großer Tag, und da möchte ich nicht underdressed sein.«

Evie lächelte in sich hinein. Freya war immer herausgeputzt wie ein Pfau. Alles andere war undenkbar. Sie schmückte sich mit Seide und Satin, selbst wenn sie nur zur Mülltonne ging.

»Ich glaube nicht, dass diese Gefahr besteht«, sagte Evie liebevoll. »Und du wirst wie immer umwerfend aussehen.«

»Pff«, machte Freya, aber sie freute sich über das Kompliment. »Ich kann es kaum erwarten, dass Maureen fertig ist. Sie hat sich ein sehr hübsches Kleid ausgesucht. Ein bisschen zu schlicht für meinen Geschmack, aber sie wird wunderschön aussehen.«

Als Delima Maureen den blassblauen Seidenstoff aus Singapur gezeigt hatte, wussten sie beide, dass er perfekt war. Sie hatte Maureen ein Etuikleid und einen passenden Mantel daraus genäht. Beides war elegant und stilvoll, aber das Problem war, dass Delima immer wieder Änderungen vornehmen musste, da Maureen weiter abnahm. Bei all der Aufregung um die Hochzeit vergaß man leicht, wie krank sie war, zumal sie voller Energie zu sein schien und nie glücklicher ausgesehen hatte.

Als Freya und Evie eintrafen, saß Maureen an ihrem Küchentisch, trug flauschige Hausschuhe und einen Morgenmantel, der auf dem Rücken mit dem Schriftzug *Zukünftige Braut* geschmückt war. Den hatte Sophia ihr geschenkt. Agnes föhnte ihr die Haare, während Sophia ihr die Nägel in einem hellen Korallenrot lackierte.

Maureens Mutter Peggy kleidete sich unten an, und ihr Vater, der schon seit dem Morgengrauen auf den Beinen war, lief nervös in der Küche auf und ab. Freya hatte Snacks mitgebracht und schenkte allen einen Buck's Fizz ein, wobei sie darauf achtete, ihn nicht zu stark zu machen, denn es sollte ein langer Tag werden. Alle stießen auf Maureen an.

»Ich bin überzeugt, dass es bis drei Uhr heller wird«, sagte Freya. »Und die Sonne wird auf uns alle scheinen.«

»Die arme Freya«, sagte Delima liebevoll. »Das ist das Einzige, auf das du keinen Einfluss hast, aber mach dir keine Sorgen, Jack sagt, dass es später auf jeden Fall aufklart, und er ist viel zuverlässiger als jeder Wetterbericht. Und jetzt …« Sie machte eine kleine Pause. »Ich habe etwas für dich gemacht, Maureen, das du anprobieren solltest, bevor Agnes deine Haare auf die großen Lockenwickler dreht.«

Vorsichtig öffnete sie eine große, mit Seidenpapier gefüllte Schachtel und holte einen hinreißenden Fascinator heraus, der aus der gleichen Seide wie Maureens Kleid bestand und mit einer passenden blauen Feder geschmückt war.

»Obwohl ich, wie ich zugebe, mit dem Ergebnis sehr zufrieden bin, ist es kein Problem, wenn du ihn nicht magst. Ich werde nicht beleidigt sein. Na ja, vielleicht ein bisschen, aber ihr müsst alle eure ehrliche Meinung sagen.«

Delima platzierte den Fascinator auf den Haaren, und alle staunten. »Er ist traumhaft«, sagte Maureen.

»Aber ist das genug als Statement? Sollten wir vielleicht noch ein paar andersfarbige Federn oder ein paar Schmuckstücke dranmachen, um ihn aufzupeppen?«

»Nein«, entschied Maureen und lächelte. »Er ist einfach perfekt, so wie er ist. Ich danke dir, Delima. Das ist der letzte Schliff, von dem ich gar nicht wusste, dass ich ihn brauche. Du bist so nett. Ihr alle wart unglaublich. Ohne eure Hilfe hätte ich das alles nicht in so kurzer Zeit geschafft.«

»Oh, der ist genau wie der Hut von Queen Camilla, als sie geheiratet hat«, sagte Agnes. »Nur besser, weil er eine schönere Farbe hat und, seien wir ehrlich, ihr Hut sah ein bisschen aus wie mit Stachelschweinstacheln und Rohrkolben.«

Evie wechselte rasch das Thema, bevor der eingefleischte Lady-Di-Fan Freya das »Queen« vor Camilla beanstandete, obwohl sie offiziell gekrönt war und die Vorderseite aller Geschirrtücher zierte. »Richtig«, sagte sie. »Komm, Freya, wir müssen uns fertigmachen. Ich höre draußen Gekicher. Das müssen Kate und die Mädchen sein.«

Maureen klatschte in die Hände. »Oh, ich kann es kaum erwarten, sie in ihren Kleidern zu sehen. Ich bin glücklich, dass ich so schöne Blumenmädchen habe.«

Louise und Claire hatten sich darauf gefreut, bei der Hochzeit mitzuwirken, und Delima hatte lange an ihrer Nähmaschine gearbeitet, um für beide knöchellange Märchenprinzessinnenkleider aus hellblauem Satin mit weißen Rosen an den Taillenbändern zu nähen. Für den letzten Schliff sorgte Delima mit Stirnbändern aus frischen Rosen und kleinen Körbchen, die mit Rosenblättern gefüllt und mit dicken blauen Seidenschleifen gebunden waren.

»Tante Evie, gefällt dir mein Kleid?«, fragte Louise und drehte sich im Kreis. »Ihr beide seht wunderschön aus«, sagte Evie.

»Wie die beiden aus der *Eiskönigin*.« Das war genau das Richtige, um die Mädchen zum Strahlen zu bringen.

»Sieh mal, was Delima für euch gemacht hat«, sagte Kate. »Diademe aus Blumen, und ihr habt die schönen Körbe mit Blütenblättern und wisst, was damit zu tun ist.«

Die Mädchen hatten tagelang im Hausflur geübt, indem sie Hundeleckerlis anstelle von Blütenblättern verwendeten, sehr zur Freude von Eric und Ernie, bis Kate dem ein Ende machte und sie aufforderte, stattdessen Papierrosen zu malen und auszuschneiden.

»Kurz bevor Maureen zum Altar geht, müsst ihr die Rosenblätter verstreuen, wie ich und Daddy es euch gezeigt haben«, sagte Kate.

Die Mädchen nickten feierlich. Sie wussten, dass sie die wichtigste Aufgabe des ganzen Tages hatten, und nahmen alles sehr ernst.

Patsy kam herein und erntete erstaunte Blicke. Sie trug ein eng anliegendes lilafarbenes Bodycon-Kleid mit grünen Riemchensandalen und sah aus, als würde sie gleich explodieren oder umfallen. Oder beides auf einmal.

»Sag kein Wort. Ich trage dieses verdammte Kleid für Maureen. Es ist unheimlich unbequem, und ich komme mir vor wie eine Vollidiotin.«

»Patsy«, stotterte Freya. »Trägst du tatsächlich Stöckelschuhe?«

»Ich hab sie mir ausgeliehen. Sie bringen mich um, aber ich wollte zu den anderen passen und Maureens Hochzeitsfotos nicht verderben.«

»Du hättest auch nackt oder in einem Müllsack aufkreuzen können«, sagte Maureen. »Hauptsache, du bist hier, aber ich weiß es wirklich zu schätzen, dass du dich in Schale geworfen hast.«

Patsy zog eine Grimasse, wirkte aber trotzdem zufrieden. »Nun, ich weiß, du hast schon etwas Altes, weil du diesen Armleuchter heiratest, der nicht mehr einundzwanzig ist, und …«

Kate schnalzte mit der Zunge. »Patsy!« Sie deutete mit dem Kopf in Richtung ihrer Töchter. »Kleine Ohren!«

Louise zwitscherte: »Ist Onkel Andrzej ein Armleuchter, Mammy?« Claire fragte: »Was ist ein Armleuchter, Mammy?«

Kate rollte die Augen. »Patsy, du musst aufhören, vor den Kindern solche Ausdrücke zu benutzen. Die kriegen alles mit.«

»Scheiße, Kate, es tut mir wirklich leid. Oh, verdammt, ich hab Scheiße gesagt. Okay, ich werde jetzt einfach die Klappe halten.«

»Gute Idee. Du sahst so damenhaft aus, bis du den Mund aufgemacht hast.« Aber Kate sagte das mit Zuneigung.

»Wie auch immer«, sagte Patsy. »Wir haben festgestellt, dass du in Andrzej etwas Altes hast, und ich wollte dir etwas Neues schenken, etwas Geliehenes und etwas Blaues in Kombination.« Schüchtern überreichte sie Maureen ein wunderschönes, handgefertigtes Holzkästchen, auf dem die Initialen M & A und das Datum eingeschnitzt waren, umrankt von einem keltischen Knoten. Darin lag ein wunderschönes blaues Strumpfband in einem seidenen Taschentuch.

»Das Kästchen ist neu«, sagte Patsy. »Ich habe die ganze Woche daran gearbeitet. Das Strumpfband ist etwas Blaues und das Taschentuch ist etwas Geliehenes, falls Andrzej sich mal die Nase putzen und die Augen trocknen muss. Du weißt ja, was für ein Sensibelchen er ist. Es hat meinem Vater gehört.«

»Oh, Patsy, das ist alles so schön und aufmerksam von dir. Ich danke dir.« Maureen war überwältigt von all der Freundlichkeit, die sie heute schon erfahren hatte, und das Beste stand ihr noch bevor. Sie hoffte nur, dass sie nicht zu erschöpft sein würde, denn sie wollte nicht alle enttäuschen und auf ihrer eigenen Hochzeit einschlafen.

»Gut«, sagte Evie. »Die Zeit vergeht wie im Flug, und wir werden um halb zwei mit dem schicken Minibus abgeholt, also müssen wir bis dahin fertig sein. Ich habe mir noch nicht mal die Wimpern getuscht. Freya, du musst dein Outfit aussuchen. Wenn du dich nicht für eins entscheiden kannst, dann zieh einfach alles an.« Es herrschte eine hektische Betriebsamkeit, als alle ihren Frisuren und ihrem Make-up den letzten Schliff verpassten, Lippenstifte ausliehen und Parfüms aufsprühten. Maureen verschwand im Schlafzimmer, um ihr Hochzeitskleid anzuziehen, und Agnes half ihr mit dem Fascinator.

»Wie geht es dir, Maureen?«, fragte Agnes.

»Um ehrlich zu sein, bin ich etwas nervös. Ich bin es nicht gewohnt, im Mittelpunkt zu stehen, und weiß nicht genau, was mich erwartet. Evie und Kate haben versprochen, Freya im Zaum zu halten, aber du weißt ja, wie sie ist. Sie ist so nett, aber …«

»Sie übertreibt gern ein bisschen«, beendete Agnes den Satz. »Ich weiß. Aber ich habe alle Pläne gesehen, und du brauchst dir keine Sorgen zu machen. Es wird wunderschön werden. Du musst nur jede Sekunde genießen. Halte heute ab und zu eine Minute inne und lass alles auf dich wirken, denn es wird ruckzuck vorbei sein.«

»Das Leben vergeht viel zu schnell«, sagte Maureen. »Ich weiß das besser als die meisten.« Sie sah Agnes' Kinn zittern und fügte hastig hinzu: »Keine Sorge, ich werde an meinem Hochzeitstag nicht rührselig werden und alle verärgern, und ich werde nicht weinen und mein schönes Make-up ruinieren. Du hast recht: Es wird wunderschön werden, sogar im strömenden Regen.«

Um Punkt zwanzig nach zwei betrat Maureen in ihrem Brautkleid das Wohnzimmer. Evie, Sophia und Delima kamen bei ihrem Anblick die Tränen. Sogar Patsy hatte eine Träne im Auge. Kate weinte ganz offen, und die Mädchen klatschten und jubelten. Freya hatte ein breites Lächeln im Gesicht. »Maureen, du hast noch nie so schön ausgesehen. Andrzej wird begeistert sein. Wie fühlst du dich?«

»Das fragt ihr mich alle ständig. Ich fühle mich fantastisch, spritzig und voller Leben. Ich möchte dieses Gefühl einfach für immer festhalten.«

Freya küsste sie auf die Stirn. »Niemand verdient das Glück mehr als du, meine Liebe.«

Evie ging nach unten, um Maureens Eltern zu sagen, dass sie bereit und auf dem Weg sei. Die sonst so stoische Peggy war beim Anblick ihrer strahlenden Tochter zu Tränen gerührt. »Oh, du bist eine wunderschöne Braut, mein Schatz. Ich freue mich so für dich.«

Draußen hupte es.

»Das ist unser Wagen, Leute«, rief Evie. »Sophia, Kate und die Mädchen, Delima, Faye und Agnes, ihr steigt in den Kleinbus ein. Es ist der schicke, saubere, glänzende. Freya und ich werden Maureens Mutter im Auto mitnehmen. Maureen, du fährst natürlich mit deinem Vater, und dein Wagen kommt genau um 14.45 Uhr.«

Es war, wie eine Schar Katzen zu hüten, aber Evie schaffte es schließlich, sie alle nach unten zu führen. »Gut«, sagte Evie. »Wir haben Schnaps. Wir haben stramme Unterwäsche, die uns zusammenhält. Wir haben unbequeme Stöckelschuhe. Wir haben auch flache Schuhe, um später zu tanzen. Ich denke, wir sind alle bereit.«

Sie stiegen in den Minibus und schrien, weil der Regen ihre

Kleider ruinierte, und versuchten, sich anzuschnallen, ohne ihre Kleider zu zerdrücken. Es gab eine Panik, als Claires Korb umkippte und die Blütenblätter auf den Sitz fielen, gerade als Sophia sich setzen wollte, aber alle hoben sie auf, bevor Claire einfallen konnte, zu weinen.

»Endlich«, sagte Evie und winkte sie weg. »Freya, lass uns Peggy mitnehmen und sie ins Auto setzen. Mach dir keine Sorgen um deine Mum, Maureen. Jack sagt, dass er sie nach Hause bringen wird, wenn ihr alles zu viel wird, und wir werden die ganze Zeit bei ihr sein.«

Maureen wurde mit ihrem Vater George allein gelassen, der den ganzen Tag über still gewesen war. Er konnte kaum sprechen, so aufgeregt war er. Er nahm ihre Hände. »Maureen, du siehst aus wie ein Filmstar. Ich könnte nicht stolzer auf dich sein, mein schönes, tapferes Mädchen.«

»Bring mich nicht zum Weinen, Dad, sonst läuft mir die Wimperntusche übers Gesicht und ich sehe aus wie ein Panda. Ich will Sophias harte Arbeit nicht verderben.« Er umarmte sie ganz fest.

Sie hörten ein Auto vorfahren, und Delimas Mann Jack Randall erschien an der Tür. In seinem Outfit für die Hochzeit, bei der er als Chauffeur und Fotograf fungieren würde, sah er unglaublich gut aus. Sein schulterlanges Haar trug er offen. Er entsprach Hollywoods Bild vom perfekten Krieger im Schottenrock. Er strahlte vor Glück und hatte einen riesigen Schirm dabei, um Maureen vor dem prasselnden Regen zu schützen.

»Ihre Kutsche wartet auf Sie, Madame.«

Jack hatte den alten weißen Mercedes seines Cousins gemietet und auf Hochglanz poliert. Außerdem hatte er ihn mit riesigen weißen Schleifen geschmückt, die durch die Nässe ziemlich schlaff geworden waren.

»Oh, das ist zu viel«, sagte Maureen. »Ich werde jetzt wirklich verwöhnt.«

»Wir werden etwa in einer halben Stunde da sein, Maureen. Ich werde ganz langsam fahren. Wir wollen doch nicht, dass du pünktlich erscheinst.«

»Jack, selbst wenn du rückwärtsfährst, werden wir sicher nicht so lange brauchen, um zum Standesamt zu kommen. Es ist nur die Straße runter.«

Ihr Vater lächelte sie an. »Das ist die größte Überraschung von allen, Maureen. Mach dir keine Sorgen. Du wirst begeistert sein.«

Der Regen hatte nachgelassen, und Maureen wunderte sich, warum es in den Straßen so ruhig war. Normalerweise standen alle vor ihren Geschäften und Häusern, um der Braut alles Gute zu wünschen, wenn sie ihren Weg ging. Sie sah, dass sie die Straße nach South Ronaldsay hinunter und über den Damm fuhren. Wo in aller Welt wollten sie hin?

Als sie nach Lamb's Holm kamen, sah sie eine große Menschenmenge vor der italienischen Kapelle. Und als sie auf den Parkplatz fuhren und Jack ihr die Tür öffnete, kam die Sonne heraus und tauchte sie in ein herrliches goldenes Licht.

Draußen standen Hunderte Menschen, die klatschten und jubelten und gratulierten. Sie waren von der ganzen Insel gekommen, um das Paar zu beglückwünschen.

Kein Wunder, dass es überall so ruhig gewesen war. Alle waren hier. Maureen war völlig überwältigt.

Auf dem Weg zur Kapelle schenkten ihr viele Freunde und Kinder Blumen, Karten und Hufeisen. Jack nahm alle an sich, während Maureen immer wieder Danke sagte.

An der Tür warteten Louise und Claire, um ihre Pflichten als Blumenmädchen zu erfüllen. Maureen hörte schönsten Gesang. Der Chor der St.-Magnus-Kathedrale kam von beiden Seiten um die Kapelle herum und sang *Give Me Joy in My Heart*. Es war herrlich.

Ihr Vater flüsterte: »Bist du bereit, Maureen?«

Eine leicht benommene Maureen antwortete: »Und wie, Dad.«

Die Türen öffneten sich, und die beiden Mädchen gingen mit feierlichem Gesicht voraus und streuten Rosenblätter vor die Füße der Braut. Die kleine Kapelle war bis auf den letzten Platz besetzt, und am Altar standen Andrzej und sein Trauzeuge Rory.

Als Andrzej Maureen auf sich zukommen sah, konnte er sich nicht zurückhalten und rief aus. »Oh, Maureen. Du bist so schön. Seht euch nur meine hübsche Braut an!«

Seine Mutter, die aus Polen hergeflogen war, klatschte in die Hände und warf ihrem Sohn Küsse zu. Alle anderen applaudierten, als Maureen langsam ihrem künftigen Ehemann entgegenging, Arm in Arm mit ihrem stolzen Vater. Sie reichte Freya ihren Blumenstrauß und wandte sich Andrzej zu.

Die Zeremonie war einfach, aber voller Liebe und Freude. In den Bänken wurde geschnieft, als sie gelobten, in Krankheit und Gesundheit füreinander da zu sein, und noch mehr Beifall, als der Pfarrer sie zu Mann und Frau erklärte.

Mit klarer Stimme sagte Maureen zu ihrem neuen Mann *»Kocham cię«*. Das bedeutete »Ich liebe dich« auf Polnisch. Der Chor draußen begann *Love Is in the Air* zu singen, und als alle bei strahlend warmem Sonnenschein aus der Kirche traten, erschien ein riesiger Regenbogen direkt über ihnen. Die leuchtenden Farben des Himmels wurden von Freyas rot-orangefarbenen, wallendem Seidenkaftan überstrahlt. Die Gratulanten draußen warfen Konfetti und jubelten sich heiser.

Andrzejs Mutter war verzaubert. »Da ist so viel Liebe für euch beide«, sagte sie zu ihrem Sohn. »Und der Regenbogen ist ein Zeichen Gottes, dass ihr wirklich für immer glücklich zusammen sein werdet. Diese Ehe ist wahrhaftig gesegnet.«

Sie wandte sich an Maureen. »Ich habe mir immer eine Tochter gewünscht, Maureen. Ich habe all diese großen Jungs, und sie sind sehr gut zu ihrer alten Mutter, aber jetzt bin ich glücklich, auch dich und einen Enkel zu haben. Ich hoffe, Rory nennt mich Granny, und ihr könnt mich alle noch viele Jahre in Polen besuchen.«

Andrzej hatte versucht, ihr zu erklären, dass Maureen sich einer Krebsbehandlung unterziehen würde, aber seine Mutter wollte nicht glauben, dass jemand, der so hübsch und glücklich aussah, ernsthaft krank sein könnte. Sie war sich sicher, dass für ihren liebsten Sohn und seine Braut alles gut werden würde.

Jack versuchte, alle vor der Kapelle zu versammeln, mit Maureen und Andrzej in der Mitte, um viele Fotos zu machen, aber niemand achtete darauf, bis Patsy brüllte: »Los, Leute, hört auf, herumzualbern. Lasst uns die Braut und den Bräutigam in die Mitte stellen und uns einfach aneinanderkuscheln. Die schlechte Nachricht ist, dass ihr alle zu Jack sehen müsst. Wer ihn sehen kann, ist später auch auf den Fotos zu sehen.«

Jack rief: »Schenk uns ein breites Lächeln für den *Orcadian*. Maureen, du wirst das Covergirl dieser Woche.«

»Hör doch auf«, rief die Braut, aber ihr Lächeln war so breit wie der Pentland Firth.

50

Orkney, 2024

Draußen vor der italienischen Kapelle fing jedes Klicken der Kamera die ganze Freude des großen Tages ein. Jack war fast fertig – bis auf ein letztes Foto von Braut und Bräutigam.

Andrzej und Maureen gaben sich einen Kuss, und die Menge tobte. Andrzej blickte in die Gesichter seiner Freunde und Nachbarn und auch von Fremden, die gekommen waren, um ihm und seiner Braut zu gratulieren.

Er war entschlossen, sich bei allen zu bedanken, und begann mit den Worten: »Im Namen meiner Frau und mir …« Dies führte zu einem weiteren lauten Jubel der Anwesenden und noch mehr Applaus.

»Ich möchte euch allen nur sagen, dass ich überglücklich bin. Als ich vor vielen Jahren hierhergekommen bin, habt ihr mich herzlich willkommen geheißen, und ihr seid alle freundlich gewesen. Ich habe mich fast sofort nach meiner Ankunft in Maureen verliebt, aber ich Dummkopf habe bis jetzt gebraucht, um sie endlich zu fragen, ob sie mich heiraten will. Es gibt keinen glücklicheren Mann auf der ganzen Welt. Ich bin so glücklich und so dankbar, dass sie Ja gesagt hat und wir beide diesen Tag mit allen teilen konnten und dass die Sonne für uns geschienen hat.«

Maureen lächelte ihn an. »Mein Mann ist sehr sentimental«, sagte sie und gab ihm einen Kuss auf die Nase.

»Also, wer wird die Nächste? Mal sehen, wer meinen Strauß fängt.« Maureen warf die Blumen hoch in die Luft. Evie streckte automatisch ihre Arme aus, und der Strauß landete direkt in ihren Händen, was zu Applaus und Scherzen führte, wer denn der glückliche Mann sein könnte, der ihr Herz gewinnen würde. Sie errötete heftig und sah zufällig in die Augen von Ross Isbister, der in seinem Kilt fast schon kriminell gut aussah.

Beide wandten den Blick ab, und obwohl Evie dachte, sie sei noch nicht bereit für eine weitere Beziehung, konnte sie es angesichts der Liebe zwischen Maureen und Andrzej auch nicht völlig ausschließen. Sophia bemerkte, dass Finn ziemlich enttäuscht aussah, weil sie es nicht geschafft hatte, Evie den Strauß wegzuschnappen. Sie lächelte und beglückwünschte sich, dass ihre Taktik aufging.

Hand in Hand machten sich Maureen und Andrzej durch einen Konfettiregen auf den Weg zu ihrem Auto. Jack hielt ihnen die Tür auf und sagte, dass sie zum Empfang ins *Foveran* fahren würden. Sie saßen auf dem Rücksitz des Wagens, wo es ruhig und still war, als Andrzej sagte: »Nun, meine liebste Frau. Wie fühlst du dich?«

Maureen starrte ihn an. »Wahnsinnig glücklich, mein lieber Mann. Was für eine schöne Zeremonie, und war es nicht toll, wie viele Menschen gekommen sind, um uns zu sehen und uns alles Gute zu wünschen? Und der Chor auch.«

»Ich weiß«, sagte Andrzej. »Und das in der italienischen Kapelle. Ich weiß nicht, wie sie es geschafft haben, das für uns zu organisieren. Ich hatte keine Ahnung, bis Rory es mir heute Morgen erzählt hat.«

Er schaute seine Frau liebevoll an. »Ich habe dich noch nie so schön gesehen. Als ich dich den Gang hinunterkommen sah, sahst du aus wie ein Engel. Bist du nicht zu müde?«

»Es geht mir gut, ehrlich. Alles, was ich brauche, ist eine Umarmung und ein Glas kalten Sekt.«

Jack hielt den Wagen an. »Oh Gott, ich bin ein Idiot«, sagte er. »Freya wird mich umbringen.«

Aus dem Kofferraum holte er eine Flasche Champagner,

einen Eiskübel und zwei sorgfältig verpackte Kristallgläser. Er schenkte ihnen beiden ein Glas ein.

»Ihr verratet ihr nicht, dass ich es vergessen hatte, ja?«, flehte Jack. »Ich sollte euch beiden ein Glas einschenken, bevor wir losfahren, und dann hatte ich die strikte Anweisung, langsam zu fahren, damit er nicht verschüttet wird.«

»Dein Geheimnis ist bei uns sicher«, sagte Maureen. Sie hob ihr Glas. »Prost, Mr Kowalski.«

Er strahlte seine Maureen an. »Prost, Mrs Kowalski.«

★

Evie war kurz zum Strand an der Churchill Barrier gelaufen. Sobald der Strauß in ihren Armen gelandet war, hatte sie gewusst, was zu tun war, und das war etwas, das sie allein tun musste.

Der Strand war menschenleer. Das Meer war heute ruhig, und die Wellen rollten sanft über den Sand. Evie merkte, dass sie keine Angst hatte. Sie ging über den weißen Sand, legte den Brautstrauß mit den Blumen ins Wasser und sah zu, wie er davontrieb.

»Ich will mich von dir verabschieden, Brodie. Ich hatte nie die Gelegenheit, das zu tun. Ich werde dich nie vergessen, und es tut mir unendlich leid, was dir passiert ist. In einem anderen Leben hätten wir beide vielleicht in der italienischen Kapelle geheiratet. Ruhe in Frieden, meine große Liebe.«

Sie gesellte sich wieder zu den anderen Gästen, die in den Kleinbus stiegen, und war froh, dass ihre Abwesenheit durch den Trubel der anderen nicht bemerkt worden war. Freya warf ihr einen mitfühlenden Blick zu. »Geht es dir gut, Evie?«

Evie nickte. Den Moment am Strand würde sie für sich behalten. »Ja, wirklich. Zum ersten Mal seit langer Zeit. Jetzt lass uns gehen und eine schöne Liebesgeschichte feiern.«

★

Maureen und Andrzej waren bereits im *Foveran* angekommen und sahen, wie das gesamte Personal draußen klatschte und jubelte. Über der Tür prangte ein riesiges selbst gebasteltes Spruchband: *Herzlichen Glückwunsch Maureen und Andrzej* mit dem rot-blau-gelben Kreuz der Orkney-Flagge neben der rot-weißen polnischen.

Der Speisesaal war ebenfalls mit Flaggen geschmückt, und auf den Tischen standen Gestecke mit weißen Rosen und Disteln. Der Manager sagte zu den beiden: »Wir haben das große Gästezimmer für Sie reserviert, falls Sie sich frisch machen oder ein wenig ausruhen wollen oder einfach nur fünf Minuten für sich haben möchten. Wir dachten, Sie möchten alle Gäste gleich hier begrüßen, wenn sie durch die Tür kommen. Darf ich Ihnen ein Glas Champagner einschenken, oder möchten Sie etwas Stärkeres?«

»Ich bleibe beim Sprudelwasser«, sagte Maureen. »Aber ich werde mich schonen, sonst schlafe ich vor dem ersten Tanz ein.«

Schon bald trafen die Gäste ein, umarmten und küssten sich und versammelten sich mit ihren Getränken im Sonnenschein auf dem Balkon und dem Rasen, genossen die Aussicht und unterhielten sich fröhlich. Als sie den Klang der Dudelsäcke hörten, nahmen sie ihre Plätze ein, und der Dudelsackspieler führte das Brautpaar an den oberen Tisch.

Der junge Rory hielt eine schöne Rede darüber, wie froh er sei, dass seine Mutter und Andrzej sich endlich entschlossen hätten zu heiraten.

Zum Schluss hob er sein Glas und sagte: »Auf meine Mum und meinen neuen Dad. Ich liebe euch beide.« Das rührte Andrzej zu Freudentränen, und dann stand Maureen zur Überraschung aller auf, um etwas zu sagen.

»Ich weiß, es entspricht nicht der Tradition, aber ich möchte nur sagen, wie stolz ich auf meinen Sohn bin, weil er Andrzejs Trauzeuge ist und seine Aufgabe so gut gemacht hat. Ich bin glücklich, einen so großartigen Jungen zu haben, und natürlich möchte ich mich bei meinem Mann bedanken.«

Es gab noch mehr Jubel und Applaus, und als er abebbte, fuhr Maureen fort: »Andrzej wollte eigentlich, dass ich diese Rede halte, weil er meinte, er würde sie nicht durchstehen, ohne zu weinen, und wie ihr seht, schluchzt er bereits wie ein Kind. Ich möchte mich auch bei unseren liebsten Freunden bedanken, die den wunderbaren Tag organisiert haben. Es war perfekt und mehr, als ich mir je erhofft hätte. Ich kann euch nicht genug danken, Freya, Kate, Patsy, Agnes und Delima. Und Evie, die mit ihrer Freundin Sophia zu uns zurückgekehrt ist. Und ich danke euch allen, dass ihr heute gekommen seid. Es bedeutet uns beiden sehr viel.« Sie machte eine kleine Pause. »Wie ihr alle wisst, ist unsere Zukunft, nun ja, meine Zukunft, ungewiss. Keiner von uns kann ahnen, was hinter der nächsten Ecke wartet. Deshalb wollte ich euch allen sagen, dass ihr jeden Tag nutzen und aus jeder Minute das Beste machen sollt. Nehmt eure Freunde und eure Familie nie als selbstverständlich. Geht niemals im Streit ins Bett. Haltet die, die ihr liebt, in eurer Nähe und scheut euch nicht, ihnen zu sagen, wie sehr ihr sie liebt. Unsere Zeit hier ist kurz, aber sie ist sehr, sehr schön … Und jetzt lasst uns dieses wunderbare Essen genießen, und ich weiß, dass ihr später alle Lust habt, ein bisschen zu tanzen.«

Die Augen wurden getrocknet, und alle fingen an zu plaudern, während ihnen zur Vorspeise frische Orkney-Muscheln serviert wurden, gefolgt von köstlichem Lammbraten und hausgemachtem Eis zum Nachtisch, auf das wiederum große Platten mit Orkney-Haferkuchen und Käse folgten.

Für ihren ersten Tanz hatte Maureen *The Wind Beneath My Wings* ausgewählt. »Ich weiß, er ist kitschig«, sagte sie. »Aber das ist mir egal. Es ist ein Lied, das mir sehr viel bedeutet, und Andrzej ist tatsächlich der Wind unter meinen Flügeln. Das wird er immer sein.«

Der DJ verstand sein Handwerk, und bald waren alle auf der Tanzfläche. Freya wirbelte und tanzte und amüsierte sich prächtig. Sie tanzte sowohl allein als auch mit all ihren Freunden. Schottenröcke wurden geschwungen, und die älteren Frauen sahen beifällig zu, denn es war klar, dass die Männer sich an die Regeln hielten und keine Unterwäsche trugen.

Sophia und Finn klebten sogar während der schnellen Songs aneinander. Allerdings gestand sie ihm, sie sei enttäuscht, weil er einen Anzug und keinen Kilt trug.

»Es hätte mir Spaß gemacht, deinen nackten Pfirsichhintern zu drücken«, sagte sie.

Er lachte. »Das machst du sowieso. Ich bin überrascht, dass mein Hintern nicht wie ein gequetschter Pfirsich aussieht.«

Sie küssten sich leidenschaftlich, und Patsy forderte sie auf, sich ein Zimmer zu nehmen, aber sie tat das mit einem Lächeln ab. Liebe lag in der Luft.

Evie stieß an der Bar mit Ross zusammen. Er lächelte sie an. »Du siehst toll aus, Evie. Es ist schön, dich zu sehen.«

»Ich danke dir. Wir sind gar nicht zusammen was trinken gegangen. Heute Abend ist die Bar kostenlos. Was darf ich dir holen?«

»Oh, nichts, danke. Ich muss noch fahren. Ich habe meine Mutter und meinen Vater im Auto mitgebracht. Eigentlich muss ich sie jetzt nach Hause bringen. Sie hatten einen anstrengenden Tag. Es war wirklich schön, dich zu sehen.«

Evie schaute ihm nach und war überrascht, wie enttäuscht sie war.

Gegen neun Uhr flüsterte Maureen ihrem Andrzej zu: »Ehemann, wäre es sehr schlimm, wenn wir uns einfach davonmachen? Ich bin ein bisschen müde.«

»Natürlich nicht. Ich sage es einfach Jack.«

Auf ausdrückliche Anweisung von Freya hatte Jack die ganze Nacht auf Alkohol verzichtet, damit er das Brautpaar zu

Andrzejs Haus bringen konnte. Auf der Rückfahrt hielten sie sich wortlos an den Händen, und sie lehnte den Kopf an seine Schulter. Andrzej hob Maureen sanft aus dem Auto und trug sie über die Türschwelle. Sie war leicht wie Distelwolle und fast eingeschlafen. Drinnen hatten Freya und die Mädchen noch mehr gezaubert. Das Bett war mit Rosenblättern bestreut, und sie hatten Lichterketten aufgehängt. »Bringen wir dich ins Bett. Du brauchst deine Ruhe. Es war ein wunderbarer Tag, aber du musst erschöpft sein. Ich bleibe hier und halte deine Hand, bis du eingeschlafen bist.«

»Oh, Andrzej, ich bin wirklich verknallt in dich, aber bist du dir sicher? Es ist ja schließlich unsere Hochzeitsnacht.«

»Wir haben darüber geredet, meine Liebe. Es wird noch Zeit sein, dass wir uns ein Bett richtig teilen, und außerdem habe ich so viel Hochzeitstorte gegessen, dass ich gleich platze. Ich bin einfach glücklich, dein Mann zu sein.«

»Ich verdiene dich nicht. Ich verdiene das alles nicht.« Maureen begann zu schluchzen.

»Oh, meine kleine Frau, bitte weine nicht.«

»Das sind Freudentränen«, sagte Maureen. »Du hast mich so glücklich gemacht.«

Ein paar Minuten später war sie fest eingeschlafen. Andrzej lag neben ihr auf dem Bett und hielt ihre Hand, bis auch er die Augen schloss und eindämmerte.

51

Orkney, 2024

Einen Monat nach der Hochzeit rief Evie an einem Freitagabend Freya an. Sie saß auf ihrem »besonderen« Stuhl in der Küche und dachte darüber nach, wie sehr sich ihr Leben verändert hatte, seit sie nach Hause zurückgekehrt war. Sie hatte ihr altes nachgiebiges, zurückhaltendes Wesen abgestreift und war strahlender, glücklicher und optimistischer in die Zukunft blickend daraus hervorgetreten.

Es war, als hätte sie in einer Schwarz-Weiß-Welt gelebt, und nun war alles in Technicolor. Es gab jedoch ein Versprechen, das sie ihrem Vater gegenüber noch einhalten musste. Auch wenn er nicht mehr da war, hatte er sich um sie gekümmert und ihr ein Zuhause geschenkt, in dem sie heilen konnte. Sie war es ihm schuldig, ihre Ängste zu überwinden und endlich ins Wasser zu gehen und zu schwimmen.

Als Freya sich meldete, sagte Evie: »Ich bin bereit. Es ist so weit.«

»Na endlich! Ich bin so froh, und die anderen werden es auch sein. Wir treffen uns morgen wie immer um zehn an unserem Strand.«

»Wie wird das Wetter?«, fragte Evie.

»Natürlich tropisch!« Freya kicherte. »Nun, wir werden wahrscheinlich einen kleinen Regenschauer abbekommen, aber das ist kein Grund zur Sorge. Weiß Sophia, dass du kommst? Sie könnte dich morgen früh abholen.«

»Du willst nur sichergehen, dass ich auftauche. Ich kenne dich zu gut«, sagte Evie und lachte. »Ich rufe sie gleich an und sage ihr Bescheid.«

Nachdem sie Freya ihre Entscheidung mitgeteilt hatte, fühlte sie sich erleichtert und hatte gleichzeitig noch immer Bedenken. Sie sagte sich, sie sei stark genug, um ins Wasser zu gehen, und natürlich würden ihre Freunde sie unterstützen, aber es war ein enorm großer Schritt.

Was wäre, wenn sie in letzter Minute einen Rückzieher machen würde und die Verabredung sausen ließe? Alle würden enttäuscht sein. Sie musste ihren ganzen Mut zusammennehmen, an ihren Vater denken und ihn stolz machen.

*

Am frühen Samstagmorgen saß Sophia in Evies Küche und hatte eine Tasse frisch gebrühten Kaffee in den Händen. Sie war bereit für das Wochenende und würde es bei Finn verbringen.

Das Pendeln wurde durch schlechtes Wetter und verspätete Flüge immer anstrengender, und er lebte in ständiger Angst, sie könnte die Nase voll haben und ihn verlassen. Jetzt wusste er, wie sich die Frauen, deren Herzen er gebrochen hatte, gefühlt haben mussten.

»Du hast das Haus wirklich schön hergerichtet, Evie. Ich liebe deine Bilder, und die Küstenlandschaft, an der du gerade arbeitest, ist großartig. Du musst anfangen, deine Gemälde in die Geschäfte und Galerien zu bringen.«

»Freya und ich haben viel darüber gesprochen, aber lass uns einen Schritt nach dem anderen machen.«

Eines von Evies ersten Bildern aus den Tagen, als sie wieder angefangen hatte zu malen, war das Porträt einer lebhaften jungen Frau mit einem schönen Lächeln und dunkelbraunen Augen, die irgendwie zu funkeln und zu leuchten schienen.

Es war Liv als Teenager, und obwohl Evie sich nicht erinnerte, dass ihre Schwester oft gelächelt hätte, war es, wenn sie es denn tat, als wäre die Sonne herausgekommen. Sie verpackte das Bild sorgfältig und legte es vor Livs Tür der neuen Ein-Zimmer-Wohnung, die Freya ohne Aufsehen angemietet hatte und von Livs Sozialhilfe bezahlte. Sie hatte noch keine Antwort erhalten, aber Liv hatte ihr das Geschenk auch nicht vor die Füße geworfen, und so hegte Evie die Hoffnung, dass sie und ihre arme, seelisch kranke Schwester es eines Tages schaffen würden, sich im selben Raum aufzuhalten wie andere Leute auch.

Sophia lächelte sie an. »Du bist meilenweit weg – hast du Bedenken, heute mit mir und den anderen Selkies ins Meer zu gehen?«

»Überhaupt nicht. Das muss ich für mich selbst und für meinen Vater tun. Ich kann aber nicht behaupten, dass ich mich darauf freue. Findest du das blöd?«

»Natürlich nicht«, sagte Sophia. »Das ist eine große Sache, und ich finde, du bist wirklich mutig. Ich weiß noch, wie ich überredet werden musste, mich zum ersten Mal hier oben in das eiskalte Wasser zu stürzen. Sie haben mich mit einem heißen Rum Toddy bestochen, weißt du noch? Aber ich verspreche dir, danach wirst du dich unglaublich gut fühlen.«

»Ich werde dich beim Wort nehmen.« Evie wurde vor Angst flau im Magen.

»Du wirst es schaffen. Wir müssen jetzt los. Hast du alles, was du brauchst?«

»Ich habe meinen Mantel schon an. Ich habe ein großes dickes Handtuch, und Kate bringt mir einen extra trockenen Bademantel mit. Ich habe eine Thermosflasche Kaffee mit einem Schlückchen Rum drin. Nun, um ehrlich zu sein, ist es ein ziemlich großer Schluck.«

»Dann bist du so weit. Los geht's. Wir wollen nicht zu spät kommen, sonst denkt Freya, wir kneifen.«

Auf der kurzen Autofahrt zum Strand fragte Sophia sie etwas, das ihr durch den Kopf ging.

»Mir ist aufgefallen, dass du einen gewissen Ross Isbister nicht mehr erwähnt hast«, sagte Sophia. »Hast du dich überhaupt mit ihm getroffen?«

»Eigentlich nicht. Wir laufen uns zwar ab und zu über den Weg, aber ob du es glaubst oder nicht, wir sind nicht zusammen im Pub gewesen.«

»Tja, er ist ein *fine-looking fella.* Eure *bairns* wären umwerfend. Siehst du, ich lerne Schottisch.« Sie lachte.

»Benimm dich«, sagte Evie. »Er ist ein guter Mann, aber im Moment bin ich nicht auf der Suche nach einer Romanze.«

Es war sonnig, aber am Strand wehte eine kühle Brise. Der Sand war weich und zuckerweiß, das Meer blaugrau. Evie atmete den scharfen salzigen Geruch ein. Sie würde die saubere Luft von Orkney nie wieder als selbstverständlich ansehen.

Die anderen Selkies waren bereits am Strand, in verschiedenen Stadien der Entkleidung. »Heute ist es sehr erfrischend!«, erklärte Freya.

»Soll heißen: verdammt kalt«, murmelte Kate, aber mit einem Augenzwinkern zu Freya.

Freya sah Evie und Sophia zum Strand kommen und winkte ihnen überschwänglich. Kate flüsterte Freya zu: »Bist du sicher, dass Evie das machen will? Sie hat wirklich Angst vor dem Wasser, und ich möchte nicht, dass sie in Panik gerät und einen Asthmaanfall bekommt.«

»Sie will und muss es tun«, sagte Freya. »Es wird ihr Selbstvertrauen stärken, und sie wird sich wie neugeboren fühlen.«

Sie lächelte beruhigend, als Evie und Sophia zu ihnen stießen. »Da seid ihr«, sagte Freya herzlich. »Wir haben einen guten Tag erwischt.« Evies Magen drehte sich wie eine Waschmaschine. »Also, sagt mir genau, was der Plan ist«, bat sie zögernd. »Ihr wisst doch, dass ich überhaupt nicht schwimmen kann?«

»Natürlich wissen wir das«, sagte Freya. »Es ist ganz einfach. Wir werden alle langsam hineinwaten und dann sehen, wie wir zurechtkommen. Wir können dich stützen, wenn du ein kleines bisschen zu weit für dich rausgehst. Dann kannst du dich treiben lassen, nur einen Moment lang. Wir werden alle direkt neben dir sein. Du wirst in Sicherheit sein, meine Liebe, das verspreche ich dir.«

Evie schluckte nervös. Das würde schwieriger werden, als sie gedacht hatte.

Die anderen Selkies, Patsy und Agnes, waren auch da, aber Delima war zu Hause geblieben und ließ sich von Jack verwöhnen, dekorierte ihr Kinderzimmer und dachte über Babynamen nach. Bald würde es ein neues Leben geben, das alle feiern konnten.

Andrzej war mit Maureen hingefahren. Obwohl es ihr nicht gut genug ging, um ins Wasser zu gehen, wollte sie für Evie da sein. Durch die Chemotherapie fühlte sich Maureen schwach, und ihr war übel, aber sie war fest entschlossen, jeden Tag in vollen Zügen zu genießen. Auf ihrer Wunschliste standen weder Fallschirmspringen noch eine Fahrt im Heißluftballon oder ein Urlaub in der Karibik. Maureen wollte einfach nur ganz normale, alltägliche Dinge mit Andrzej und Rory tun, Erinnerungen schaffen und sich glücklich schätzen, einfach nur glücklich sein, weil sie zusammen waren.

»Ich bin so stolz auf dich, dass du das machst«, sagte sie zu Evie. »Ich wünschte nur, ich könnte mit dir ins Wasser gehen, aber mein Mann und ich werden hier sein und dich anfeuern.« Wenn sie Andrzej als ihren Mann bezeichnete, war sie glücklich, und er strahlte jedes Mal, wenn sie es sagte.

Evie betrachtete diese mutige Frau, die einen langen, harten Weg vor sich hatte und heute dennoch gekommen war, um sie liebevoll zu unterstützen.

Was ich jetzt tun werde, ist absolut nichts im Vergleich zu dem, was

Maureen durchmachen muss, dachte sie und schwor sich, sich etwas von Maureens Mut und Stärke anzueignen, um nicht mehr so viel Angst zu haben.

Als sie aufblickte, sah sie eine schlanke, einsame Gestalt auf der Hügelkuppe. Es war Liv. Evie hob die Hand, und ihre Schwester winkte kurz zurück, bevor sie sich umdrehte und wegging. Das war ein Anfang.

»Also gut, Leute, fangen wir an«, sagte Kate. »Evie, bist du bereit?«

»Ich glaube, ja«, sagte Evie. »Lass mich nur nicht los.«

»Mach dir keine Sorgen, ich bin an deiner Seite. Du wirst es schon schaffen. Wir können es so langsam angehen, wie du willst, aber es ist besser, wenn du dich einfach ins Wasser wagst.«

Evie hatte Freya an dem einen Arm, Kate an dem anderen Arm und Sophia vor sich, die ihr in die Augen lächelte. Patsy und Agnes waren bereits hineingelaufen und hatten gekreischt vor Kälte, jetzt schwammen sie wie Seeotter. Sie schaukelten mit den Wellen und riefen sich Mut zu.

Evie keuchte auf, als sie ins Wasser ging. Es war eiskalt, aber seltsam berauschend. Sie spürte, wie ihre Haut zu kribbeln begann. Sie gingen alle weiter hinein, bis ihr das Wasser fast bis zu den Schultern reichte. Bald würden ihre Füße den Boden nicht mehr berühren. Angst durchfuhr sie, und sie drehte sich um und schaute zum Strand zurück. Andrzej und Maureen schienen plötzlich weit weg zu sein.

Freya redete ihr gut zu. »Wir haben dich. Lehn dich einfach zurück und lass dich treiben. Wir halten dich aufrecht.«

Evie nickte und lehnte sich zurück. Zu ihrer Überraschung ging sie nicht unter. Sie fühlte sich von ihren Freunden und vom Wasser getragen, blickte in den strahlend blauen Himmel und fühlte sich sicher und geliebt.

»Du bist jetzt eine richtige Selkie«, sagte Freya.

Evie lächelte und spürte, wie eine Träne über ihre Schläfe

rann und ins Salzwasser glitt. Sie fühlte sich lebendig. Sie fühlte sich frei und friedvoll. Sie schwebte noch ein paar Minuten im Wasser, bevor sie die Füße zum Meeresboden streckte.

Sie keuchte und lachte, ihr Haar war nass, und ihr ganzer Körper kribbelte. Ihr Vater hätte vor Stolz und Freude gelacht.

»Würdet ihr mir alle einen großen Gefallen tun?«, fragte sie.

»Natürlich, meine Liebe, alles, was du willst«, sagte Freya.

»Alles«, bekräftigten Sophia und Kate. »Sag es nur.«

Evie hielt inne und genoss den Zauber dieses Moments im Wasser.

»Könntet ihr mich ab und zu Teenie nennen?«

Danksagung

Vielen Dank an alle, die an *Die Inselschwimmerin* mitgearbeitet haben.

Vielen Dank an Carly Cook. Und Miranda Chadwick und Jamie Slattery von Mirador.

An meinen Lektor Sam Eades und meine Lektorin Sophie Wilson bei Orion.

Ein besonderer Dank geht an meinen Mann Steve und meine Tochter Rosie für ihre Geduld und ihr Verständnis.

Und an Paul, Helen, Elise und Leona Doull und all die Menschen auf den Orkneys, die mich und meine Familie im Laufe der Jahre willkommen geheißen haben.

Wer mehr über die Orkneyinseln erfahren möchte, dem empfehle ich dringend einen Besuch. Die meisten Orte in der Geschichte sind von realen Orten auf den Inseln inspiriert, mit Ausnahme von Hrossey, das meiner Fantasie entsprungen ist.

»Vielleicht geht es darum, sich auf den Weg zu machen.«

Brigitte Pons
FLUSSGEFÄHRTINNEN
Roman. Eine einfühlsame Geschichte über Freundschaft, Familie, Liebe und den Sinn des Lebens

368 Seiten
ISBN 978-3-7577-0090-4

Die forsche Kapitänin Hanne, die Vollzeitmutter Katrin, Büroleiterin Astrid und die junge Jessie finden sich nach einem Unfall und einem verunglückten Rettungsversuch auf Hannes Flussfrachter wieder. Hanne will die drei ungebetenen Gäste sofort loswerden, ihr Schiff ist ja kein Vergnügungsdampfer. Doch keine der drei will von Bord gehen. Stattdessen nötigen sie Hanne, sie mitzunehmen. Aber die Frauen sind zu unterschiedlich, als dass die zusammengewürfelte Reisegemeinschaft auf Anhieb funktionieren könnte. Und so müssen erst einige Missverständnisse aus dem Weg geräumt und Geheimnisse gelüftet werden, bis die vier erkennen können: Manchmal ist der Weg das Ziel.

Lübbe